基础教育国际化丛书

编委会名单

主　编：陶西平
副主编：陈李翔　安　蔚　王　燕
编委会：李　夏　张　园　王　珺　杨千帆　王新春　张　莹
专家委员会：William Powell　Ochan Kusuma-Powell　莫景祺
　　　　　　陈向明　Nick Bowley　Eva Kampits　Marilyn George

MAKING THE DIFFERENCE
DIFFERENTIATION IN INTERNATIONAL SCHOOLS

如何进行个性化教学

来自国际学校的启示

[美] 威廉·鲍威尔
[印尼] 欧辰·库苏玛-鲍威尔 主编

张园 译

北京大学出版社
PEKING UNIVERSITY PRESS

北京市版权局著作权合同登记号　图字：01-2013-3703
图书在版编目(CIP)数据

如何进行个性化教学：来自国际学校的启示/(美)鲍威尔(Powell, W.)，(印尼)库苏玛-鲍威尔(Kusuma-Powell, O.)主编；张园译．—北京：北京大学出版社，2013.9
(基础教育国际化丛书)
ISBN 978-7-301-22425-0

Ⅰ.①如… Ⅱ.①鲍…②库…③张… Ⅲ.①教学法－研究 Ⅳ.①G424

中国版本图书馆 CIP 数据核字(2013)第 081323 号

书　　　名：	如何进行个性化教学——来自国际学校的启示
著作责任者：	［美］威廉·鲍威尔　［印尼］欧辰·库苏玛-鲍威尔　主编
	张　园　译
责任编辑：	刘　军
标准书号：	ISBN 978-7-301-22425-0/G·3611
出版发行：	北京大学出版社
地　　　址：	北京市海淀区成府路 205 号　100871
网　　　址：	http://www.jycb.org　http://www.pup.cn
	新浪官方微博：@北京大学出版社
电子信箱：	zyl@pup.pku.edu.cn
电　　　话：	邮购部 62752015　发行部 62750672　编辑部 62767346
	出版部 62754962
印　刷　者：	三河市北燕印装有限公司
经　销　者：	新华书店
	650 毫米×980 毫米　16 开本　15.5 印张　200 千字
	2013 年 9 月第 1 版　2015 年 4 月第 2 次印刷
定　　　价：	32.00 元

未经许可，不得以任何方式复制或抄袭本书之部分或全部内容。
版权所有，侵权必究
举报电话：010-62752024　电子邮箱：fd@pup.pku.edu.cn

序 言 一

我们非常高兴能够翻译出版两位国际教育专家威廉·鲍威尔(William Powell)和欧辰·库苏玛-鲍威尔(Ochan Kusuma-Powell)撰写的一系列教育著作,《如何进行个性化教学》是其中的第一本。

多年以来,我们的中小学课堂甚至学前班和幼儿园里,课堂学习的模式都是老师站在高高的讲台上讲课,学生们坐在整整齐齐的课桌后面听讲。一节课下来,除非老师提问,否则学生们只需紧闭双唇、目视前方。我们无从得知学生们究竟掌握了多少内容,他们究竟在想些什么。

今天,随着经济、政治、文化等领域的全球化趋势愈来愈明显且不可阻挡,教育界的专家学者们对于21世纪所需要的人才做出了准确而令人忐忑的判断。哈佛大学教育学院研究生院的领导力变革组织(Change Leadership Group)主任之一、美国著名教育专家托尼·华格纳(Tony Wagner)在其近著《全球成就鸿沟》(*The Global Achievement Gap*)里提到,21世纪的年轻人需要七种生存技能:批判思维和解决问题的能力、组织合作能力和通过影响力领导别人的能力、变通和适应能力、创造和创业能力、有效的口头和书面沟通能力、获取和分析信息的能力以及好奇心和想象力。显然,我们的课堂远远不能适应这种变化。国内外的教育专家、学者、教育工作者们已逐步认识到这一点,同时,在青少年心理学、大脑研究等方面的科研成果也促进了课堂教学模式的变革。人们意识到,每个孩子偏好的学习方式不一样,并非所有孩子都需要通过安静听讲才能真正掌握所需知识。因此,国内外关于个性化教学的研究和应用方兴未艾。我们认为,在这个时刻向国内的教育同行介绍本书是非常及时和必要的。

来自跨国界教育机构(Education Across Frontiers)的威廉·鲍威尔和欧辰·库苏玛-鲍威尔,是活跃在国际教育界的知名专家,他们为许多国家和地区的国际学校提供教师专业发展课程。2010年起,我们聘请他们为国内的教育管理者和一线教师举办个性化教学工作坊,分享两位专家三十多年来在国际教育方面的经验,系统介绍个性化教学的理论和实践，并且通过丰富多彩的课堂活动让参与者从学生的角度真实体验个性化教学对学生的益处，使教师们能够实际看到并体验如何在自己的课堂里使用个性化教学。在工作坊中，参与的教师及学校领导们时而兴奋、时而沉思、时而滔滔不绝、时而又沉默不语；课后我们了解到，大家对个性化教学有着广泛的认可，有些参与工作坊的教师随后便开始在自己的课堂中使用两位专家展示的各种教学方法。

这一系列工作坊越来越受到业界同行的重视和肯定。在大部分时间里，工作坊就设在北京乐成国际学校（BCIS），因为这所学校就是个性化教学的实践者。BCIS 于 2005 年 8 月 28 日正式开学，设立学前到高中 15 个年级，招收 3 岁到 18 岁的学生。学校现有来自 58 个不同国家的 800 名学生，来自 14 个国家的 120 多位外籍老师。学校从小学到高中均采用国际文凭课程(IB)，全英文授课。面对来自五湖四海、有着不同文化和语言背景的学生，学校面临的最大难题就是如何为每一个学生提供适合他们的教育。如果同一个年级里采取统一的教材、一致的教学步骤和单一的评估手段显然是行不通的，因此，我们一直在实践本书作者提到个性化教学的四个关键。比如，其中很重要的一个关键就是"了解我们的学生"。在北京乐成国际学校，一个学生入学时，校长要面试学生，还要面试家长，首先了解学生的背景——他是怎样的一个人，他从哪里来，他的父母对家长的角色如何定位，他之前的学习状况如何，等等；从自然人的角度了解学生，他们的爱好是什么，他们喜欢什么样的体育项目，等等。另一方面，学校还需要从一个学习者的角度了解学生。因为每个学生学习时偏好的方法不同，一些人通过听觉、一些人通过视觉方式来学习（当然还有其他学习方式的偏好）。一旦老师从一个学习者的角度了解了学生，那么就可以通过个性化教学法用不同的方法展示课程。所以学生可以选择他偏爱的学习方式，学校希望学生采用适合他们的方式进入课程、获取知识。

北京乐成国际学校的经验为工作坊提供了坚实的实践基础。我们将以北京乐成教育研究院为平台，以乐成国际学校为实践基地，整合国际专业资源，为促进教育国际化提供具有可操作性的服务项目。目前，我们将主要精力放在更好地向国内教育界同行们介绍和推广个性化教学。我们特别挑选了一批当今国际理论和实践最前沿的英文著作，结合北京乐成国际学校这些年在国际教育领域的办学经验及个性化教学的应用，以及北京乐成教育研究院在基础教育课题研究、举办教师专业发展研修工作坊、为国内中小学等教育机构进行国际教育咨询服务过程中的体会和感悟，陆续呈现给大家。

北京乐成教育研究院感谢北京大学出版社对本书的认可；感谢中国教育学会会长陶西平先生对本书的大力支持，以及教育部基础教育课程教材发展中心莫景琪处长对本书的厚爱及建议；感谢北京大学教授、著名教育专家陈向明女士对我们工作坊的支持、对本书的建议及对翻译工作的指导；感谢本书中文译者北京大学教授张园女士的辛勤工作；同时感谢北京四中、北师大附属实验中学、北京市第三十五中学、北京市月坛中学、北京市日坛中学、北京市第156中学、北京市忠德学校、北京市呼家楼学区、北京市顺义第十中学、北京市垂杨柳学区、首都师范大学附属中学、安贞里学区、五路居一中、花家地实验小学、朝阳实验小学、东方德才学校、北京广播电视大学、北京教育学院、海淀教师进修学校、吴正宪工作室、深圳清华实验中学、深圳市宝安区教育局、山西通宝育杰学校、苏州市吴中区教育局等单位和个人（排名不分先后）对个性化教学以及本书的大力支持。

我们希望教育同仁们能够从本书中获得感悟和帮助，能够让我们的课堂教学更加丰富多彩。希望每位阅读此书的读者都能从中获益。

北京乐成教育研究院
2012年5月

序 言 二

尊敬的各位来宾,女士们,先生们:

今天,我非常荣幸能向各位介绍北京乐成国际学校(BCIS)的教育模式。请允许我从全球教育和社会发展的大背景出发,回首过去,审视当下,因为大环境决定了我们学校面对学习的思考。

北京乐成国际学校成立于2005年,像初生的婴儿一样,我们无所畏惧,因为探索和完善是我们的核心本质。我们的目标是从当代教育研究和最佳国际实践中汲取源泉,因而我们学会用更多更好的方式来满足学生的学习。我们年轻,所以面对自我敢于承认不足,事实上我们并不完美。当我谈到北京乐成国际学校努力尝试达到目标时,"尝试"是关键。我们所做的一切都是在完善自我,我们任重而道远。

作为乐成教育管理公司的一员,"挑战与关爱共存,力量与睿智同成",这一座右铭与我们学校的使命相得益彰。我们所做的每一个决定,都是在践行我们的使命。这一使命的核心就在于做到学习的平衡性:没有关爱就无所谓挑战,没有挑战也就无从关爱。我们的目标是将学生培养成为自律、睿智的年轻人,因此达到关爱与挑战的平衡是关键。

为实现我们的使命,我校的教育方案基于三个基本原则:学术严谨、个性化学习和以探究为基础。这三个原则与目前许多国家的公立或私立学校所主导的教育迥然不同。但是,它们与中国成为创新型国家的目标紧密结合。请允许我在这里向各位一一陈述。

在介绍这三个原则之前,我需要先解释一下实施它们的大背景。与过去相比,我们的环境已截然不同,变化日新月异。我指的是社会属性、学习者的天性和人类知识的特性。

我无意对中国或任何一个国家的社会属性发表评论,我仅仅想说它在变化,世界上任何一个角落芸芸众生的期望在膨胀,在提升。如果着眼于学校的环境,学习者个体的变化则更加令人激动。20年前,大家彼此间所见所思并没有太大差别。在我们眼里课堂是个单调而乏味的地方,但至少学习的经验与现实生活还有着千丝万缕的联系。书籍和纸张曾经是我们学习和生活中常用的沟通工具,我们尽职尽责地履行着自己肩负的任务。

今天的孩子则不同。他们思维比我们敏捷,他们可以同时完成几件事。这在我这个年纪的人眼里简直不可思议。就连他们大脑的结构也随着他们神经网络系统与各种电子技术的共生关系的变化而发生了改变。

谈到知识,有两个主要变化。首先,由于电脑和手机的普及,现在每个人身边的信息量成指数攀升。这一点众所周知。其次,现在一些处于改革进程中的学校教给学生的知识也变得越来越有深度,而这一做法对中小学而言仅仅在几年前还是无法想象的。遗憾的是,这一类学校为数不多。

我们的孩子们面临一个对于我们的经验而言难以想象的未来世界。我们知道技术变革将日新月异,地缘政治和经济转型在所难免,这种变化对自然环境的威胁会远远超出人类保护环境的意识。但除此以外,我们对未来无法做出更多的预测,面对瞬息万变的现实,孩子们必须做好准备。对于那些仍然延续着19世纪欧洲工业革命形成的大众教育方针的学校,他们的这种做法无异于注定了让孩子们在这个时代失败。在这个新的后工业的概念时代,崇尚创造性思维和企业家精神,必将取代低成本大规模生产给人类带来的财富资源和身心平衡。

说完了大背景,我现在要回到BCIS教育项目的三项基本原则。

第一个原则是学术严谨。对知识严谨这一概念的诠释众说纷纭,我们学校拿出了一个公认的定义。这一定义植根于学校的使命。我们的定义是:"每个学习者,都将赋予其力量,启发其睿智,以批判性思维和创造性思维直面适合其能力水平的挑战。"

"学术严谨"的这一定义与传统上认为严谨就需要繁重的重复性学习有着天壤之别。在BCIS,我们认为繁重的学习负担与严谨背道而驰,因为它耗尽了学生的精力,禁闭了年轻的心灵,让他们无法体会到真正的知识探索带来的兴奋与愉悦。更可怕的是,这还会带给他们巨大的压力,绝对是学生学习和健康的敌人。在BCIS,我们努力营造一种宽松而紧张的氛围,这种状态介于放松和压力之间,让青少年的好奇心得以完全释放。

第二,我们实施个性化学习。在BCIS,我们知道没有所谓的平均化的孩子,因此我们不会去教育这样一个并不存在的孩子。每个孩子都是不同的,每个孩子对学习的储备水平不同,有的具有独特的天赋和才能,有的具有特殊的学习需求。事实上,我们所面对的孩子各不相同,这是我校教学的基本出发点。我们的老师必须为每一个孩子进行个性化教学。这并不是说老师给每个孩子不同的课程,因为这办不到。其实,个性化教学是说老师用不同的方法让每个孩子都能以最适合自己的方式学习。

在实施个性化学习的课堂中,老师授课的内容和学生应掌握的技能因人而异。学生的学习活动和老师评估学生的策略方法也随着学生个体的需求而不同。关键是所有学生都面对同样的学习目标,他们的学习成绩会接受同样标准的评估。如此,才能保持始终如一的高标准学术要求。

BCIS 的第三个学习原则是以探究为基础。我们发现,通过提问来学习是特别有效的学习方式,因为孩子好奇的天性可以转换为真正的心智严谨。以探究为基础的学习不仅对智力要求高,同时也要求全身心的投入,这就是为什么有许多孩子对课堂学习乐此不疲,在传统的教室中这可是难得一见的。

探究式的教学比老式的说教教育对老师的要求高得多。在探究的课堂上,老师不仅要教给孩子理论和事实,而且要激发学生们深度的批判性思维,这样孩子获得的持久理解力才能让他们受益终生。

通过逆向设计等方法,以探究为基础的现代学习带来了更高级别的学术严谨。这一点在 Grant Wiggins 和 Jay McTighe 的原创性著作《通过设计来培养学生理解力》中有所表述。简单地说,这一方法首先要确定期望达到的学习结果。目标确定后,我们逆向确定一些指标,通过这些指标来衡量学生是否达到设定的教学目的和标准要求。为获得证据表明教学是否达到这些指标,老师会设计一系列评估方法,从复杂的内容为基础的学业任务到更传统的考试、测试。最后,只有在规划好教学目标、评估方法后,老师才会着手备课,考虑具体授课方法,挑选教学资源、素材。课堂上引入的问题会引起一系列调查,随之是应对答案,而后是反思。这种系列调查很好地解读了探究式学习的方法,这也正是 BCIS 信奉的教学法。在 BCIS,最好的课堂一定是专注、快乐和严谨探究并存的课堂。

我们认为将(学术)严谨、个性化(学习)和以探究为基础的教育方法放到传统的教师和课程框架中是无法发生的。就好像是旧瓶装新酒,所谓的"新",是我们的新生代和他们所面临的不可知的未来。如果我们希望用创造力、批判和情感方面的能力来武装今天的孩子,使他们拥有一个成功的未来,那么我们必须为他们量身定制适当的挑战目标。这种挑战的核心其实是一种不同的教育,它的课程不是按照学科界限来编排划分,而是根据学生个体的思维能力和创造能力来划分。如果我们接受 Ken Robinson 的见解,他认为创造力是形成有价值原创思想的过程,那么我们就会更加赞赏创造性教育对个体及社会的价值,因为对中国和其他所有的国家而言,未来社会的成功取决于公民创造有价值的原创思想的能力。

在新的教育方案中,学习的路径也不再是我们所理解的学科交叉或者跨学科学习;相反,学生把传统学科、艺术和科学技术运用到他们预定的有目的的创作项目之中。学生将激发出天生的激情,创造出与现实生活相关的实用而精美的产品与服务,而现实生活则是他们灵感的源泉。学校和外部世界的界限将被完全打破。尽管太多的学校还不愿意接受这个事实,但在学生的心目中,这种界限早已消失。传统的课题与这些孩子无关,他们心目中的英雄会是像莱昂纳多·达·芬奇这样的文艺复兴时期的思想家,或者是史蒂夫·乔布斯这样的企业家。

这样的发展注定将成为 21 世纪的教育模式。这种教育是由愿望、成就和面对创造与变化的需求来定义的,以这种模式,学生将发展敏捷的思维,为他们不可知的未来导航。这种模式就是激发力量,启迪灵感,兼容并蓄,赋予挑战,并与高度的个性化学习并存。在 BCIS 我们正在迈出一小步,通过"桥计划"进行初步尝试,我们试图搭建一个激励跨学科学习的项目,以应对不断变化的世界。虽然前途未卜,但我相信在团队的合作努力下我们会梦想成真。我们希望在追求教育创新的同时,与大家分享,向大家学习。女士们,先生们,我非常高兴地向您发出邀请,欢迎您加入我们的创新之旅。

谢谢!

北京乐成国际学校

尼克·博利

2011 年 11 月

(注:此文为北京乐成国际学校校长尼克·博利先生参加国务院参事室于 2011 年 12 月 11 日在钓鱼台国宾馆召开的"教育论坛"上的主题发言,题为"北京乐成国际学校的办学方式"。)

导　　言

教育领域的多层面（Differentiation）教学，在英国称之为个性化教学，在亚洲已经有很长的历史了。一位曾经在西贡工作的缅甸老师给我们讲述了以下这个故事。一些佛教弟子来到佛陀面前，抱怨他们的学生在学习如何静心时进展缓慢。佛陀沉思了一会儿后，问道：

"你们看过学生穿的凉鞋吗？"

"他们的凉鞋！"这些弟子很惊诧，"凉鞋和静心有什么关系呢？"

佛陀微笑着开始解释。如果学生穿的凉鞋鞋尖很破，大致能够说明这个学生做事匆忙。那么他/她可能冲动、精力充沛或过分热情。拥有这些特质的学生只有在学习时不屈不挠并且深思熟虑，这些特质才能成为优势。

如果一个学生的凉鞋脚后跟磨损严重，表明他/她可能是一个踌躇不前的学习者。这个学生可能会本能地沉默寡言、害羞或者缺乏自信。这名学生可能需要鼓励，需要成功的体验和精神上的支持。

如果一个学生的凉鞋脚面磨损得多，表明这个学生应该是均衡发展的，用更折中的方法对待他是合适的。

佛陀传递给弟子们的信息是，众多因素决定了学生以千差万别的方式进行学习。当教师了解了作为学习者的学生的时候，我们就为学生的学习体验和学业成功打开了无数扇大门。

近期发生了关于个性化教学的另一个对话。

2010年早春时节，北京乐成国际学校的校长尼克·博利（Nick Bowley）把我们引荐给安蔚女士、倪浩华先生和王燕女士。我们进行了一次长时间的对话，这一对话是关于中国的国际化教与学。后来的事实证明，这次对话意义深远并且振奋人心。

在这之前，我们的教师专业发展工作坊主要是针对国际学校的教师并且无一例外地使用英文授课。在过去的三十多年里，我们在几个国家的国际学校工作过，包括沙特阿拉伯、坦桑尼亚、印度尼西亚和马来西亚。

从2006年开始,我们为位于全世界四十多个国家的国际学校的教师们举办专业发展工作坊。

但是现在安蔚女士想知道我们是否愿意在借助翻译的情况下为中国教师举办专业发展工作坊。她解释说,中国政府着手倡导在中国推广教育国际化,我们是否准备好了支持这一倡议?

原则上我们当然愿意,但实践却是另一码事。本书其中一个重要的主题是教师了解学生作为学习者的重要性。我们一个是美国人,一个是印尼籍华人。我们两个都没有在中国生活过,也都不会讲中文。我们如何去了解参加工作坊的中国老师呢?

事实证明,不管文化和语言如何千差万别,全世界的教师在许多兴趣爱好和关注点方面是相同的。我们都对我们学生的凉鞋感兴趣。

怀着极大的兴奋和惴惴不安,我们开始与北京乐成教育研究院合作开发试点项目,其出发点是我们至少会和成为我们工作坊学员的教师们共同学习。我们已经在做!迄今为止,我们举办了两年的工作坊,这两年的学习过程对我们来说确实很丰富。我们希望参加工作坊的教师们也有同感。

我们很高兴北京乐成教育研究院与北京大学出版社合作将《如何进行个性化教学》翻译成中文,对此我们倍感荣幸。

在此我们特别感谢支持我们工作并使此书出版成为可能的机构和专家们,感谢美国国务院海外学校办公室为我们的研究提供了最初的资金支持。我们还感谢北京乐成国际学校的校长尼克·博利先生对我们的鼓励和精神支持。同时,我们感谢本书的译者张园教授为本书的翻译工作做出的努力。

我们深深地感谢北京乐成教育研究院对于本书中文版的出版作出的贡献。特别感谢安蔚女士、倪浩华先生、王燕女士和陈李翔先生的积极鼓励和毫不动摇的热情。

我们希望这本书的内容对中国教师有所帮助。

威廉·鲍威尔　欧辰·库苏玛-鲍威尔
2011年11月于马来西亚吉隆坡

前　　言

长期以来,国际学校的教育者知道,进入学校的学生代表着文化、语言和教育经历的多样性。最近我们还认识到,学生学习需要的多样化也在不断增长。我们看到,很多新进入学校的学生需要学习英语,看到更多的有特殊学习需要的孩子,包括学习障碍、多动症或非多动症的注意力缺陷、孤独症以及有特殊天赋和才能的学生。

因此,最近10年个性化教学成为一个增长频率最高的词。老师们认识到,在一个常规课堂环境中需要满足学习者更大范围的需求,认证机构需要学校这样做,家长也要求学校这样做。

从横滨到里约热内卢的教育者们都在问:"什么是个性化教学?我们怎样做?"

本书的目的是说明这些问题,特别是:
- 什么是个性化教学?
- 个性化教学的目标人群是哪些?
- 为什么个性化教学很重要?
- 教师(和学校)如何踏上个性化教学的旅程?

感谢海外学校办公室使这个项目得以实施。

威廉・鲍威尔和欧辰・库苏玛-鲍威尔
2007年6月于马来西亚吉隆坡

目　录

第一章　什么是个性化教学 …………………………………… (1)
第二章　个性化教学的四个关键 ……………………………… (14)
第三章　了解你的学生 ………………………………………… (29)
第四章　了解自我：学生的视角 ……………………………… (52)
第五章　了解你的课程 ………………………………………… (59)
第六章　开发个性化教学策略经验库 ………………………… (74)
第七章　保持合作 ……………………………………………… (87)
第八章　个性化教学的元策略 ………………………………… (98)
第九章　针对特殊学生的个性化教学 ………………………… (112)
第十章　针对男生和女生的个性化教学 ……………………… (129)
第十一章　在数学教学中如何运用个性化教学 ……………… (141)
第十二章　国际文凭课程项目中的个性化教学 ……………… (163)
第十三章　个性化教学课堂的评估和评分 …………………… (183)
第十四章　个性化教学的技术和媒体支持 …………………… (198)
第十五章　学校管理者如何支持个性化教学 ………………… (211)
参考文献 ………………………………………………………… (216)
北京乐成教育研究院(YERI)
　　乐成教育国际化发展中心(YEIC) ………………………… (229)

第一章

什么是个性化教学

16岁的玉拉站在全班同学面前,身旁一个精美的小型舞台这是她用纸板做成的,显然花费了很多时间。场景复杂,家具比例设计得很完美。男女演员身着飘逸长袍一丝不苟。来自北美或者欧洲的英语老师可能一下子认不出来这个场景。玉拉重构了《哈姆雷特》中波洛涅斯在葛楚德皇后的房间被刺的场景,看起来像发生在16世纪的高丽。木地板上的被褥代替了皇后的床,墙上的挂毯换上了东方的屏风,上面画着水墨的仙鹤和竹林。男女演员都穿着传统的韩服。哈姆雷特挥舞着一把韩式传统长剑。

尽管玉拉只是一个以英语为第二语言(ESL)的学生,还在接受特别的英语辅导,但是她刚刚在班里做了一个口头报告,说明莎士比亚的悲剧也可能会在韩国发生。她也准备了书面报告,说明在韩国的情境中怎样演出哈姆雷特。

玉拉的英语老师帮助她设计了这个极富创造性、与众不同的学习成果表演。老师和同学都认可这项工作的效果。"我知道玉拉为韩国传统文化而自豪,我想,把文学作品的学习和她擅长的东西联系起来,不仅能够增加她对这一戏剧的了解,而且能够帮助她增强学习动机和自尊心。玉拉很有艺术才能,我知道她喜欢建造东西。整个工作,包括建筑模型、口头报告和文章都表现出她真正地把自己和戏剧联系起来了。"

玉拉的评论也同样充满热情。"我在做这个项目之前,《哈姆雷特》只是学校里的阅读材料,没有什么感觉,仅仅是一些表演和场景,有很多次入场和出场,为了完成家庭作业而不得不拿来阅读。而当我把该剧放入韩国文化中思考的时候,这个戏剧就有了很充分的意义。我能了解哈姆雷特的问题,我是说,我能了解这个作品的全部意义。"

从加德满都到吉隆坡,从巴马科到布宜诺斯艾利斯,国际学校的教师们都在探索如何通过个性化教学来实现教学效果最大化。在各年级、各学科部门内，在工作坊、研究生的课程及专业发展会议中，教师们都在不断地重新思考和重新定义他们的教学工作。这个过程也帮助他/她们重新构建作为教育者的价值观和专业。

我们在教师培训工作坊经常面对的问题是："个性化教学到底是什么？""个性化教学是否意味着25个学生有25个教案？""个性化教学在真实的课堂里是什么样的？"这些都是非常好的问题，因为它们打破了神秘——就像拨开了围绕在睡美人城堡四周的荆棘丛——很快使个性化教学从教育术语中生长出来。

从本质上来说，个性化教学是对所有学生学习需求的回应。个性化教学要识别、期望和欣赏学生的学习差异。个性化教学是理解这些差异并将其整合到教学计划中。关于个性化教学，没有什么"新的"或者"时尚的"的东西。从洞穴时代开始，马格达林时期的母亲能够识别她的一群孩子有不同的才能，这种个性化就以这样或那样的形式一直存在。"新的"东西是我们具体和系统性的努力，以识别和利用这些差异，使儿童的学习能够最大化。

当我们思考个性化教学的课堂时，有三个强有力的形容词进入脑海。个性化教学的课堂中，教和学是灵活的(flexible)、有目的的(purposeful)和互相尊重的(respectful)。

个性化教学不是针对每个学生不同的教学计划。但个性化教学假设教学、活动和评估有充分的灵活性，使不同类型的学习者能在大部分时间找到适合他们的东西(Tomlinson & Allan, 2000)。个性化教学的教师是敏锐并有共情能力的观察者和倾听者，能够持续监控学生的活动和互动。他们知道，只要能够帮助学生最大限度地学习，没有什么是一成不变的。教学策略、时间、教材、内容、学生分组和评估手段都是灵活的。教师是具有灵活性的建筑师。

在个性化教学课堂的学习环境中，一切都是有目的的。教师要确定具体的教学目标，明确清晰的成功指标，对学生作为学习者和自己的教学计划深思熟虑，非常缜密。教师要了解为什么学生这样分组，为什么教室这样陈设，为什么强尼需要每十分钟就挪动一下座位，为什么沙哈拉能够从"大声思考"的活动中受益。教师被授予设计师的角色——有目的地设计和组织多层次的课堂变量，以达到所有学生的学习效果最大化。

也许最重要的是，个性化教学的课堂是互相尊重的。"尊重"(respect)一词源于拉丁语respectus，re意为"再次"或者"回去"，specere，意为"看"。因此尊重的字面意思是"再看"——充分考虑其价值,并且因我们的再三关注而显得有尊严。一个互相尊重的课堂会使学生因不同的学习经验而带来的差异显得有尊严。当学生有不同的水平和不同的兴趣时,尊重的教学法意味着每个孩子都有与他/她的兴趣和努力相应的任务、活动和挑战,每个学生都被给予同等的机会去发展自己对概念的理解。

国际学校过去30年两个真实变化——人员构成及对学生感知的变化已经让我们清楚地认识到使用个性化教学的迫切需求。

人员构成的变化

很多国际学校是第二次世界大战后10年到20年间作为政府学校在海外创立的。这些学校的共同特点是以英语为媒介教授美国或英国课程,学生主要是移居海外的儿童。这些学生大都是外交部门、援助发展机构或者国际商业团体工作人员的家属。在早期发展阶段,这些国际学校反映了家长的高期望,唯一的目的是为孩子上大学做准备。学生可能来自不同的种族和民族,但多数情况下,他们在教育上被看做是同质的。无论学生来自非洲的加纳还是中美洲的危地马拉,他们都要掌握一定的英语,为进入大学做准备。这些早期的国际学校在小学阶段有英语作为第二语言(ESL)的课程。其他阶段则完全拒绝英语不够流利的学生入学。很多学校的初中和高中都有英语入学考试。很少有学校对有学习障碍的儿童提供特殊支持。通常家长得到的答复是:能找到英语学校已经很幸运了,如果需要特殊的项目(比如,学习障碍中心、资源课程、资优生课程),那就应该待在本国。一些早期的国际学校追随英国和美国特殊的私立学校模式,短视地使用同样的、毫无灵活性的课程,教学方式无法应对高学术期望。灵活性被视为对降低标准的妥协,孩子们要适应课堂而不是让课堂适应孩子。

过去的30年中,国际学校的人员出现了重大的改变。也许最显著的是不说英语的父母和孩子的出现。无论孩子来自本国、邻国,还是世界其他地方,大部分的国际学校都开始接受大量的英语程度有限的学生。为了适应这种变化,大部分国际学校都开设了英语作为第二语言课程、为说其他语言的学生开设的英语课程(ESOL)或为英语学习者开设的课程(ELL)来支持这些学生。

我们也看到一些随父母到海外并被诊断出有学习障碍的孩子的数目在不断增加。公共立法也在发生变化。比如，美国 94—124 法案（US Public Law 94—124）规定，必须保障有学习障碍的儿童尽量在不受限制的环境中得到教育，也就是鼓励父母对孩子的期望，或者说在某种程度上要求国际学校提供特殊教育支持。对于大多数国际学校来说，那些简单地拒绝以不同方式学习的儿童的日子已经一去不复返了。

由于很多国际学校结合了公立学校和私立学校的特性，一些海外学校为这些改变经历了政治上和情感上的考验。比如，当海外的某个地方只有一所国际学校的时候，采用全纳式（inclusive）"公立学校"入学标准的压力就会增加。当一个孩子被拒绝入学，这个家庭通常没有选择，只有带着对父母职业和对兄弟姐妹教育的消极影响离开这个国家。当这种"全纳式"压力被拿来与"私立学校"家长对学术高期望的压力直接对比时，就会被"感知"。这种张力最终导致一些冲突，有一些冲突会拿到董事会去听证，甚至还会诉诸法律。

30 年来，这些人员构成的巨大变化使国际学校教育者重新思考我们的使命和教学法。

感知变化

在国际学校人员构成发生变化的同时，我们对学生的了解也在经历一个深刻的转变。在过去 25 年中，很多研究者发表了对教与学产生了深刻影响的著述。我们可以看到神经科学、认知心理学、演化生物学、领导理论、团体动力学、课程设计和学习理论等领域中发生的知识爆炸。新的研究成果的产生如此迅速，以至于我们这些课堂实践者去吸收这些知识已经费尽心力，更不用说去运用了。这些密集的信息正在重新形成我们的教育视角、对学习者的感知，甚至作为教师的身份认同。我们正在重新思考，儿童在什么条件下能够最有效地学习，怎样组织课程，教师在课堂上的角色是什么。我们能够越来越深刻地感知到每个课堂上表现出来的显著的学习多样性。即使在有选择地录取学生的学校里，同质课堂的神话也已经土崩瓦解。

教育者越来越理解并欣赏孩子们给建构知识和存储知识这个复杂体系所带来的巨大的学习差异。教师们也越来越意识到，自己喜欢的学习方式可能会自动地转化成自己喜欢的教学方式。认为每个人学习"都和我一样"是很自然的，但也是错误的。事实上，在很多情况下，教师偏好的方式可能不是多数学生喜欢的方式。比如说，本书作者之一的比尔写作的时候喜欢长时间专心不被打断，而另一作者欧辰写作是一段一段的，中间会被电话、家务或者其他不相干的事情打断。他们两人都会努力写完一章，但中间的过程却十分不同。

为了说明感观偏好对学习的过程是多么重要，我们做一个小实验。你可以站在教室前面，把你的手放在额头上，然后让你的学生摸他们的下巴。有些学生的反应是摸额头。虽然所有的学生都"听见"了你发出的摸下巴的指令，但对一些人来说（可能不是多数），视觉信息（看到你摸额头）超过了口头指令。对很多人来说，对视觉信息处理的偏好相对于听觉来说占主导地位。苏萨（Sousa，2001）指出一般人群中感观偏好的百分比是：视觉46％，肌肉运动感觉—触觉35％，听觉19％。我们的确会在通向相似的目标时选择不同的道路。

我们对学习风格和智能偏好的知识以及对课程内容的分析技能也在增长。对于不同的环境条件（一天中的时间、温度、灯光等）如何影响不同学生的学习，我们的理解也在深化。这些都是我们知识增长的重要方面，是基于对学生学习和个性化教学的理解。教育者正越来越意识到构成学生个体独特学习状况的特殊成分，并且能够使用这些信息使学习偏好和教学策略相匹配。

个性化教学：不是装着更多策略的大工具箱

2003年，当我们对非洲和亚洲的国际学校教师做调查时（Kusuma-Powell，2003），很多回应评论说，如果他们的教学经验库中有更多的策略，他们就能在自己的课堂进行个性化教学。当然，毫无疑问，更多的教学策略储备是有效个性化教学的基本要素，但是更大的工具箱本身并不足够。可以理解，教师们喜欢那些实用的、能够提供"周一早上"就能使用的教学策略的培训工作坊。然而，与教学理论分离、孤立地提供这种教学策略的教师培训工作坊对于增进儿童的学习没有什么用处。事实上，这么做有可能助长这么一种概念，即教学不过是"讲台上的欺骗"（platform chicanery）（Skinner，1976）。但是，教学并不是"一口袋戏法"。

事实上，对于"个性化教学所需的只是获得新的教学策略"这种过分简单化的信念是教师专业发展的障碍。新的教学策略的获得——尽管是新的并且有使用的可能性——如果缺乏学生作为学习者的深度知识以及课程方面的先进知识，通常只是一个浪费教学时间的处方。一个只以活动为基础的课堂，也许能够使学生投入并且有娱乐性，但会缺少深思熟虑的设计和特别的学习结果，那么新的策略也只能成为另一个组成部分。正如汤姆林森和艾伦（2000）所指出的："如果一个教师在学科内容上缺乏水平，对学习目的不明确，计划的活动没有重点或者缺乏领导能力和管理技巧，因而无法有效地运作课堂，那么这种教师靠教学策略是无法弥补的。"（11页）

我们一次又一次地看到，教师对教学计划深入和有质量的思考与学生深入和有质量的学习结果直接相关。任何简化或减少教学计划学术严谨性的企图都会使儿童无法受到真正的教育。

个人范式转换

只有当教师在个人价值观的水平上讲授学科内容，个性化教学的功效才能实现。在《决定教所有的孩子》（Deciding to Teach Them All）一文中，卡罗尔·安·汤姆林森（Carol Ann Tomlinson, 2003）写到，当一个教师愿意接受教所有孩子而非一些孩子抑或多数孩子的挑战时，就是个人范式转换之时。过去教师太过经常地假设，每个课堂都被默许放弃或者忽视一些学生。教师太过经常地假设，同事们和管理者会理解和接受每个课堂都有一些无法达标的孩子——太懒的、太情绪化的、英语太差的、有学习障碍的、精神不集中的、智力水平低的或者不能自控的。

汤姆林森认为，当决定去教每一个儿童，我们的感知结构就会经历深层的转变。我们会从看标签（注意缺陷多动障碍、学习障碍、情绪障碍）转向去寻找兴趣和需要。我们会把焦点从缺陷——他/她不能做什么——转向检视儿童的长处。我们的问题会从"怎样调教（remediate）这个孩子"转向"我怎样做能够保证每个孩子都达到思考和产出的最高水平"。这种转变的出现可能非常微妙，但的确是深层次的。成为一个个性化教学教师的个人突破并不是在建造一个更大的策略工具箱的时候实现的，而是在重新定义自己作为教育者的概念，并且鼓足勇气决定"教所有的孩子"的时候实现的。

支持"教所有孩子"的 7 个原则

在为国际学校发展个性化教学提供支持的过程中,我们寻找并识别出了构成这一工作基础的基本原则。

1. 所有孩子都能学习,都在学习,而且都愿意学习(但不总是我们想要他们学习的内容,也不总是在我们希望他们学习的时间)。比尔有一次在缅因州的波特兰参加一个教育会议,在那里遇到了一个年轻的校长。他送给比尔一支刻有他们学区箴言的铅笔:所有的学生都能学习。这个"能"字让我们很困扰。它暗示,尽管所有的学生都有潜能去学习,但是有些学生可能不学。如果铅笔上写的是"所有的孩子在学校都能成功"可能看起来更舒服一点。但是,认为"学习可能出现也可能不出现"与我们所有关于大脑的知识都是相悖的。这就好像是说"所有的孩子都能呼吸"或者"所有的河水都能流下山坡"。学习是人脑所能做的唯一的事情,它不会行使其他的功能。

前面已经说过,我们无法保证孩子在我们想让他们学习的时候,学习我们想让他们学习的东西。有的学生甚至学会了用让我们信以为真的专注的面具去掩盖他们的不理解。一些证据表明,相当一部分女孩子以这种方式努力隐藏学习障碍。也许在面对一次次学习失败的时候,我们的学生正在努力学习如何保护他们的自尊,而不是发展建设性的行为。当一个高中生学着贩卖毒品或使用暴力以加强自尊的时候,他也在学习。

所以,问题不是怎样促使学生学习——这种教育的概念就好像你的牙上有一个洞,需要到牙医那里补上——而是个性化教学的教师要怎样面对挑战,即如何引导自然发生的学习过程,使学生将精力集中在积极的、有建设性的努力学习上。

从我们对生物学知识的理解来看,我们的内在器官不是由态度创造的,大脑并不是一个懒惰或顽固的器官。对学习的冷漠是一种高度非自然的状态,也许是其他条件引起的症状;而且,对于儿童和青少年来说,很可能是学来的反应。

过去 30 年中,还出现了另外两个对于理解学习谜团至关重要的理论。现在我们知道,智能是多元的,不是单一的,而且智能是动态的,不是静止的。霍华德·加德纳(Howard Gardner)和罗伯特·斯滕伯格(Robert

Sternberg)的理论说明,人类的智能是由很多维度构成的。加德纳(1993)提出,我们每个人有至少七种可以区分的智能类型。斯滕伯格的模型说明,我们有三种偏好(分析型、解决问题型和创造型)。我们每个人在不同的等级上都有这些智能或智能偏好的内在能力。内在的智能模式是使我们与众不同的众多特征之一。然而,对于教育者来说,更重要的是,每种智能都有可塑性。我们可以发展它,使用它,也可以忽视它,因此使它萎缩。那种以智商得分作为唯一的、永久的测量儿童智力的日子已经过去了。

作为教师,我们越来越懂得,利用孩子的优势去教学并不是唯一重要的,还有更重要的一点是通过多种方式的教学提供达到课程的路径,深化学生的理解并且保持概念。

2. 丰富多样性。对于国际学校的教师来说,"丰富多样性"的陈述好像多此一举。如果一个学校不重视学生带到学校的丰富的文化、种族和语言的多样性,就算不上"国际"学校。但是,我们用多样性这个词并非指文化、种族和民族的差异。我们要提出识别和回应学习多样性以丰富对所有孩子的教育这样一个原则。

所有的人,无论什么文化和语言背景,都有共同的情感和需求(国际学校需要帮助我们理解和尊重这些共性)。学生个体作为学习者的确有很大的不同,但这些差异只有在课堂里才是重要的,因此学校需要帮助我们理解、尊重和利用这些差异。前面提到不同的学习风格和智能偏好的重要作用,本书后面还要回到这些学习差异。现在,我们只需要说,回应一系列学习风格和偏好的教师比只教授自己喜欢的学习风格("以不变应万变,我就是那个不变")或者以他们自己在学校被教的方式来教学生("这种方法对我奏效,看看我现在怎么样")的老师能够满足更多孩子的教育需求。

埃利奥特·艾斯纳(Elliot Eisner,1998)在三年级教室观课的时候意识到,当教师集中在满足一个孩子的特殊需要时,其他孩子通常也会受益。"因此正在教一个孩子的教师通常也在教整个班级。在这个意义上,个体教学很少是个体化的。"(193页)

我们相信,有效的异质课堂是将充满活力的学校团体聚合在一起的黏合剂,满足多样需求的确能改善对所有学生的教育。

3. 当儿童被鼓励用其所长时,他们会更充满热情、更有效地学习。这似乎是显而易见的,但你可能会惊异,那些仍旧聚焦在学生学习缺陷的教师不在少数。在很多课堂上,头等大事仍然是不惜一切代价矫正学生的缺陷。孩子所"不能"做的事是中心舞台的聚光处。缺乏知识或者无法表现的技能仍然是教师的首要关注点,而且很快就变成家长的担心。孩子带着这种缺陷生活,就像希腊传说中的达摩克利斯之剑悬在头上,直到产生四个结果:孩子放弃,家长放弃,孩子被转给其他教师,孩子掌握了所要求的知识或技能(但同时发展出了对与学校相关的一切事物的憎恨)。

执著于学生的缺陷而忽视他们的优点,也会使我们低估儿童作为学习者的能力。我们知道,教师对学生的期望可以产生强大的力量。可以说,课堂上没有比这个更强大的力量了。研究者给我们展现了皮格马力翁效应(Rosenthal & Jacobson,1992)。聚焦在学生的优点可以让我们实践这个古老的格言:如果你怀疑,就教教看!

为了在课堂上利用学生的长处,教师可以为学生提供成功的机会,因而内化大卫·麦克莱兰(David McClelland,1988)所说的"成就动机"(achievement motivation)。这是热情和精力,来自学生在课堂、音乐厅或运动场上取得成就的努力,这是为了最大的成长和进步与自己的竞赛。

课堂中的教师应该好好向有才能的体育教练学习,利用学生的长处,教他们获得成就动机。比尔在雅加达国际学校做高中校长的时候,曾在澳大利亚的珀斯参加游泳运动会。雅加达队对阵当地一个学区队,雅加达队表现得并不好。午后,雅加达国际学校水龙队落后当地队很多分,那时正在进行一百米蝶泳比赛。雅加达最好的蝶泳选手在六个选手中名列第五。当他触边之后,停下来看表,之后欢呼着跃出水面。尽管是倒数第二,但是他取得了自己一百米蝶泳的最好成绩。这就是成就动机。

鼓励孩子用其所长表面上非常简单,但用起来却非常复杂。我们用乔治的故事来说明这一点。这篇故事登载在督导与课程开发协会(ASCD)2002年3月的《教育现代化》(Education Update)中。

在达纳·佛劳尔老师三年级的课堂上,乔治是一个很大的挑战。"他从来不自愿做任何事,"她说,"他的书写糟糕极了,态度极差,从来不表现出任何参与的迹象。我真为他担心。"

在一个特殊的学习单元之后,这些行为戏剧性地改变了。佛劳尔给学生们提供选择,除了传统的纸笔测验,孩子们可以选择不同的方式表现他们对这个单元的理解。让佛劳尔吃惊的是,乔治选择了音乐。"他一年几乎都不说一句话,现在他却想在全班面前唱歌。"

但乔治就是这么做的,因为很受欢迎,他又唱了一首。"他唱了整首关于水的歌……包括了我们要找的所有的概念——蒸发、凝结——真的表现了他的心声。太酷了!"

佛劳尔说,从那以后,乔治的手总是举着,"他慢慢地开放了,用歌声来分享他学到的东西"。

显然,个性化教学对乔治起到了重要作用。通过提供机会让学生用他们个人的才能和长处展示所学的东西,佛劳尔不仅仅是允许乔治展示对水循环的深层概念理解,而且激发了他不断增长的自信,使他成为热心参与自我引导的学习者。

利用学生的长处教学能够使学习迈向成功。

4. 有效的教师能够教所有的学生。用传统和常规的方法教授学习方式不同的孩子就是我们所说的"医疗模式"(medical model)。这种模式中,学习差异被看做是异常或者需要"治疗"的。相应地,学生被诊断,然后起草个体教育计划(IEP)。IEP通常包括每周规定在常规课堂之外特定环境中的时数,如在资源中心,孩子们可以接受特殊教育专家的特别帮助。这个理论是,一旦孩子克服了他的学习差异,就能回到主流课堂,成为一个完整的、成功的参与者。

"医疗模式"一再被证明并不奏效(Kusuma-Powell & Powell,2000)。学习差异不是在常规课堂之外的孤立课堂能够被"治愈"的暂时的失常。然而这种做法却广泛传播并且产生了不受欢迎的副产品,因为它剥夺了许多主流教师的力量。把有学习差异的孩子从教室中分离出去,给许多常规课堂的教师带来了两个不幸的信息:(1)"你没有教这种特殊人群所必备的技能或者特殊知识";(2)"教育这些儿童不是你的责任"。我们现在仍然很难克服这两种观点的影响。

有效的教师能够对学生的学习产生深刻的影响,毕竟,有效教学是好的教学,而且所有的学生都能从中受益。任何聪明、巧妙、策略、魅力或者名气都无法弥补一个教师对学科知识和学习理论的缺乏。威廉姆·桑德斯(William Sanders)和他的研究团队写道:"有效的教师对所有不同成绩的学生都是有效的,无论课堂里的异质性达到什么程度。如果教师是无效的,这个教师指导下的学生不会有充分的学业进步,不管他们的学业成绩有多么的相似或不同。"(Mazano,2001,63页)

5. 教师是儿童学习环境最重要的建筑师。在学校里做研究的时候,我们很容易对什么是儿童学习中最"中心的"、什么是"次要的"感到困惑。

世界一流的设备非常好,完美的课程也很重要,清晰的政策值得被推荐,丰富的资源也的确使我们的专业工作更加容易。然而,毫无疑问的是,学校的教师是最重要的资产。

我们知道,学习发生在交际环境中(Vygotsky,1986),教师是课堂上交际环境最重要的建筑师——不管是设计的还是默认的。教师和儿童之间的关系是学习环境最本质的特征。

20世纪六七十年代,很多研究,包括詹姆斯·科尔曼(James Coleman,1966)和克里斯托弗·詹克斯(Christopher Jencks,1972)的研究发现,社会—经济因素比学校对学生有更重大的影响,因为学生的社会—经济背景(经济状况、种族、父母的期望等)不是教育者可以控制的。这些研究结果造成了非常悲观的影响。但是,八十年代中期,有很多新的研究证实了很多家长直觉到的事实:即使学校不那么好,教师仍然能够对来自所有社会经济背景的儿童的学习产生巨大的影响。

2002年美国主管教育的副国务卿娄·丹尼尔森(Lou Danielson)在约翰·霍普金斯大学召开OMNI夏季会议(OMNI Summer Conference)时,说了一句非常触动人的话:"在教育中,如果做得不好,那就是坏的。"丹尼尔森还强调教师使用为研究所证实的有效的教学法是多么关键。很多我们企图证明的好的教学都是以未经检验的习惯做法和特殊信念系统为基础的。来自纽约、达拉斯、波士顿和田纳西的研究都强调教师作为儿童学习的主要建筑师的重要性。田纳西的研究表明,连续三年在无效教师班上的儿童,比那些同样时间在有效教师班上的儿童得分低50%(Hammond & Ball,1977)。某些教育领导人推测,在小学水平连续两年在无效教师班上的孩子会导致无法补救的教育损害。

6. 明确的、有效的教学策略适用于所有儿童。所有学习者都需要受尊重的、强有力的并能使他们投入的学习活动,以发展个人能力,从而成为自我实现的(fulfilled)和高效的(productive)社会成员。这一点无论对6岁的孩子还是60岁的成人都如此,无论学习科学还是数学都如此,无论是高能力学习者还是有学习差异的学习者或者是把英语作为第二语言学习的孩子都如此。

就像某些教学法对某些特殊学习者更有效,激励性的、使人投入的教学对所有学生都有效。

在关于个性化教学的教师工作坊结束的时候,经常有参与者走向比尔和欧辰说:"但是所有这些都只是好的教学。"当然,有效个性化教学就是好的教学。实际上,更准确地说,个性化教学造就了对更多学生的好的教学。正如卡罗尔·安·汤姆林森(2001)所说的,"优秀的个性化教学的课堂是优秀在先,个性化在后"(17页)。

我们对"但是所有这些都只是好的教学"的真正疑问是"只是"这个词,这个词暗含着好的教学是很一般的,容易达到的,并且不值得在专业发展工作坊中讨论的。如果"只是"这个词在相似的语境中出现会多么可笑:"那只是精巧的外科手术"或者"那只是雄辩而且具有说服力的一篇文章"。优质教学是复杂而且极富挑战性的工作!

虽然好的教学没有公式或者偏方,但的确有一些我们所了解的超越年龄、性别和文化差异的关于教和学的原则。比如,我们知道高度紧张使大脑换成低挡,无法进行高水平或创造性的思考。我们也知道,多数儿童觉得从整体到部分的学习比从部分到整体更容易理解。换句话说,在分析部分之前先有整体概念十分重要。自杜威以来,我们就知道,与被动接受相比,学生作为学习的积极参与者能够学得更多、更有效。

好的教学的确是好的教学,然而,它绝非易事。

7. 专业伙伴关系比各部分之和有效得多(并且满意度更高)。几年前,在教育会议上,有一个很受欢迎的主题发言者的评论引得紧张的听众发笑。他说,虽然教学不是世界上最古老的专业,但却有可能是倒数第二私人化的职业。

暂且不提这个笑话,他的意思是,长期以来,教师孤立工作的传统需要得到重视。几个世纪以来,教师在没有同事支持和帮助的情况下自己备课,单独上课,评估学生的学习。这种孤立是我们的专业特点,并且对专业发展和学生学习起着最大的阻碍作用。

幸运的是,对于多数学校来说,团队工作和协作是学校的一般惯例,这种合作的益处在发展个性化教学的课堂体现得更加明显。

当越来越认识到儿童和青少年带到课堂上的差异——作为教师我们要在教学计划和授课中回应这种差异——我们也意识到真正实施有效教学的挑战越来越大。那些对复杂性一律对待的人,那些不适应学术规范的人,还有对于模糊性倍感不适的人都不适合把教学作为职业。教学是一个艰难的认知劳动,教师有权利要求得到工作中的支持。而最有效的支持来自同事们共同备课、合作教学以及合作评估学生。关于个性化教学,我们力争向所有教师传达一个最重要的信息:没有人应该独自面对。

专业技能没有过去时

有时我们会被问及:"我们什么时候能完成个性化教学?"这个问题暗含着个性化教学是一种教育时尚,会随着新的时尚的到来(不太可能)而隐没,或者个性化教学可以像学习驾驶汽车一样完成,以后无须再考虑这个问题。

个性化教学是通向精通的旅程,正如艺术大师不断地工作以改进技巧,增进才能,教师通过不断地工作以发展教学的艺术。尽管有大量课堂实践者在日常工作中可以利用的研究,但是公认的道理是专业技能没有过去时。

我们的一个管理层的同事喜欢说学校没有现状,因为它们或者正在改善或者正在恶化。这句话同样适用于教学。

第二章

个性化教学的四个关键

在法国的比利牛斯山看着欧洲的春天在这里慢慢绽放,这种景象给我们提供了一个非常精彩的个性化教学课堂的比喻。这一带的春天不是重复的或者同步发生的,相反,山上的植物根据高度有不同的生长时间。山上的春天,像个性化教学课堂中正在发展中的儿童,不稳定,无法预见,有时混乱,但是却令人震惊地美丽。

从我们厨房的窗户能够看到马萨特山谷的景色。三月中旬,春天的信使首先来临:橙黄色的报春花以及紫色和蓝色的番红花瞬时铺满了大地;蛋黄色的水仙花和蒙着新娘面纱的白浆果出现在通向我们农场的道路旁。短短的时间,或许几天的工夫,深红色的罂粟花、西班牙野风信子和金凤花又加入进来。草坪前面的日本蔷薇突然开满了深红色的花朵,随后,霜白的樱桃和桃树都盛开了。

每一种灌木和树木都有自己开花的时间。每一种野花都等待着合适的阳光、温度和湿度。这和我们个性化教学课堂中的孩子有什么不同?——每个孩子都等待着针对他/她的学习激励、自信、兴趣和与个人的联系,这些因素组合起来能提供学习效果的最大化。如果没有两朵花是完全相同的,如果没有两片雪花是完全一样的,那么为什么我们对待不同的孩子却像他们是同一模子刻出来的呢?

马特

中学顾问和学习专家都很为马特(Matt)担心。他做了几个心理教育评估,尽管他的父母一直否认,但是他的学习障碍还是显示得十分清楚。他正在读低于他的年龄的 3 年级。他的书写几乎无法辨认。在一对一的情况下,马特会表现出瞬间的让人吃惊的洞察力,他的批判性思考也很锐利深刻,但是在 7 年级的课堂上,他沉默而畏缩。

上个学期,顾问和学习专家的担心不断增加,因为马特成了被取笑的目标。一群7年级的孩子叫马特"傻子"。这种字眼还出现在马特的更衣箱上和活页夹上。不幸的是,马特带着厚厚的眼镜,而且手眼协调能力很差,这些都使他显得古怪笨拙。

有一次学习专家看到马特在食堂端着托盘走向他的同学的桌子。走到桌边时,他的同学用怀疑的眼光盯着他,他们的身体语言比话语更清楚:你真觉得你能和我们坐在一起吗?马特察觉到自己忘了拿刀叉,就回到柜台上去拿。当他回到桌子那里,所有的同学都不见了,他的托盘也不见了。

最近几周,顾问和学习专家都注意到马特本身以及他和同伴互动时的显著变化。一个月之前,马特参加学校表演试唱。一站在舞台上,他的厚眼镜和奇怪的举止都消失了。马特进入角色,可以说导演和其他演员都"不存在"了。"天啊!马特真是天才。谁能够想到他有这样的表演才能!在舞台上他完全是另外一个人!"

实际上,马特试演的成功使他在舞台之外也完全改变了。他的老师对他另眼相看,对他的期望也提高了。他们对他的潜力有了一个新的扩大了的视角。他的成功显露出来,同伴也不再叫他"傻瓜",他也更多地参与课堂讨论了。虽然成绩还是不太好,但是他和老师都有改进计划,更重要的是,马特不再孤独地吃午餐了。

茹帕

茹帕是一个非常聪明的女孩子,去年上4年级。以前,她的学校成绩单上的成绩是A。但是在国际学校,她的成绩却非常一般。她经常不完成家庭作业或者迟交。如果她知道怎么做,她的功课就全对,但是如果不确定,她就会说把作业锁在柜子里了,忘在学校了,或者被狗吃了。在课上只有老师直接点到她的名字,她才会参与。她缺乏自信,而且似乎经常不理解老师对她的期望。

她的父母为茹帕的成绩退步感到忧虑。他们几乎每隔一天就来找老师并且正在给她找一个数学家教。看电视和玩电脑的权利都被无限期地剥夺了。父亲无数次地说,茹帕要回印度去上大学,入学考试的竞争十分激烈。"这种成绩她肯定考不上。而且她还不会说印地语!"

茹帕的爸爸在肯尼亚经营着一家很成功的家具公司,现在在东南亚开了一家分公司,所以全家搬到了东南亚。茹帕以前在内罗毕郊区上一所当地罗马天主教会的学校,上课的时候用英语,玩耍的时候用英语土语、吉特拉特语和斯瓦希里语。这里还要强调,那所学校使用的死记硬背的方法是茹帕擅长的。

茹帕是印度人,但她从未在印度生活过。她生在非洲,但是不认为自己是肯尼亚人或者非洲人。她的家庭信仰印度教,但是相比吠陀经,她对罗马教义知道得更多。她的父母只有在需要的时候才口头上承认传统印度文化,但她的生活中充满了西方价值观和重商主义思想。10岁的茹帕还记得去年的成功并且为她失去的生活感到哀伤。

佛兰克

在佛兰克结束他在坦噶尼喀国际学校的毕业生代表致辞的时候,全场起立为他鼓掌。所有人都知道佛兰克战胜了所有的竞争对手,赢得了耶鲁大学四年的医学预科奖学金。雷鸣般的掌声在毕业典礼的大厅里回响,整个学校都为他的成就感到无尚自豪。

佛兰克超越了几个最大的障碍。他是所在国的奖学金生,他的父母都是非洲农村学校的教师,根本付不起大城市里国际学校的费用。

另一个障碍不那么显著,但却是佛兰克毕业致辞的中心点。他谈到刚到这个国际学校时他所经历的文化冲突。他谈到一个传统的政府学校与一个学习要求很高的IB(国际文凭课程)学校的区别。"在刚到这个学校的三四个月里,我在课上一句话都不说。我完全处在迷惑和震惊的状态,就像降落到一个不同的星球上。我不明白老师要干什么。在我原来的学校,答案都有对错,你答对了,受奖励,答错了,受惩罚。但是在这里,老师让你去思考,他们希望你有自己的见解,他们对你的观点感兴趣。评估的基础不是对和错,而是你的答案是如何思考得来的。如果你从来没上过传统的政府学校,你根本不知道这种改变有多大!你根本不知道在一个希望你思考的老师面前是多么可怕的事。现在,我认识到这是所有人所能得到的最伟大的礼物。"

梅玲

看得出来,13岁的梅玲在入学面试时非常紧张。她小声地用一个词或一个短语回答问题。大部分时间她都在盯着自己的鞋,手挡在嘴的前面。她很容易慌乱,而且至少有一次差点哭了。

尽管在澳门上了五年英语学校,但英语分班测试显示她只达到水平一(初学者水平)。梅玲家里语言混杂,她的中国母亲和她说广东话,她的丹麦父亲和她说英语。

当梅玲不那么紧张的时候,她的社交英语看起来非常好。在社交时,她的英语很流利。但是她的英语和汉语写作都表现出她对两种语言中的抽象表达都很困难。事实上,梅玲没有一个发展得很好的母语,她不仅仅是习得英语困难,她是"习得语言"困难。

> 在医学实践中,满足病人个体需要的高度具体化的知识是选择最好的治疗方式所必需的。这一点同样适用于所有"帮助人的职业"——特别是教育行业。
>
> 梅尔·莱文(Mel Levine),《赞美多样化观点》

这四个小故事说明,国际学校的学生带来了非凡的多样性,包括才能和期望、学习差异和障碍、文化背景和语言能力,以及个人兴趣和家庭历史。然而这个事实带来了一个问题,很不幸的是,把这些多样性视为可以轻易忽略的老生常谈正在成为一种趋势。在对学习差异儿童的讨论过早做出结论之前,你曾几何时听到你的同事说:"但是所有的孩子都是独一无二的!"

个性化教学需要我们深入到这些老生常谈之下,重新发现我们学生的不同有多么显著。在埃利奥特·艾斯纳(1998)一篇非常有吸引力的论文《一个教授在3年级课堂学到了什么》中,他对自己三个月里在两个3年级课堂听课进行了反思。他写道:

> 思考一下这个观点,比如,所有的孩子都不同。对于教育行业来说,这个概念毫无特别之处。但是,看到一群8岁孩子个头、秉性、成熟程度、兴趣、精力和个人风格的不同则是完全另一回事。这些表现使得"普通8岁儿童"的概念苍白空洞……教师教学的时候无法涉及抽象的和一般的概念。要布置适当的作业,提供安慰和支持,实施处罚,设定行为界限,提醒某个学生尽自己的义务,鼓励参与和促进合作态度,对个体的了解才是关键(19页)。

在过去30年的教学工作中,我们识别出了可以作为个性化教学基础的四个关键。这四个关键或者说是四个维度不是独立存在的,而是复杂地交织在一起,构成了教师的教学和学生学习。

个性化教学的四个关键

☐ 了解你的学生(和作为教师的自己)
☐ 了解你的课程
☐ 开发策略的经验库
☐ 从简单的开始,慢慢行动,让教学成为互动的工作

第一个关键:了解你的学生(和作为教师的自己)

再重申一次,很容易忽略"了解你的学生",或者视之为空洞的老生常谈,或者视之为一个显而易见的观点。但是,如果问:"需要了解哪些学生的知识以满足他们的学习需求?"我们就开始了发现一个有效个性化教学的关键维度的过程。

"了解我们的学生"不仅仅意味着了解社会信息或者管理信息。我们都知道教师要了解学生的姓名、年龄、朋友圈子和家庭背景。但是为了将学习成果最大化,我们还要深入挖掘这些表面信息。我们需要了解作为学习者的儿童在准备状态(readiness)、兴趣和学习状况这些特殊方面的情况。

准备状态

我们用"准备状态"而非"能力",因为准备状态意味着可塑性(可以被有技巧的教学改变和影响),而且会根据情况、话题、学科和发展阶段而发生很大的改变。而能力则暗示固有的才能,儿童和教师都无法对这种固有能力产生多少影响。

准备状态的概念不是固定的,因为从语法角度来说,它是一个名词,但在实际生活中,它却起着动词的作用。我们通常把准备状态看做短语"阅读准备"中的意思,作为下一个水平的挑战或成就所需要获得的一个先决条件。然而,准备状态实际上是一个动态的过程,教师对这个过程可

以有相当大的影响。能够识别出抑或促进"准备状态"都是不充分的,我们必须能够参与其中,调节它,使之向上发展。或许我们不应该视之为"准备状态"而是"正在准备"(readying)。维果斯基(1986)说:"唯一一种好的教学就是走在发展的前面并引领它;相对于成熟的情况,它更多地针对使之成熟的功能(ripen function)……教学必须指向未来而非过去。"(188—189页)

作为教师,我们每天都要对学生的准备状态做出评估和决策。我们是否能在8年级教《尤利乌斯·恺撒》?在教除法这个概念之前需要先让学生了解什么?在什么年龄或者几年级能让学生写五六个段落的文章?这些是关于集体准备状态的问题。如果是个性化教学,我们还需要从集体和个体两个方面来思考准备状态。

《流畅:高峰体验心理学》(*Flow: The Psychology of Optimal Experience*)的作者米哈伊·柴科金特米哈伊(Mihalyi Csikszentmihalyi)把准备状态作为人类学习和享受的必要条件。对于柴科金特米哈伊来说,准备状态与我们所面对的挑战相关,学习和享受出现在挑战和能力交汇的时候,即行动的机会与个体能力相匹配。对于那些没有相应技巧的人,这个活动不具挑战性,它毫无意义。"比如,如果两个对手水平不相当,打网球就不是享受,水平低的人会感到焦虑,水平高的人会觉得无聊。其他活动也是同样道理:对于有欣赏技巧的人来说,如果一段音乐太简单就会无聊,而太复杂又会感到挫败。"按照柴科金特米哈伊的说法,"当挑战与个人行动力刚好平衡的时候享受出现在无聊和焦虑的边界"(50页)。

我们说,这正是个性化教学课堂的位置——在挑战太难因而产生挫败感与挑战太容易因而产生厌倦之间的边界。只有当儿童面对的难度水平处于既有挑战性又能达到的情况下,个体的学习才能发生。因此有理由说,如果班里的准备状况不同,那么提供给学生的挑战也应该不同(Tomlinson, 2003; Jensen, 1998; National Research Council, 1999; Sousa, 2001; Vygotsky, 1978, 1986; Wolfe, 2001)。

最近发展区(Zone of Proximal Development)

前苏联认知心理学家利维·维果斯基(Lev Vygotsky)在他的经典著作《思维与语言》(*Thought and Language*, 1986)中,创造了一个新的表达"最近发展区"。这个短语在很多学校都成了常用语,并且被用作儿童对于一个任务或者某一抽象概念理解的学习准备状态的同义词。最近发展区是看待准备状态的一种方式，但它是非常特殊的一种准备状态，因此有必要回顾一下维果斯基真正的意思是什么。

维果斯基把基于儿童个人活动测量儿童大脑发展水平的有效性与有成人干预促进儿童思考之后的表现做了比较。儿童独立完成一个任务所达到的水平与有技巧的成人干预之后所达到的水平之间的差异就是维果斯基所说的最近发展区。

"如果两个儿童的心理年龄（独立行动的水平）是，比如说，8岁，我们让他们解决可以靠自己的努力解决的但比较困难的问题，并且提供一些帮助：比如解决问题的第一步，提供一个引导性的问题或者其他形式的帮助。我们发现这个儿童通过合作可以解决一个为12岁孩子设计的问题，另一个能达到9岁儿童解决问题的水平。这种儿童实际心理年龄与通过帮助所能达到的解决问题的水平之间的差距就是最近发展区……经验显示，最近发展区更宽阔的学生在学校的表现会更好。"

利维·维果斯基《思维与语言》（187页）

学习准备状态可以被认为是个体带入新的学习情景的知识、理解和技能。除此之外，我们还需要了解之前的学习、自尊、自我效能感、在班级中的社会地位、生活经验、个人特质以及态度和思维习惯对准备状态产生的深刻影响。了解准备状态并不比我们了解孩子的其他方面的复杂程度低。

兴趣

有两类学生兴趣是教师为个性化教学做计划时需要考虑的。第一种是学生事先就有的兴趣，包括学科的、话题的以及学生现有的好奇心和热情所追求的东西。在这个范围里学生已经做好准备去追求新的知识，获得新的技能，是非外在动机。在这个范围里的课程（包括课外活动和运动）或者外在兴趣是学生已经准备好去投入时间和精力的，与学生的相关性非常明显，学生会立即投入。

第二种是潜在的兴趣范围，包括话题、活动或者探询那些学生还没发现的或者还没接触的东西。潜在的兴趣和已经存在的兴趣一样强大,但是需要间接引导才能使它们连接起来。

有效教师对学生的两种兴趣都会注意到。如果能够将教室中的课程与学生的兴趣联系起来,我们就能够开发出内在化的成就动机——在这里,目标是个人化的,动机来自自身,成绩是有深刻意义的。将课堂学习和学生的兴趣联系起来是教师所能使用的、趋向创造充满热情的终生学习者的最有力的策略。

学习状况

了解你的作为学习者的学生意味着知道他们怎样能够学习得最好,意味着了解他们的优势、才能以及缺点,意味着了解他们偏爱的学习方式(视觉的、听觉的、触觉的或者运动的)以及理解他们的智能偏好。

了解学生的学习情况意味着了解文化和性别会如何影响获得新的知识和技能。在国际学校中可能会有五六十个国籍的学生,因此将文化及其对学习的影响联系起来非常具有挑战性,而且非常复杂。

了解学习情况包括了解在什么样的环境条件下这个学生能够做得最好。佛兰克在早上还是下午最能思考?茹帕是否集中精力,这会受温度影响吗?(她会不会因为教室里太冷或者太热而精神不集中?)当马特读书有困难的时候,坐在直背椅子上还是靠在地板上的靠垫上更好?

最后,洞察学生的学习情况还意味着理解在学校的各类活动中他们的态度和个人特质,他们的脾气秉性以及与同伴给予他们的社会地位相关的自尊(Cohen,1998)。我们知道,情感和认知是错综复杂地交织在一起的。态度和个人特质是内在情感的外在表现。这些情感对于在学校的学习是否成功有着强有力的影响。比如梅玲的内向性格是如何影响她的语言习得的?茹帕对挫折的低承受能力是如何影响她在学习上承受风险的意愿的?

与"了解你的学生"紧密相关的是"了解作为教师的自己"。教育研究者一再告诫我们,学习发生在社会环境中(Vygotsky,1986),师生关系对学生的成就十分关键。有效教师同时也是那些自觉培养情商的人(Goleman,1995),他们特别注意自我觉知、自律、社会觉知和关系的处理。

第二个关键：了解你的课程

若干年以前,东南亚一个很大的国际学校制定了两个学校年度目标:第一个是开发课程标准和课程基础框架,第二个是在学校各个班级开展个性化教学。

此前不久,在教师会议上,一位教师举手提问这两个目标是否互相对立。"它们不是相反的吗?"她问,"比如,确定目标和基础框架需要确定一般的5年级学生需要什么样的知识和技能,对课程和学生的期望都有一个标准。而个性化教学要求我们把每个儿童都作为一个独特的学习者来看待,到底怎样能同时做到这两个方面呢?"

我们非常感谢她提出这个问题,因为这个问题开启了对于设定标准和满足多样学习需求之间的关系的生动和富有洞察力的对话。这个问题也反映出,在汤姆林森和麦克泰(Tomlinson & McTighe,2006)富有开创意义的《通过设计整合个性化教学和培养学生的理解力》一书出版之前,教育中以标准为基础的运动和个性化教学中的创新分别走的是两条不同的道路。

在某种程度上,这个提出问题的教师有一个观点,即为学生的成就设定标准和基础框架似乎与我们个性化教学的努力相悖。但是,也许可以用另外一个方式看待这种情况。暂且不从它们互相排斥的位置开始,假设它们可能是互补的。让我们来看看,如果两者缺一会发生什么情况。

我们都清楚地知道,在官僚体制中或者通常是由于环境的需要将学生的成绩标准化的过程中,当一个学习者被遗忘、被忽视或者被开除会发生什么。在没有个性化教学(关心并回应不同学生的学习需求)的情况下,标准通常会转换成狭隘的对客观责任的关注,特别是高风险测验的情况下。在某些情况下,这些对学生成就假定客观的考试成为一种专横的手段,不仅威胁着评估,也威胁着课堂教学。

另一方面,想象一下,如果个性化教学的课堂没有一个清晰界定的学习标准和衡量学生成就的标准会是什么样子。我们会看到或者是20世纪60年代那样的个体化的项目学习(25个学生有25个不同项目,事实上没有合作学习或者来自教师的直接教学),或者是混乱的、无组织的教学,缺乏清晰的学习结果和目标。实际上,衡量学生成就的标准为教师提供所要达到的清晰的目标,而个性化教学则提供达到这些目标的多重途径。

我们认为标准和测量与个性化教学并非对立矛盾,而是相互补充的。正是通过对标准和对学生成就测量的了解,教师才能真正了解课程。

我们所说的"了解课程"不仅仅是指掌握学科领域的知识(尽管这是知识的关键部分,而且我们也更喜欢这些知识),我们指的是课程的深层知识。它能让教师确定主要概念,并能区分主要概念与需要持久理解力的概念(enduring understanding)(Wiggins & McTighe,1998)以及与有兴趣知道但对于概念理解并非必不可少的次要信息。

第三个关键:开发策略的经验库

在本书的介绍中,我们用了一些篇幅来强调个性化教学不仅仅是一个更大的教学方法工具箱。这里"不仅仅是"这个词非常重要。如果只是作为更大的工具箱,显然对个性化教学理解过分简化了。但是不能否认一个更大的、以研究为基础的教学策略经验库也是个性化教学课堂至关重要的组成部分。

有魅力的教学策略本身并不能保证学生高质量的学习。我们都见过以活动为主的课堂,教师为学生精心准备快乐的活动,但很少考虑实际的学习目标和结果。孩子们玩得很高兴,教师令人羡慕地受欢迎,但是学习成果却很少。

有效教学策略是由三个课堂关键特征组成的:学习结果、课程内容和学生。有效教学策略包括学习理论和原则,通常可用于不同学科和不同年龄水平。

我们力劝教师们说明他们使用的策略并且告诉学生为什么要使用。当为学生提供课堂活动的合理解释时,我们揭示和分享学习理论,这样做能帮助学生发展作为学习者的自我知识——这是促进元认知和自主学习的关键。

第四个关键：保持简单和互动

　　个性化教学夭折通常有两个原因：过度工作的教师被吓倒或者过度工作的教师不为所动。很容易理解对一个复杂课程的个性化教学的挑战性和要求是多么令人畏惧。第一个挑战是了解 25 个不同的学习者（那是小学教一个班的教师的挑战，但如果你是一个高中英语教师，一周要给 100 个或者更多的学生上课，了解学生的任务就变得更复杂了，后面的这个任务让人望而却步），需要努力把对课程的深层理解——主要概念和本质问题——与满足特殊儿童的学习需求相匹配。承受巨大压力、不堪重负的教师已经摇头表示惊愕了，但我们还没有提到考虑到学生长处和学习风格的学习活动设计和表现评估呢。所以，很容易看到个性化教学是多么富有挑战性，多么令人畏惧。

　　然而，根据我们的经验，不为所动的教师也面对同样困难的挑战。这样的教师对个性化教学有过分简单化的理解，因此放弃了，因为：我已经做了！教师能够确定个性化教学课堂的一两个方面（共同的价值观或者熟悉的一个策略）并由此得出结论：在个性化教学这个领域自己不需要再做什么。这种情况并不少见。

　　事实上，个性化教学是一个长期的、复杂的并富有挑战性的旅程。非常有经验的、专家级的教师认识到，提高个人技能永无止境。有三个重要方法可以避免教师被个性化教学吓倒或者不为所动。

　　首先，从简单的目标开始。这意味着为自己设定现实的合理目标。一个教师不可能一夜之间成为大师。可以选择个性化教学的一个关键，确定一两个你将要聚焦的特殊策略并付诸实践。比如，如果你以后 8 周的目标是增强对于学生作为学习者的洞察力，那么你就应该决定使用诊断观察策略，并且和其他教师合作对学生的功课进行分析。为自己设定可控的目标需要一定程度的自我知识并保持一定程度的谦虚态度。

　　一旦你有了合理和现实的个性化教学目标，要慢慢行动，而且确保掌握行动的方向。研究学校及其他组织变化的研究者指出，所谓的"实施中下降"（implementation dip）现象，是指个体实施新的策略或者项目时表现会有所下降。因为课程、方法、策略等对于教师是新的，因此不可避免地在开始的时候表现出没有以前用过的"已经被检验过"的方法效率高。在实施中下降阶段，教师经常会感到气馁，不再抱有幻想，因而变得缺乏耐心，对自己的专业能力感到不满，继而转向对新的课程、方法和策略的抱怨。"新的课程不奏效，还不如以前熟悉的方法能让学生更有收获……"

但当我们从大局来看问题，就能够理解，在能够正确判断创新带给学生的变化是否对学生的学习有益之前，我们先要超越实施中的下降阶段。

最后，也许是最重要的，在通向个性化教学的旅程中，我们需要支持的伙伴，这一点至关重要。我们需要互动——我们需要专业的同事，我们需要合作。

然而，高质量的专业关系是创造出来的，不是天生就有的，而且，大多数情况下，几乎没有为教师提供任何有关合作的专业训练。作为一个亟待解决的问题，学校需要支持教师发展合作技能，管理者需要帮助教师明确下列问题：

- 什么样的行为能够促进目标分享、更多的信任和相互依靠？
- 我怎样做能够促进发展共同的责任？
- 我怎样能够支持同事的深层思考？
- 我怎样处理小组中的冲突？
- 高质量运作的团队是怎样建立和持续发展的？

个性化教学框架

我们使用一个技术叫做"分段"（Segmentation），作为个性化教学关键维度的形象描述。如图 2-1 所示，我们把"了解你的学生"连续体作为纵轴，把"了解你的课程"连续体作为横轴，创造 4 个象限。最左边表示对课程知识了解最少，最右边表示对课程知识了解最多。同样，纵轴顶端表示对学生（和自我）的复杂知识，底端表示对学生和自我的知识了解有限。这种形象化的图表有一种危险，它可能会造成概括化。很少有教师能完全符合图 2-1 中的某个象限，我们只是觉得视觉结构对于说明个性化教学的四个关键会有帮助。

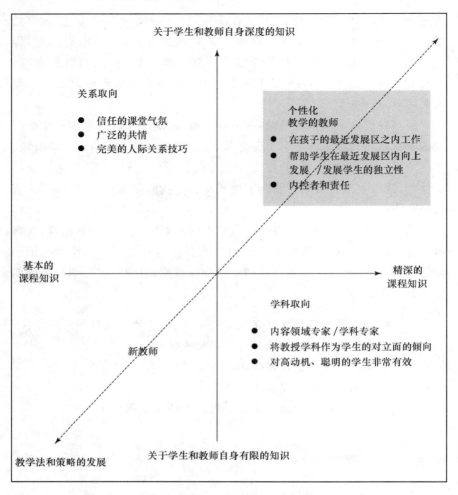

图 2-1　个性化教学框架：教师知识和教师效能之间的关系
Powell & Kusuma-Powell, 2002

新教师通常处于左下角的象限，因为新手缺乏长期经验培养出的专家技能，理论上，他们对于课程和学生的知识都有限。虽然年轻教师可能富有热情，精力充沛，但他们的合作技能也许还没有机会在专业环境中成熟起来，他们还没有机会发展出更大的教学经验库。

处于左上角象限的是关系取向（Relationship-Oriented）的教师。作为教师，他们发展出了关于学生和自我的深厚知识，但是缺乏关于课程的深度知识。他们能够创造温暖和信任的课堂气氛，有高超的人际关系技巧和高水平的情商。他们是有技巧、善于反思的倾听者，总能与学生表达出来或没有表达出来的情感需要协调一致,通常非常受孩子和父母的欢迎。他们深切关怀班里的孩子,学生和家长都非常了解并欣赏这一点,班上的学生有很强的归属感,他们认为自己是班里的一员,班级里有着广泛的共情。

但我们还是要问,在这种完美的课堂气氛中,课程处于什么位置?多少有计划的学习能够真正实施?仅仅依靠课程的一点基本知识,教师无法创造有意义的、适当的学习目标,课程的结果也是混乱和不明确的。学习活动可能充满娱乐性,学生也乐于投入,但是这些活动与课程目标之间的联系是微弱的。教师提问大都是无意识的和偶然的,并非计划好的,因此是简单的和表面化的。这样的教师很容易偏离主题(也许因为没有一个明确的"主题"),进入个人的逸事和故事,而复杂的认知过程(如分析、比较、评估等)则无法清晰地教授。

处在图 2-1 右下角的象限的是学科取向(Subject-Oriented)的教师。他们有精深的课程知识,但学生知识有限。他们是传统的内容领域的专家——这样的教师"非常了解(通常也很热爱)他们教授的东西"。这类教师了解学生需要知道什么以及怎样能够在统考中取得好成绩。学科取向的教师倾向于把学科作为学生的对立面来教授,但多数情况下,他们会有"最好的"教师的名声,而且是学校最抢手的教师(通常如此是因为他们总是被安排去教成绩好的学生)。他们是物理或者数学或者语文学科的专家。这类教师对于那些旧标准下的聪明学生、自我动机强的学生非常有效。他们能特别出色地教授那些国际文凭预科项目中经过考试选拔进入高级或者"A"水平项目的学生。他们的学生会有非常突出的考试成绩,能够被多数知名大学录取。

但是,你不能安排这种学科取向的教师去中等水平的学校任教,也不能教有学习差异或者学习动机不同的学生。因为这些学生带来的挑战超出了学科取向的教师所具有的专家知能,也超出了他们的耐心。激发学生的动机,把学习和学生自己联系起来,回应学生个体的学习需求似乎没有被当做他们的教学责任。他们倾向于用自己学习最有效的方式去教学生(也许是自己被教授的方式),并且很快就放弃那些学习方式和他们的偏好不同的学生,或者那些无法明确被认同(或者说"传统")的结果,那些没有好成绩的学生。因为这样的教师对于学生作为学习者的知识非常有限,他们的教学策略经验库也很有限。他们依靠的只是讲座或者学术讨论方式、笔头考试和测验以及研究报告。

右上角象限代表个性化教学的教师,他们把复杂的学生知识和自我知识与精深的课程知识相结合,他们能制订清晰的、有意义的学习目标框架,并且将自己的方法与学生的准备状态、兴趣和学习情况相匹配。他们包罗广泛的学习策略经验库能够在课堂上带给自己灵活和自信。因为有精深的课程知识,所以他们能够把一部分的课堂注意力用于观察学生,这样做,他们就能够确定学生的最近发展区(ZDP)并且让学生在自己的最近发展区中学习。这样的教师能够主动帮助学生在最近发展区中向上发展。他们不仅有更大的教学策略"工具箱",而且有对学习理论概念的深入理解,并将其融入教学法。因此,学生学习需求的知识能够和他们精深的课程知识融合并匹配。

第三章

了解你的学生

几年前,一位荷兰朋友跟我们分享了他学生时代的一个故事。这个故事说的是一个男孩子非同寻常的逆反,但也强调了对一个教师来说了解作为学习者的学生是多么重要。

亚瑟(Arthur)出生在荷属东印度群岛,现在属于印度尼西亚。日本入侵东南亚的时候,他刚刚过了十三岁生日。在战争期间,亚瑟、他的父母及兄弟姐妹被拘禁在西爪哇的日本集中营。亚瑟和他的家人在折磨中生存着,集中营的生活艰苦而又残酷:长期的饥饿、阶段性爆发的致命的疾病、凶残的卫兵和无时无刻不存在的恐惧和焦虑。虽然还是一个小男孩,但是亚瑟也无法与现实和战争中的残酷世界隔离。

四年之后,日本战败,荷兰重新接管印度尼西亚,亚瑟和他的家人与成千上万集中营幸存者一起被遣送回荷兰,在那里,亚瑟很快就在一个政府办的学校入学了。

由于缺了很多课,亚瑟被分在一个比他年龄小三岁的班里。学校管理层和老师都因为亚瑟的经历而认为他有所欠缺,他们只看到了他学习技能的缺失,只看到他不能做什么以及什么对他来说是困难的。毫无疑问,亚瑟基本的阅读、写作技能和数学都落后他的同伴很多,但校方没有考虑到他在集中营的经历而为他提供学习上的和情感上的支持。

亚瑟现在是一个退休的石油工程师,已经七十多岁了。当回忆起那疏离和迷惑的青春时代,他说:"因为我的阅读比别人差,老师就把我当成年龄更小的孩子,让我读和其他小孩子一样的书。似乎没有人理解和欣赏我的经历。其他孩子呢?他们只对电影、购物和服装感兴趣,这些我全然不了解。他们善良而友好,但我还是不能理解他们,因为我无法把自己和他们联系起来,我因此感到自己置身于另外一个星球上。"结果是,学校对亚瑟没有什么用。

不幸的是,亚瑟并不是历史上的一个特例,在不久以前,在我们的国际学校里还有很多与他类似的情况。比尔回忆起20世纪80年代中期,在坦桑尼亚工作的一个乌干达外交官带着他13岁的女儿去达累斯萨拉姆的国际学校进行入学面试。

克里斯汀·阿波罗看起来是一个非常害羞和畏缩的女孩儿,显得比实际年龄小得多。她两眼低垂,甚至完全拒绝目光接触。她面无表情,即使从地面上抬起眼睛,也是目光空洞。虽然如此,她会不时扭动身体,用目光搜寻办公室,像一只在捕猎者注视之下的小动物。她穿着一件宽大、破旧的乌干达政府学校的校服——很显然是别人的。她父亲解释说克里斯汀·阿波罗不会说英语,而且她被"中止"上学。

随着比尔深入探询,完整的情况呈现出来。克里斯汀·阿波罗不仅不说英语,她也不说斯瓦希里语,只用她部落语言交流。她是外交官第三个妻子的女儿,在乌干达南部丛林中的村庄长大。过去四年中,克里斯汀·阿波罗在她祖国到处避难——从一个村庄到另一个村庄,躲避伊迪·阿明(Idi Amin)被推翻后爆发的多年恐怖和野蛮的内战。

克里斯汀·阿波罗站起来离开比尔的办公室时,脚下绊了一下,跪在地上,比尔和她父亲都赶忙去扶她。克里斯汀·阿波罗显得很窘迫,她父亲连连道歉。

"她平时不是这么笨手笨脚的,平时她不穿鞋,可今天穿了。"

亚瑟和克里斯汀·阿波罗的经历显然是创伤性的,它们充分说明儿童以前的经历对他们在学校中的学习会有多么深刻的影响。但是,即使没有过去这种创伤经历,儿童带入课堂的个性和学习偏好也会对学习有深刻的影响。

在前面一章,我们介绍了教师关于学生的知识以及关于课程的知识之间的关系模型(图2-1)。我们将学生作为学习者的深层知识与精深的课程知识整合起来,作为设计维果斯基所说的儿童"最近发展区"中的学习任务的最重要的本质。这个最近发展区的边界,一边是挑战性太差,因此无聊,另一边是挑战性对学生的准备状态来说太复杂因而毫无意义,或者压力太大足以把人摧毁。

最近发展区(ZDP)是学生学习最大化的发生之地。对于教师来说,明确这个区域并确定其中的学习难度颇具挑战性,了解学生作为学习者对教师来说也是至关重要的。

长久以来教师直觉上都知道了解学生作为学习者的重要性,我们只需要回想一下自己的童年时代,想想老师对我们的学习所产生的深刻、积极的影响就能确定这一点。之所以会有这样的影响,很可能是这位老师和我们有个人的联系,并且在深刻的、有意义的层面了解作为学习者的我们。

尽管多数有效教师都从直觉上知道了解学生作为学习者的重要性,但是我们并没有从专业的角度对于作为学习者的学生进行系统地、严格地收集资料,框定问题,做出假设。据我们所知,大学的教师培训几乎都没有明确地教授过课堂观察技巧。

过去,教师了解学生的方式是没有系统的,也不严格。对于大多数人来说,资料是偶然和随意收集的——来自学生文章和日记的点点滴滴,来自学生美术课上的一个暗示,来自对偶尔听到的走廊对话的猜想,来自一位家长对去年的教师的评论。大部分教师并没有有意识地设定了解学生的目标。在某些情况下,教师并不是把学生作为学习者来了解的,个人关系是自然形成的。这种情况通常是因为教师和学生的个性相投或者有共同的兴趣(通常是对教师所教的学科感兴趣)。也可能6月份学期结束的时候,教师对某个学生的理解比去年8月份多一些,但这种了解是选择性的、偶然的和任意的。

我们相信,这个时代已经过去,了解学生作为学习者如此重要,不能凭运气、靠机会。

我们来自洛杉矶州立大学的朋友和同事芭芭拉·吉奥(Barbara Keogh,1998)很喜欢说,很多问题,可能大多数是我们觉察到的学生的学习问题,在我们投入到对学生系统的、严格的观察时都会消失。这里所说的是,精心设计的观察行为会改变我们觉察问题的方式,改变觉察问题的本质,结果是重新塑造了我们和学生的关系。

我们相信,可以通过建立学生的学习档案来面对了解学生的挑战。教师如果能坚持建立学习档案,久而久之,就能把学生作为学习者的资料汇编起来,总结出五个关键的方面:生物特性、社会的影响、社会和情感特征、学业成就和学习偏好。

建立学生学习档案的缘由

当我们看着满满一教室学习的孩子去考虑多样性的时候,似乎把每个孩子都作为一个单独的个体去对待是一个很愚蠢的想法。孩子们,特别是国际学校的孩子们,都是带着多样的故事和历史、不同的文化和语言、各种喜欢和不喜欢的学习风格以及智能偏好来到这里的。没有哪一种痛苦是相似的,没有哪一种家庭的经历是相同的。因此,我们面对的每一个孩子都带来了他们自己不同的学习时机。

小学部的专业课教师(音乐、艺术和体育等)以及高中部的学科教师每周通常会面对一百多个学生。可以想见,这些教师会问:我怎么能够在有限的学校时间了解所有这些作为学习者的学生?

这个问题问得很有道理。但是,对一个作为学习者的学生的了解通常可以用于其他学生。虽然众所周知,每个学生都是一个独特的学习个体,但是,如果把每一个学生作为总体学习特征的一个特别的部分可能会更有帮助。因此,通过了解一个作为学习者的学生,我们实际上会了解许多学生的学习特点。换句话说,通过了解对课堂上一种动觉类型学习者(kinesthetic learner)的有效方式,我们能够了解对很多其他学生有效的方式。

发展对学习者的深层了解能够使教师:

1. 更准确地识别儿童最近发展区并帮助学生向这个区域上限发展。

2. 设计具有挑战性的学习单元以便使所有学生都能达到课程目标,但最重要的是使有学习差异的儿童也能达到。

3. 发展关系和信任,将认知上的不适与心理安全联系起来。我们知道,为了学习,所有的儿童(和成人)都需要身体和心理上的安全感。马斯洛的基本需求层次理论中的低层次需求必须要满足。同时,我们也知道,深度学习来自认知上的不适——当我们面对一个新的观念挑战我们先前存在的思维模式的时候。为了发展学生的深层知识,我们可以创造心理上安全的课堂环境,允许使学习最大化的智力上的不适发生。

4. 在课堂上最大限度地展示情商(思维更灵活、更能共情、更大的耐心、更准确的责任归因——在学生责任和教师责任之间达到平衡)。

认识童年时代

即使我们已经开始接近了解我们课堂中的学生个体的挑战,我们仍然需要探索将要带入这个过程的对儿童时代的感知。换句话说,我们需要了解自己对儿童时代及儿童的普遍假设。关于假设有两点非常重要,首先,它会对我们的信念系统有强大的影响,其次,很多假设是不自觉地拥有的。因此,对于教师来说,把这些关于我们每天教授的儿童的假设带入清醒的意识层面是非常重要的。

我们关于儿童时代的假设在相当程度上决定了我们实际上如何在课堂上与儿童和青少年互动。

为此,我们需要开发五个可能的视点来感知儿童的生活。这很显然是一个宽泛的概念,我们承认会有其他视点,没有人纯属某一类。然而,时常带着这些模式或者视点来建构感知的过程是非常有益的。

霍布斯视角(The Hobbesian Lens) 这个名字来自17世纪英国哲学家托马斯·霍布斯(Thomas Hobbes),这个视角将教育视为儿童为在文明社会生活而做准备的过程。人类被理解为深受自私本性的影响。霍布斯视角认为,文明社会的道德秩序必须清晰地教授给儿童。当从这个视角观察时,儿童被视为潜在的"野蛮人",有一个庞大的怪物寄居其中,必须将其抓出来并且控制住。相应地,教育的一个基本目的就是让儿童社会化和家庭化。儿童时代因此是一个阶段,在这个时期,儿童要学习控制他们自私的欲望,掌控具有破坏力的情感。如果从好的方面来看,霍布斯视角强调应该教授儿童社会技能,比如,轮流、分享、共情以及如何延迟满足。在许多国际学校的使命陈述中可以看到霍布斯视角的影响,包括要培养孩子们成为"有责任感的世界公民"这一目标。

但是如果将霍布斯视角视为另一个极端,就会将儿童视为非人性化的、残酷的。它构成了维多利亚时期和20世纪早期教育的主要特点。教师对课堂的控制被认为是至高无上、极其重要的。儿童应该"被看见但不被听见"。顺从是最重要的,体罚是家常便饭。《旧约·箴言》第24章中的《惩罚》(不忍用杖打儿子的,是憎恶他)清楚地诠释了到处可见的、挂在教师桌旁的马六甲拐杖,那不是《旧约·诗篇》中令人安慰的"杖"。学生主要在恐惧中获得激励。

弗洛伊德的意识心理（自我）模式作为一个战场，在兽性、非道德和寻求快乐的本我与保持约束的超我之间进行着斗争，也可以看做是另一种霍布斯视角，说明儿童需要获得自我约束。

在20世纪七八十年代行为主义盛行的时候，依然能看到霍布斯视角的影响。那时教师们深受斯金纳操作性条件作用的影响，学生的自我控制通过积极和消极强化来塑造。

一个最具说服力的霍布斯视角的儿童观念的代表体现在威廉·戈尔丁（William Golding）的经典小说《蝇王》（*The Lord of the Flies*）中。小说中，一群英国唱诗班的男孩因为飞机失事而被困在一个孤岛上。与《海角乐园》（*Swiss Family Robinson*）或者《珊瑚岛》（*Coral Island*）（戈尔丁由此获得灵感）中机智、灵活、正直的男孩们不同，戈尔丁的唱诗班男孩们陷入野蛮的境地，小说最后只能通过一个成年权威的进入而恢复秩序。

卢梭视角（The Rousseauian Lens） 从法国哲学家卢梭（Jean Jacques Rousseau）得名，卢梭视角对儿童时代的看法截然不同。儿童被看做原始纯真的体现——在亚当堕落之前——是自然道德秩序的源泉。卢梭认为，残酷竞争和控制的社会系统一点一点地毁坏了儿童的天真。他认为这种毁坏发生在他所经历的传统学校教育中。他相信，邪恶不是自然出现的现象，而是学习到的一种状态。在他的教育论述《爱弥儿》（*Emile*）中，学习（与学校教育相对立）是与儿童先前具有的好奇心、创造力和动机一致的、自然而温和的过程。

在文学作品中，也许对儿童时代最浪漫的视角、最感人的表达要数威廉·华兹华斯（William Wordsworth）的诗集。在他的作品中，儿童被视为天生智慧的体现，被描述为"人类之父"（father to the man），儿童时代具有神性，儿童被描述为"伴随着荣耀的祥云"（trailing clouds of glory）。

代表卢梭儿童观的一个最有争议的例子是创建于德国、后来移到大不列颠的一所学校。夏山学校（Summerhill School）由尼尔（A. S. Neil）创建，是一个非常激进的实验学校，那里没有成人规定的规则、惩罚、反社会的负面结果或者破坏性行为。学校的组织、课程安排和实际的课程都是由学生自己决定的。像卢梭一样，尼尔相信儿童天性善良，如果给他们以自由，他们会自然地趋向负责任、有建设性的行为。任何像夏山学校一样被大社会包围着的小社会都面临着一个困难，即由此毕业的学生要重新整合进入他们所鄙视的社会需要经历非常困难的时期，因为他们的身份认同和存在的理由都来源于对腐败和残酷的现存社会的抨击。

儒家视角(The Confucian Lens) 当全球化成为公认的现实，特别是在我们的国际学校，对于西方教师来说，了解儒家的世界观及其看待儿童的视角非常有益。因为"儒家"一词与中国和远东地区有着历史联系，因此，许多从儒家视角对儿童的感知在世界上很多传统的社会中都存在。

儒家价值观包括强调集体的利益，与西方世界注重个人自主的价值观相对立。儒家的集体主义思想体现在克制个人需要和欲望以促进更大的团体利益。这一点最好的证明就是对家庭、村庄、部族、雇主的无限忠诚，甚至民族主义和爱国主义也可以看做是这种价值观的体现。儒家的社会是等级制度的社会，长者获得敬畏和尊重。祖先和前辈的业绩拥有极大的荣誉和稳定的地位，社会凝聚力极其重要。儿童必须尊重家长和老师。年轻人最大的成就就是模仿老师，成为像老师那样高技能的匠人或艺术家。这种注重模仿的学习在西方文化导向的国际学校经常会导致被视为抄袭的困扰。

在儒家文化中，学习被视为知识和价值观从老一辈向年轻一代的传递，因此要保留集体的优点和稳定性。儿童不能挑战这些观念，不能批判性地或者独立地进行思考，因为这些思想可能会对一般的规则造成破坏。

我们这里要指出，儒家视角也扩大到很多传统的非亚洲国家。想想佛兰克，那个坦桑尼亚的奖学金生在坦噶尼喀国际学校毕业致词时意味深长地讲道，他从传统的坦桑尼亚学校转到IB学校的最大挑战，不是学习内容的复杂，而是自己思考、挑战观念、分析和评估理论和概念。

儒家社会和其他传统社会历史地将男孩视为比女孩更有价值。亚洲、中东和非洲的文盲率就能体现这种不平等，这对国际学校的教育者造成了极大的挑战。几年前，在达累斯萨拉姆一个联合国儿童基金会的海报上写着："一个18岁非洲女孩得艾滋病的机会比获得读写能力的机会还要大。"

在儒家社会和其他传统社会，西方的演绎推理思想(如果是X，那么不是Y)经常被东方的"中庸之道"所代替。理查德·尼斯贝特(Richard Nisbett)(2003)在他的著作《思维版图》(The Geography of Thought)中指出，代数产生在古希腊而几何产生在中国并非偶然。他总结了几千年的文化价值观和行为实际上对东西方学生思维方式的影响。西方的"不是/就是"的思维方法导致了诸如代数、实验科学和判例法律体系等学科的学术发展。而东方思维则趋向更广泛(与还原论相对立)，兼容前景和背景，更注重社会凝聚力和稳定。

对于在儒家文化或者传统文化中培养起来的孩子,尊师的表现可能更像是沉默和被动。这通常会给西方教师带来挑战,特别是英语作为第二语言教学的领域,积极参与被视为学习的关键。

在日本的一座佛教寺庙里有一个标语写着:"别说话,除非比沉默更好。"

马尔萨斯视角(The Malthusian Lens) 托马斯·马尔萨斯(Thomas Malthus)是19世纪英国经济学家,他认为食物是线性增长的,而人口则呈几何级数增长。从马尔萨斯视角来看,儿童被视为经济的资产或者债务。在依赖农业的经济发展时期,我们将儿童看做经济的资产,而在自给自足的农业社会,儿童经常被作为重要的劳动者,家庭要依靠他们生存。出生率通常是这种看法的反映,这也是为什么在某些富裕的西方国家人口出生率呈现出负增长。

从我们学校的日历上还有长长的暑假就能看出马尔萨斯视角在西方社会中的遗留,因为一个世纪或者几个世纪之前,儿童需要在夏季去田间劳作。事实上,很多20世纪"工业化"的美国教育模式(泰勒以及他的科学管理模式的影响)都可以用马尔萨斯视角来解释。在一个世纪之中,在亨利·福特生产线的引领下,不言而喻的是,多数儿童长大之后都会在工厂里做重复性的、无须动脑的工作。有什么比20世纪的重复、枯燥的死记硬背的学校有更好的训练呢!

当家长和董事会成员讨论学生多么需要为"真实世界的工作"做好准备的时候,或者当教育成功被简化为被名牌大学录取的时候,马尔萨斯儿童观就从学校的日常生活中反映出来了。

杜威视角(The Deweyan Lens) 就在亨利·福特和其他人实现美国工业化的同时,约翰·杜威(John Dewey)在哥伦比亚和芝加哥大学工作。他重新思考了19世纪对儿童和儿童时代的看法,激进地挑战了很多被奉为珍宝的信念。首先,他挑战了儿童时代是"为生活做准备"的概念。杜威相信,儿童不需为任何事情做准备,而是生活的一个重要部分。当儿童时代被视为"准备"阶段,就会被作为达到目的的一个手段,被视为缺乏内在价值。在这个阶段孩子需要尽快地长大。这种概念的自然结果是儿童没有受到尊重(有多少次我们听到儿童被劝告不要那么"孩子气"?),而且孩子们在学校度过的这个阶段成了各种各样的"隔离区"。

杜威还挑战了当时很流行的一个概念,即儿童是一个空容器,教师要用事实和知识将其注满。他认为,对于儿童(和成人)来说,只有积极投入到所学的概念中去,学习才会发生。儿童需要学习各种观念,探索概念并应用它们。正是杜威和进步主义教育运动中的一些人开始了一个新的阶段,其中建构主义、积极参与、合作学习及其他很多元素在今天的学校中常常可以看到。也正是杜威,像他之前的杰斐逊(Jefferson)一样,看到了高质量的普及教育与保持民主和自由之间的关键联系。

我们承认,这些"视角"只是一般概括,还有很多其他看待儿童和儿童时代的方式。我们也承认,每个视角都包含积极的价值,但是也有被滥用的危险——特别是将一种视角视为当然,而牺牲了其他视角的时候。因此,我们相信,对于教师来说,至关重要的一点是,"发现"自己对于儿童时代的看法,因为我们一定会按照自己已经描画好的方式了解作为学习者的个体。

了解学生的五个维度

我们认为有五个重要的维度可以构成学生有意义的学习档案,包括:生物特性、社会的影响、社会经济因素、学业成就以及学习偏好。

生物特性: 从生物学角度了解学生的哪些特点能够使我们最准确地解释学生的行为?

对儿童生物性学习特征的了解能够帮助教师准确地解释课堂行为。比如,对我们来说,很容易给学生贴上"懒惰"、"蔑视"或者"任性"的标签,但事实上,可能是生物学原因引起了学生的这些行为。能够收集的生物学信息的类型包括儿童的医疗史、家庭史、能力(特别是那些校外的能力)、残疾状况以及发展进步情况。

现在我们认识到,即使是性别(过去有些人笼统地归为社会文化对学习的影响)也是一个生物学特性。从心理学角度看,男性和女性大脑之间存在着很显著的差别(King & Gurian,2006)[①]。

"我们不能引导风,但是我们能调整帆。"

——无名氏

---

① 参见《对男孩和女孩的个性化教学》,第十章有对男孩和女孩大脑的生理差别及其对课堂意义更详细的讨论。

学习的生物学参量可以分为几个等级,但是在适当的环境和支持系统下它们是可以改变的。比如,现在教师带着无线夹式麦克风并非不常见,这个麦克风连接着有听力障碍儿童的助听设备。我们也知道有注意力缺陷(ADD)的儿童、孤独症和阿斯伯格综合征儿童(Aspergers' Syndrome)都是可教育的。而且对这些生物学特性的知识使我们能够为这些儿童建构有意义、有价值的学习目标。

社会影响:为了保持对儿童所受的社会影响的敏感性,诸如经济地位、种族、文化和性别等,我们需要了解(特别是我们自己作为教师)什么?

很多年以前,比尔在坦桑尼亚的坦噶尼喀国际学校面试一位申请大学奖学金的学生。其中一个学生已经完成了第一年(相当于完成IB文凭课程的第一年)。比尔很好奇为什么这个学生已经"退学"了,又来申请奖学金。这个学生回答,学校食堂的伙食太难吃了。比尔不太相信他的回答。坦桑尼亚曾经是(而且现在仍然是)非洲一个极度贫穷的国家,不到5%的人能享有上IB高中一年级的权利,而这个学生却因为学校食堂的饭不好吃而拒绝了这样一个千载难逢的机会!

面试之后,比尔告诉一个坦桑尼亚的同事,他认为这个面试不成熟,作废了。这个同事温和地提醒比尔,这个学生以前的学校是一个地区的寄宿学院,这个地区因为饥荒而被摧毁了。事实是,这个学校根本没有任何食物给学生吃。

社会影响对学习起着极为重要的作用。社会心理学的研究(Aronson,1999)确认我们多数人都直观地去了解事物——对于那些属于主导文化和种族、有吸引力又富有的人来说生活要容易得多。作为一种普遍化的现象,学校的学生也是如此——如果你长得有吸引力,家庭富有,属于主导文化或种族,那么在学校更容易成功。

理查德·尼斯贝特认为,实际上来自不同文化的学生在某种程度上思考和学习方式都不同。人们持有这种信念是因为他们以这种方式思考,他们以这种方式思考是因为他们生活在这样的社会中。从历史上来说,西方社会集中于线性逻辑、演绎推理,通过排除和简化的思考方式认识事物,这滋养了发展诸如实验科学这类学科的学术土壤。同时,这种倾向也在西方社会中发展出无法容忍模糊性的特点,有造成错误的二分法的倾向。

而在东方则更注重整体思维,去理解更大或者更广阔的情境。他们更强调"大局",不仅考虑背景还考虑前景,寻找多重原因。

尼斯贝特(2003)讲述了一个斯坦福大学心理学毕业的韩国学生金熙荣(Heejung Kim)的故事。金因为教授不断要求她上课发言而感到十分恼怒。教授告诉她，上课不发言说明她不理解，而且不能在课上与他人互动会限制她自己和同学的学习。

金不接受这个说法，她觉得她的亚洲同学和亚洲裔的美国学生都无法从上课发言中受益，因为他们理解材料的基本方式不是语言的。对于金来说，这是西方分析思维和东方整体思维的本质区别。

金为了验证她的理论组织了一次测试，在该测试中人们被要求解决各种复杂问题的时候大声说出来。这对西欧学生没有什么影响，无论是说话还是沉默，对解决问题的好坏没有影响。但是，大声说出来对于亚洲学生和亚洲裔美国学生解决问题的表现则有非常不利的影响。

当然我们并不是说亚洲学生参与课堂讨论不重要，我们想说的是，在国际学校教书的老师的一个聪明做法是铭记萨缪尔·亨廷顿(Samuel Huntington, 1996)在《文明的冲突与世界秩序的重建》一书中的建议："在种族冲突和文化冲突不断出现的世界里，对西方文化的信念有三个普遍的问题，认为它是虚假的，不道德的，而且是危险的。"(310页)

社会/情感特征：我们如何能够理解、尊重并整合儿童的社会情感特征，从而给儿童提供心理上的安全感、使儿童有归属感并成为班里的一员？

很多社会/情感特征对学习有重大影响。其中包括自我概念、气质、情商、能力以及信任的意愿、动机、同伴群体中的地位、个人技能、文化（主导文化相对少数文化）、以前的学校经历（对国际学校文化的熟悉程度）等。

欧辰小时候，很多老师在课堂上的行为都建立在这种理解之上：课堂是学术场所，儿童的个人情感应该"拒之门外"。现在我们知道这种概念是不可行的。我们知道无法将认知与情感分离(Damasio, 1994; Pert, 1997; Ledoux, 1996)。当一个儿童有过剧烈情感的经历，一定会对他在学校的学习产生影响。这些经历各种各样，有与朋友分离的悲伤（几乎所有转到国际学校的儿童都有这样的经历），有家庭成员生病带来的焦虑，也有目睹父母争执时使用暴力带来的恐惧。

儿童的学习和在同伴中的地位也会对学习产生重大影响。在一个典型的课堂里，即使在小学，学生们也会根据其他学生认为自己学习怎样（学习地位）和吸引力及受欢迎程度（同伴地位）给自己和其他学生排名。

伊丽莎白·科恩(Elisabeth Cohen,1998)认为:"(班内)地位低的成员比其他成员更少说话,当他们说话的时候也没人把他们的意见当回事,甚至其他成员可能根本不听。地位低的成员在小组任务中很难拿到材料,他们很可能在身体上也被排除在外。"科恩认为,教师觉察班内学生地位是公平地组织合作学习小组的开始。通过分配需要多种学术能力(没有一个人具有所有的能力——比如艺术、角色扮演、音乐)的小组任务,教师可以创造一个小组相互依赖的学习环境。这样教师就能审慎地寻找机会为地位低的学生布置能力相当的任务。"如果教师当众评价多种能力中地位低的学生能力的强项,这个学生会相信这个评价,其他'无意中'听到这个评价的学生也会相信。"根据科恩的观点,与能力相当的有效任务必须具备三个基本特征:(1)评价必须是公开的;(2)必须真实和真诚;(3)地位低的学生的能力必须与小组任务相关。科恩澄清了一个问题,即为地位低的学生布置能力相当的任务并不只是为了增强他们的自尊,也是为了调整其他学生对地位低的学生的期望。但这样做也需要谨慎,因为地位低的学生知道自己的所作所为,因此虚情假意反而会带来有害的结果(Cohen,1994;1998)。

我们找到了一种简单易行方式,通过释义(Paraphrasing)为地位低的学生布置能力相当的任务。释义能够传达三个重要信息:我努力理解你说的话;我重视你的观点;我关心你这个人。这三个信息是每个学生,特别是地位低的学生需要听到的。

学业表现:学生的学业表现怎样能帮助我们确定儿童的最近发展区,从而创造具有适当挑战的课程?

教师在谈到学业表现时,经常使用"能力"这个词。我们会谈到教混合能力的班级的挑战,或者谈到很高兴看到一个高能力的学生超出我们的期望。因为教师如此经常地使用"能力"这个词,当看到汤姆林森和麦克泰《通过设计整合个性化教学和培养学生的理解力》(2006)一书中一次都没有用到这个词时,比尔感到很吃惊。汤姆林森和麦克泰没有用"能力分组"(ability grouping),而是用了"准备状态分组"(readiness grouping)。

为什么这两位畅销作者别出心裁地使用一个读者不熟悉的短语呢?

比尔停下来检视关于"能力"这个词的假设。能力到底是什么意思?是学生学习表现现有水平的同义词?抑或能力意味着自然的天生的能力?一个人在特殊学科领域的能力是否说明将来成功或者失败的可能性？能力在多大程度上可以被塑造？能力和潜能是什么关系？教师对某个学生能力的感知与对他期望的关系是什么？教师的期望与学生的表现有什么关系？[①]

另一个我们需要面对的关键问题是教师需要具备什么素质才能够评估学生的能力？我们怀疑，教师很可能只是能够判断学生对于下一个学习挑战的准备状态而非了解学生的能力。我们会进一步说明，准备状态是了解学生学习表现的一个关键概念。

关于教师对学生准备状态评估的重要性有大量的实证研究。纵向研究（Hunt,1971）指出了个性化教学的两个有效特征。首先，有效的学习发生在教师设计的主要任务结构与学生的发展水平相匹配的时候。换句话说，学生在非常具体的思维水平上运作的时候，需要非常清晰并有连续性的教学指导；而学生在进行抽象思维的时候，从精心设置的开放甚至"模糊"的任务指导中获益更多。其次，学生成绩与教师诊断学生技能水平并布置适当任务的能力之间有很强的联系（Fisher et al.,1980）。

在对 250 个课堂的研究中，费舍尔及其研究团队发现，在高成功水平的课堂中工作的那些学生对自己和所学科目的感觉更好，而且学得更多。费舍尔认为，80%的成功率可能是学习增长最理想的状态。

最后一句话值得思考回味。这说明对成功率超过 80%的学生可能挑战不够。换句话说，如果教师要求学生去学他们已经知道的东西，学生的成绩可能无法提高。

柴科金特米哈伊（1993）等人在 5 年的研究中发现学生准备状态和学习动机之间有重要的相关性。研究者研究了 200 个十几岁的少年，问他们为什么有的青少年致力于发展他们的才能而另一些人却脱离并且忽视才能的发展。研究结果显示，在教师为学生开发的任务的复杂性与学生个体技能水平之间存在很强的相关性。技能挑战不足的学生表现出对学习活动的参与度低，并且集中力降低。而技能达不到挑战水平的学生显示出低成绩和自我价值感降低。最具破坏力的是低挑战性任务与学生对执行技能的过于简单的感觉的组合（我们强调这一点）。研究者说："这种情境下，三分之一观察到的课堂活动大部分都是阅读、看电影和听讲。"（186 页）根据这些研究，能够有效发展学生才能的教师都能将挑战与学生准备状态的水平相适应。

---

① 请参见本章后面对"皮革马利翁研究"的描述。

适应学生准备状态以进行个性化教学的教师通常以四种方式考虑内容、产品和过程(Tomlinson & Allen,2002)：

- 区分各种学习活动依赖或者独立的程度(比如,任务复杂性)；
- 调整任务的清晰度或者"模糊程度"；
- 改变学习任务的结构程度或者开放程度；
- 当学生需要时,在小组中教授或者重新教授一些特别的技能。

显然,教师为适应学生准备状态而做的调整提高了学生的学业成就,同时也改进了学生的学习态度。

学习偏好：如何利用学习者的多样偏好以达到对所有学习者对课程学习的最大化？

这里的假设是,有可能识别出个体学生的学习偏好,调整教学以配合这些偏好,学生能够因此而提高学习能力。我们从四个大范畴来思考学习偏好：智能偏好、学习风格、产品风格和学生兴趣。

- 智能偏好。从历史上来说,学校倾向于承认和奖励两种类型的智能：语言和数学/逻辑智能。现在我们知道智能不是单一的,而更像化学元素周期表。加德纳识别出了七种特别的智力类型。我们也知道,智力是可以改变的,取决于广泛的、多样的影响。很多教师发现,加德纳的智能模型在学术上很有吸引力,但是想实际用于课堂教学却很难。耶鲁大学的斯滕伯格(1985)也开发了一套多元智能模型,老师们可能发现这个模型比较容易用于课堂。斯滕伯格提出了三种智能偏好,所有人都有并且都使用这三种智能偏好,但是对于某一种偏好或者偏好组合因人而异。这些偏好可能是由于大脑的"加工"、文化、性别以及个人经验形成的。三种智能偏好包括：

> 分析型智能(Analytical Intelligence)：这是在学校里最受承认和奖励的智能。这方面有优势的学生在传统学校会学得很好,传统学校的任务通常是组织信息、找出原因和结果、逻辑分析、记笔记以及预测意义等。
>
> 实践型智能(Practical Intelligence)：这方面有优势的学生当看到与课堂外的真实世界的联系时会学得很好。他们需要了解所学的东西在真实世界中如何起作用以及观点和技能怎样用来解决实际的问题。通过使用而不仅仅是了解这些观点,他们会学得更好。他们需要在一个有意义的情境中去解决问题。

创造型智能(Creative Intelligence)：偏好创造型智能的学生倾向于用新鲜的甚至令人吃惊的方式思考和解决问题。他们通常更喜欢"实验"一些观点而不是像其他人一样去"做"。这些人中间包括发散性思维的人。

斯滕伯格的研究范围包括从小学到大学。他的研究发现，当教师允许学生使用他们自己的智能偏好去探索概念，鼓励学生用自己的智能偏好去展示学习成果并且经常以这三种模式教学时，学生能够取得重大成就。教师经常性地使用这三种模式能够加深学生的理解并保持学习效果。

● 学习风格。教师通常会使用"学习风格"这个短语来说明形式(modality)偏好(比如视觉的、听觉的、动觉的或者触觉的)。我们从研究和经验了解到，个体学习者的确有形式上的偏好。我们每个人学习时都使用四种形式，但偏好的组合不同。一般来说，最大比例的人群是视觉型的学习者(这样的学生从展示的图表和学习材料中获益最多)。第二大人群包括偏好动觉和触觉学习体验的学习者。有趣的是，英国的一项研究指出，相当比例的有学习障碍的男孩偏好动觉的学习(因此要求他们一整天坐着不动似乎适得其反)。最小部分比例的人群是听觉学习者(这一点对于用教师语言充满课堂的方式是有意义的警示)。

触觉型学习者的困难：	动觉型学习者的困难：
● 在情感受伤害的情况下学习	● 解释非语言沟通
● 在没有老师认可和尊重的情况下学习	● 建立良好的人际关系
● 在乏味、无趣或者缺乏装饰的教室中学习	● 容易辨认的书写
	● 安静就座
● 在不受喜爱和尊重的小组中学习	● 听讲
	● 拼写
● 缺乏感官刺激，在没有触摸、感觉和操作机会的情况下学习	● 回忆看到和听到的事情
	● 不通过身体动作和手势表达感情
	● 在一个活动中坚持很长时间

```
┌─────────────────────────────────────┬─────────────────────────────────────┐
│ 听觉型学习者的困难：                │ 视觉型学习者的困难：                │
│ ● 不出声地快速阅读                  │ ● 在看到或者了解需要做什么之前行动  │
│ ● 长时间默读                        │ ● 在有噪音或者有人移动的环境中学习  │
│ ● 只有书面的指导                    │ ● 在没有可视的图画和表格的情况      │
│ ● 需要读写的限时测验                │   下听讲                            │
│ ● 在强制安静的环境中学习            │ ● 面对外貌让人分散注意力的教师      │
│ ● 在有声音干扰的情况下集中注意力    │ ● 在颜色单调、缺乏装饰的教室里学习  │
│ ● 观察重要的细节                    │ ● 在视觉刺激太多的教室里学习        │
└─────────────────────────────────────┴─────────────────────────────────────┘
```

图 3-1　学习中的挑战[①]

From Performance Learning Systems, Inc. 2002

除了形式偏好之外，丽塔和肯尼斯·杜恩（Rita & Kenneth Dunn，1993）花费了将近三十年时间开发了一套学习风格模型，整合了来自环境、情感、社会群体、生理和心理的促进因素。他们的模式包括两个主要的活动类型：第一，识别个体学习类型；第二，计划和实施教学以适应个体学生的学习优势。允许学生使用他们偏好的学习类型，包括：允许他们选择何时何地学习（一天中的时间，使用什么家具，在绝对安静还是有背景音乐的情况下学习）；自己学习还是和同伴或者小组学习；学习活动主要是视觉的、听觉的、动觉的还是触觉的。

纽约州立大学水牛城分校学习风格国际中心（the International Center for Learning Styles at SUNY Buffalo）的主任卡洛琳·布鲁尼（Carolyn Brunne）指出，学生使用偏好的学习风格时必须遵守三个规则：第一，学生的成绩必须保持同样的水平（如果这个成绩已经被接受或者已经很好）；第二，学生的行为必须具有建设性并且适当（如果已经如此）或者得到了改善；第三，学生使用偏好的学习风格必须不干扰其他任何人的学习。

[①]　摘自《与学习频道一致的教学》(Teaching through Learning Channel)，学习表现系统出版公司 2005 年出版，该公司是位于宾夕法尼亚州爱林顿的教育服务公司。网址：wws.plsweb.com，经许可使用，版权所有。使用教师资源和专业发展支持等资源请注明网址。

动觉型学习者：
- 亲身体验的活动
- 大的动作技能的活动
- 需要身体运动的艺术活动，比如：雕刻和木工
- 动手
- 有身体活动的实地考察
- 真实的生活经验
- 模仿、小品和角色扮演
- 舞蹈和运动
- 学习时的身体活动

触觉型学习者：
- 有可以触摸和感觉的对象
- 合作学习活动
- 小组讨论和互动
- 个人表达，比如分享时间和日志写作
- 需要精细运动技巧的活动
- 艺术活动，比如缝纫和模型制作
- 需要独自完成的安静的活动
- 同伴教学
- 讨论情感问题

听觉学习者：
- 讲座和使用语言的教学
- 学生演讲
- 听力磁带
- 讨论和辩论
- 对话
- 讲故事
- 大声阅读
- 音乐、说唱、音响
- 重复听
- 词语游戏，比如双关语和回文

视觉型学习者：
- 阅读作业
- 写作和记笔记的作业
- 视觉艺术，比如画画和拼贴画
- 演示和观察
- 望远镜、显微镜和双筒望远镜
- 录像带、幻灯、照片、电影和错视游戏（optical illusions）
- 视觉化和引导式想象
- 独自安静学习的时间
- 大脑地图和视觉组织
- 电脑图像

图 3-2　与学习风格相匹配的活动[1]

From Performance Learning Systems, Inc. 2002

● 产品类型。与学习风格相匹配，产品类型指学生展现他们学习成果的偏好模式。比如，一个很容易管理的产品类型模式可能是让学生在四个小组中选择一个：写作、表演、建筑、艺术。因此学生的学习任务和活动可以与他们偏好的展现学习成果的模式相对应。几年前，苏珊·博

---

[1] 摘自学习表现系统出版公司，http://www.plsweb.com/。

美和汉克·尼克尔在马来西亚的吉隆坡组织了一个个性化教学的工作坊,他们要求全体老师很快地列出一个学生喜欢或者不喜欢的产品类型。然后教师被分到他们最不喜欢的产品偏好类型小组,并且给出了下面这个非常有刺激性的任务:设计一个能够展示中世纪欧洲城镇社会和经济结构的产品,说明经济阶层与不同形式的势力和职权之间的关系。

结果,不愿意写的人要求写,羞于表演的人要表演,而不善于建筑的人要去建筑。大约三十分钟之后,每个小组都做了简短的汇报。很容易预测,这些产品是笨拙的、呆滞的、粗糙的并且不够精确。参与者很明显深受打击。

之后苏珊和汉克重新分组,让教师们进入他们偏好的产品类型小组完成同样的任务。屋子里的能量和热情发生了明显的改变。30分钟之后,各小组有滋有味、充满自豪地展示了他们的产品,其中的丰富性和创造性以及理解的深度是之前的产品完全没有体现的。

在前面半个小时中教师们对中世纪欧洲城镇是否达到了最大程度的理解?我们很怀疑。我们认为,在复杂性与学生能够展示的深入理解和学习以及允许使用的偏好的产品类型的程度之间存在正相关的关系。我们知道被迫使用自己最不喜欢的产品类型所产生的焦虑和紧张实际上会成为认知的障碍。

如果我们这些教师集中于一种产品类型(比如写作),就可能人为地限制学生,他们只能展示表层的理解和知识,方法对信息的传递会造成很大的影响。

苏珊和汉克的工作坊中还出现了一个非常有意义的学习体验,教师们对他们自己最不喜欢的产品类型深感疑虑。我们听到很多教师表达了他们的担心,有人认为用建筑的形式表达深度理解是不可能的,但是用诸如写作的方式是可行的。另一位教师驳斥用视觉方式展示知识是"轻松的选择"。然而,当客观评估而不只是看标题的时候,这些产品类型的每一种都能产生丰富的概念理解。因此我们作为教师,需要觉察自己的学习偏见。

注意!产品类型的选择必须与教师的学习目标相配合。中世纪城市的社会和经济结构可以用很多不同的方式来说明。但是,如果教师的目标是让学生学习如何写作五个段落的文章,那么让学生用其他非写作的方式就没有什么意义。教师可以在写作之前的活动中使用不同的产品类型,但是每个学生必须要写作。

● 学生兴趣。在学生兴趣和选择方面有相当多的研究,这些研究表明,学生兴趣的程度与成就动机水平、结果和长期投入之间有很强的关系(Amabile,1983;Torrance,1995)。柯林斯和阿梅比来(1999)说:"选择做什么的自由使得个体去寻找由强烈内在动机驱动想要解决的问题。这种高水平的内在兴趣为创造性成就打下了基础。教师可以将这种方式整合到课堂上,允许学生为他们个人或者小组的项目选择话题。"(Tomlinson & Allen,2000)

柴科金特米哈伊(1993)和其他研究者都发现,当任务复杂性和学生对任务的准备状态相匹配时,学生兴趣是发展才能的关键。另一个重要的研究结果是,对所学内容感兴趣的学生会有动机去追求复杂性和困难不断增加的学习经验。另外,学生对所学内容的兴趣与虽然暂时没有兴趣但坚持完成学习任务的意愿有很大的关系。

另一个有关学生兴趣和选择的研究发现,那些投入到他们感兴趣的学习之中的学生更能够将他们在学校的学习与将来的学术或者工作目标联系起来,这些联系形成了为将来的学习而投入的基础,并且促进了自我指导。

> 最好的学习环境像一个好的咖啡厅。它不仅提供基本的东西而且提供各种不同的选择——满足个体的口味。这使儿童能够发现他们天然的兴趣、倾向和才能。
>
> ——A. 詹森,1988

学生的兴趣有两个基本类型,在不同的情况下,教师的角色有所不同。第一种是先前就存在的学生兴趣,儿童和青少年带入课堂的对这个领域的热情是已有的(比如,汽车、钓鱼、民间音乐、社会公正或者社区服务)。在这种情况下,教师的角色是找到这个兴趣并且发现这个兴趣与课堂学习经验之间的联系。第二种类型是教师引发的兴趣和热情。教师支持学生发现课堂学习与儿童"实际生活"之间的联系,教师协调这两者的关系,让学生感知到知识之间相互依存、相互联系。真实性评价有助于达到这个目的。这些联系为杰佛理和雷纳特·盖恩(Geoffrey & Renate Gaine,1997)所谓的"热认知"的时刻(对学习发自内心地兴奋)做准备,是形成终身热爱学习的基础。

了解学生作为学习者的几个方法

我们大多数人都没有受过临床观察的训练,但是,基本原理并不复杂,而且在课堂上对学生系统、严密的观察会使我们受益匪浅。

内在影响

脾气秉性和风格: 对外界刺激有何反应?
           这个学生最偏好的学习方式是什么?
注意力和学习: 他在注意什么?多长时间?
           这个孩子有没有学习障碍?
           他是否被诊断为注意力缺陷或多动症?
           他是否有很强的能力?

外在影响

背景历史: 这个孩子的家庭构成如何?孩子所处的家庭情况怎样?
       这个孩子以前上学的情况怎么样?
       英语是否第二语言?
与人和环境互动: 他与同伴和成人如何互动?
           他的作业和课程方面怎么样?
           他怎样回应?课堂上其他人的互动对他有什么影响?

考虑因素

课程方面: 观察哪一门课?
时间: 上午还是下午?
环境因素: 他在什么样的小组中学习?(小的、大的等)
       还有什么其他需要考虑的因素?(灯光、噪音、温度、家具等)
       课堂气氛怎么样?
教师: 教师用什么样的方式授课?
     教师与学生的关系和互动是什么样的?

观察模式

1. 悬置判断:确认关于儿童的现有结论,悬置判断,将感知到的和观察到的区别开来。
2. 搜集资料:决定收集资料的方式。
3. 设计问题框架:寻找模式和关联,形成问题。

4. 寻找同变关系(co-variation)的资料①：
   - 持续性：这个学生在其他场合、其他时间也这样表现吗？
   - 一致性：其他人在同样场合是否有同样表现？
   - 行为特征：他是唯一有这种行为的人吗？
5. 考虑所有的因素：
   - 对学生的内部和外部的影响
   - 环境因素，包括教师
   - 课程领域
6. 形成假设，验证假设

图 3-3 对学生临床观察需要考虑的因素

欧辰从坦噶尼喀国际学校一位一年级教师那里学习了一种使用临床观察的非常有效的方式，叫做"贴纸片观察"(Post It Observations)。教师在贴纸片上针对某一个孩子做简短的观察笔记。在小学，观察可以按照教师所教的各种不同的学习领域分类(比如，精细运动、小组合作、直接拼读词汇等)。在初中，"贴纸片观察"可以根据教师的学习目标或者年级水平的标准分类。所有的观察记录都应该反映出日期和时间。使用这种方法，经过一段时间后，教师就能够看到进步和成功。"贴纸片观察"对教师写报告和开家长会也是非常有用的资料。

另一种深入了解学生作为学习者的方法是与一位教练同事(coaching colleague)就这个学生进行结构性反思谈话。这里我们推荐阿特·科斯塔(Art Costa)和罗伯特·加姆斯顿的《认知教练》(*Cognitive Coaching*，2002)，其中包括停顿技术、释义和探询(不包括评估、建议和解决办法)的教练练习。图 3-4 概括了深入了解学生作为学习者可能需要的教练地图。运用这样的教练谈话，通常可以帮助同事通过写作弄清记录时的想法。我们建议使用这个方法，因为如果思考不以书面形式记录下来，就什么也留不下。而如果要写下来就需要语言和精确的思考。图 3-5 对学生分析工具的解释对老师们也很有帮助。

---

① 以 H. Kelly 1967 年的研究为基础。

教练：

1. 表达共情（不是同意或者同情）；
2. 反思内容，为理解和澄清而释义；
3. 探求儿童兴趣的细节（"这个学生有哪些类型的外在兴趣？如果这个学生计划一个实地考察，会去哪里？运动？音乐？宠物？"）；
4. 探求儿童优势的细节（"你对这个孩子偏好的学习风格的直觉是什么？关于孩子的智能偏好，你会探索什么？什么时候你会看到这个孩子最好的一面？用什么方法能使这个孩子投入最多？"）；
5. 支持同事对关联和因果关系的分析（"你看到儿童学习最好的状态与时间、科目、活动、单独或者小组活动等之间有什么关系？"）；
6. 支持同事建构新的学习（"经过一年的课程，这个孩子教会了你哪些东西？"）；
7. 支持同事运用知识（"当你进入一个新的情境，你如何运用你的新知识？"）；
8. 帮助同事反思教练过程（"这个谈话是如何支持你的思考的？"或者"这个谈话对你最有帮助的部分是什么？"）。

图 3-4　了解你的学生：认知地图

目前有很多已经发表的学生兴趣清单，教师可以用来快速"阅读"，了解课堂上学生表现出来的兴趣。这在新学年开始的时候特别有用，因为教师要了解相当数量的新的学习者实在是令人望而生畏。我们所了解的一个非常好用的学生兴趣清单是康涅狄格大学约瑟夫·仁佐理（Joseph Renzulli,1997）开发的兴趣分析表（Interest-A-Lyzer）。这个兴趣分析表有初级、中级（初中）和中级（高中）几个版本。

结论

在结束这一章之前，我们邀请你再次回想本章开头时提到的对你的学习有积极影响的一位教师。我们认为，这位教师直觉地在了解你作为学习者的两个或者三个维度上建立了个人联系。如果没有被这位老师教过，也许你就不会是今天的你。这就是了解学生作为学习者的力量。

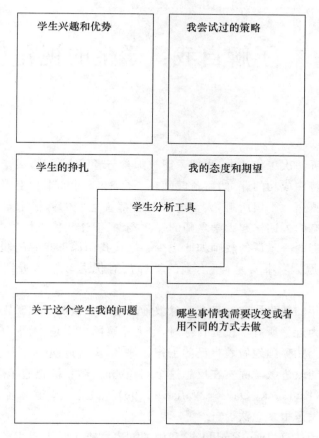

图 3-5 学生分析工具

当然了解学生作为学习者的目标是为教师设计和安排学习经验提供帮助,这个学习经验要邀请所有学生参与并且将课程最大化。还有另外一个同样重要的目标,就是帮助学生了解作为学习者的自己。这将是终生的礼物,因为当了解了作为学习者的自己,就能够控制环境和外界影响,最有效地去学习。

第四章

了解自我：学生的视角[①]

在最近一次工作坊中，我们邀请教师参与者闭上眼睛，回忆一堂他们所看到的特别成功的课，然后让教师在一个3×5寸的卡片上写下他们的回忆来自哪里。不出所料，大部分参与者都说他们的回忆来自自己的童年时代。有的人回忆起大学老师的一次授课，但让我们吃惊的是，回忆起大学里精彩的一堂课的教师如此之少。这让我们深思我们的职业如此狂妄自大的原因：事实是，相当多的教师没有优秀教学的近期榜样可以利用。

几十年的教育研究一直在叹息教师这个工作被赋予的私密性。当合作已经成为近乎所有学校的目标时，令人悲哀的事实是，大部分教师在很大程度上仍然孤独地做着自己的工作。那么，没有近期的优秀教学榜样，教师怎么能改进教学呢？在反思这个问题的时候，我们想起瑞达克、戴和华莱士（Rudduck, Day & Wallace, 1996）所做的一个很著名的研究，并且由此生发了很多想法。

简·瑞达克（Jean Rudduck）和她的同事调查了学生对学校及学校改革的看法。他们采访了英国的800名中学生，寻求他们对这个问题的共同回答：教师的哪些特征最可能促进学生的学习？他们确定了学生认为与促进学习相关的教师行为和态度的十个特征。非常有意思的是，学生通过直觉了解的有效课堂在很大程度上与近期的有关研究相吻合，近期的研究涉及大脑是如何工作的，情感是如何与认知整合的，个性化教学是如何在满足不同学习者的需求过程中起到关键作用的。

瑞达克等人采访的学生确定以下教师最可能促进学生学习投入：

- 喜欢教授这个学科
- 喜欢教学生
- 使课程有趣并且能够联系校外的世界

[①] 曾经以《观察我们自己：学生的视角》，发表在2005年11月的《国际学校学刊》上。

- 会活跃课堂气氛但是知道如何保持秩序
- 公平
- 学生容易与之沟通
- 不大声喊叫
- 不做比较（比如，其他班有多好，姐姐和哥哥有多好）
- 解释和重复学生不理解的东西而不让他们觉得自己渺小
- 不放弃学生

让我们花一些时间逐一讨论一下这些特征。

喜欢教授这个学科　对学科和内容的热情是有感染力的，这是老生常谈，也是事实。教师身上表现出的对学科的热情和兴趣是无法拒绝的。这是学科深度知识的产物（Kusuma-Powell & Powell，2004），也是所教授的内容会对学生学习产生持续重要影响的一种信念（Wiggin & McTighe，1987）。但是具体的学科内容却没有教师的热情那么重要。这些具体的学科可以是艺术、音乐、数学或者历史，关键的是热情。比如，林妮·楚阿斯（Lynne Truss，2003）在极受欢迎的畅销书《熊猫吃射走》（Eat, Shoots and Leaves）中，通过她的幽默和激情将本身很枯燥的标点符号学转换成了一次轻松愉快之旅。

喜欢教学生　最能使学生投入学习活动的教师是那些真心喜欢和珍视与年轻人为伴的人。他们深思熟虑，精心安排，把学生既作为社会实体也作为学习个体去了解（Kusuma-Powell & Powell，2004）。这些教师理解感知和情感是与学习统一的（Caine & Caine，1997；LeDoux，1996）。他们的课堂结构和目的清晰，同时也充满欢乐。课堂气氛是支持性的并且鼓励冒险。这些教师理解，学生不会把他们的情感留在教室门外。

几年以前，一个高中女生玛莎从英国的寄宿学校转到她父母工作的海外国际学校。转学不是她的选择，因此刚到新学校的时候，她既愤怒又沉闷。几个月来，她疏远同学和老师，老师们都说她态度消极。但是渐渐地，我们开始看到她在学业上和课外活动中的投入以及越来越大的成就动机。通过仔细调查我们发现，玛莎融入学校的生活开始于 IB 的知识理论课（Theory of Knowledge）。这门课的老师对这门学科的热爱使玛莎无法抗拒。整个学校都知道这位老师是多么喜欢与学生在一起，结果是，玛莎也开始喜欢与其他学生在一起了。

使课程有趣并且能够联系校外的世界　建构主义学习理论的一个基石是教师的中介作用（Brooks & Brooks，1993）。学习内容可能与学生校外的生活并没有现存的联系,但教师需要帮助学生将课堂学习和校外生活联系起来,以使学习内容获得意义。这样做的时候,实际上在大脑中铸造了一个新的神经通道。在这种情况下,学生也处在"学习的自然形态"中。在这种形态中学习似乎并不费力,与那种认为制造的、部分的、繁复的、死记硬背的"烦死人的练习"正好相反。

我们曾经遇到一位数学老师,给全班布置的作业是30道同一类型的题目。我们问老师重复这样的练习目的是什么,她用"熟能生巧"这个老生常谈作为回答。我们认为,这就是人为制造学习的一个例子,它混淆了繁复(onerous)和严格(rigorous)之间的区别(Powell & Kusuma-Powell,2000)。我们认为对于教师来说,至关重要的是识别厌倦的迹象并且了解是什么条件造成了厌倦。

会活跃课堂气氛但是知道如何保持秩序　在集中于学习的环境下得体适度的幽默对建立富有成效的课堂气氛很有帮助。有效课堂是紧张的,如果学生要处在最近发展区(Vygotsky,1986),挑战必须是适当的。学习任务必须处在太容易因此感到无聊和太困难因此感到挫败的区域之间(Csikszentmihalyi,1991)。幽默是应对紧张的良药,它能够帮助学生创造"放松的警觉"(relaxed alertness),杰佛瑞和瑞内塔·凯恩(1997)两位研究者认为,放松的警觉对于学习来说是最理想的状态。

我们认识的一位中学教师在学年之初用"找人"游戏介绍学生互相认识。他要求8年级学生找到一位爱好和兴趣相似的同学,这位老师总是在找人游戏中使用滑稽的词语。有一年,他让学生找到"能用鼻子把面条吹起来"的同学,这种幽默正是中学生喜欢的,他很明显给了学生一个在课堂上大笑的机会。

公平　对公平的感知对儿童和成人都是一个复杂的问题,通常也是冲突的来源。加姆斯顿和威尔曼(1999)认为,说明公平问题的一个积极的方式是定义如何使用这个词语。他们提供了三种常用的定义:平等(equality)、公正(equity)和以成就为基础的公平(merit-based fairness)。平等通常是小孩子使用公正这个词时的意义,意味着每个人都要完全相同地被对待,比如馅饼要同等地分配。公正则意味着根据个人的需要来对待这个人(Lavoie,1989)。给有学习障碍的学生提供更多的考试时间就是一个以公正为基础的公平的例子。而以成就为基础的公平是在所做贡献的价值的基础上给个体提供奖励,比如为教师按劳付酬就是这种公平定义的一个例子。

通常学生使用"不公平"作为"不合理"的同义词,他们使用这个词的意思是不知道或者不了解某个决定背后的原因。很多时候,教师只需让学生了解一个决定和一种情况背后的原因就能变得"公平"。在新学年的开始,高中学生报的教师顾问会遇到很大的难题,他周围都是充满渴望和热情的准记者。他们热切地想投入到调查报道中,但是完全不理解也不想理解一个负责的记者工作的复杂性。为了避免面对审查的麻烦,教师给学生举办了工作坊。他呈现了 15 篇文章(有些很明显是适当的,有些很明显不适当,有些处在两者当中),问学生哪一篇文章从记者的角度来说是负责的,为什么。由此,学生和老师一起开始制定负责任的记者的标准。学生因此能看到这个标准是合理的,那么老师也是"公平"的。

学生容易与之沟通 在发展和保持师生关系的领域已经有相当多的研究(Costa & Garmston,2002),我们从经验中知道,在课堂上这种关系至关重要。这种关系的一个要素是教师表现出来的语言和非语言行为的一致性。麦克·格林德(Michael Grinder,1997)在这个领域进行了极富洞察力的研究。此外,教师高度发达的听力技巧也使学生愿意与之沟通。《认知教练》(Costa & Garmston,2002)提供了发展积极倾听技巧的行之有效的框架,特别是在停顿、释义和探询深入理解方面。

在学校环境里,总有一些个体虽然不属于位高权重的人群,但他们会被大部分学生非正式地当做可信任的建议的来源。在我们去过的各种各样的学校里,这些个体可能是老师、秘书、接待员、护士或者食堂的服务人员。这些人让学生觉得可以接近并且值得信任,因为他们的语言和非语言信息是一致的,而且他们都表现出高超的倾听技巧。

不大声喊叫 丹尼尔·格尔曼提出的情商概念的基础是能够自我约束情感的自我觉知(Goleman,1995)。最近,格尔曼、博亚齐和麦琪又提出有效领导(我们可以说:教学)必须包括情感的自我觉知和关系的管理。格尔曼等人确定了一系列构成领导情商的个人和社会能力,我们认为这些对于有效教师也同样关键。

当负面的、干扰性的情感闯入课堂的时候,学习会变得痛苦。通常,教师挫败和愤怒情绪的爆发对于孩子是非常可怕的,会导致保罗·麦克林所说的"换低挡"(Paul McLean,1978),这种情况下,最原始的恐惧或者说恐惧本能被引发了。在这种状态下,学习上的冒险和创造力都极大地被抑制,高水平思维基本上变得不可能了。

我们会说，有时在课堂可以有小心控制的愤怒，但是我们说只有在某些特殊情况下，这种情绪才会有建设性，否则都是破坏性的。亚里士多德在《尼哥马科伦理学》(Nicomachean Ethics)中说，"谁都会发火，这很容易。但要用合适的方式，为适合的目的，在合适的时候，以合适的程度，对合适的人发火，就不那么容易了"(转引自 Ross, 2000)。还有一点，努力去适当地使用怒气是真正文明人的特点，能够做到这一点没有爱是不行的。

30年的课堂经验使我们学到，在怒气未消的时候将其表现出来一般不是好主意。

多年以前，我们和一位总是不能控制脾气的同事一起工作。他的教室里常常有挫败和愤怒的情绪，学生们也总是等着他发脾气。起初，老师无法自控的情感让学生感觉受到威胁，但是随着时间推移，这位老师成了学生私下嘲笑的对象，而且他们会故意引发老师的脾气。在一个引人注目的场合，一帮学生到他家里晾晒衣服的绳子上偷走了他的内衣，想看他怎样发脾气。具有讽刺意味的是，这位教师本应自我控制的情绪现在转而由学生控制了。

我们也曾经和一位很有经验的中学校长一起工作，他建立了一个崭新的电脑书写实验室，发现某些学生把所有鼠标上的弹珠都抠出来了，于是把所有中学生集合起来，谨慎但是坚定地让所有学生感知到了他的愤怒和失望。他宣布，直到所有弹珠都找回来，电脑实验室才能重新开放。48小时之内，所有弹珠都找回来了。

不做比较 比如，其他班有多好，姐姐和哥哥有多好。这个陈述主要是担心竞争和比较可能会给学生带来羞耻感。研究学校中学生自尊和成绩之间关系的研究者(Covington, 1989)告诉我们，积极的自我形象和在学校取得好成绩之间没有很强的关系，但是消极的自我形象却与学习的失败有很强的关系。

几年前，法蒂玛向指导顾问吐露，她的英语老师不断地把她在以前那个学校教的班和他们班做出令人不快的比较。这种比较让法蒂玛很受影响，因为她有学习障碍而且自我价值感比较低。法蒂玛将老师对班级的负面评价个人化了，认为是针对她的，而且加强了她作为学习者的低自我概念。

个体竞赛时固有的输赢对立观念会破坏儿童的自我概念，甚至对竞赛"赢"的一方的学生也有一些影响。在这种情况下，竞赛加强了儿童对外在动机的依赖(Deci & Ryan,1985)。无论奖励是可见的,如表扬或者奖品,还是不可见的,如公众的承认和父母的认可,动机对于自己来说都是外在的。艾尔菲·库恩(Alfie Kohn,1999)的《用奖励来惩罚》(*Punished by Rewards*)一书举了很多鲜明的例子说明外在动机者对奖励的依赖。

马扎诺、皮克林(Pickering)和波洛克(Pollock,2001)在教育研究的元分析中指出,把学生之间的个体竞争作为学习策略,对学习的影响程度(Effect Size)没什么意义,相反,以合作小组为基础的竞争则有深厚的影响,而且是一个非常强大的教育策略。

解释和重复学生不理解的东西而不让他们觉得自己渺小 有能力的教师会避免傲慢的态度,他们不需要牺牲学生来提高自己的地位。他们有能力去强化学生不知道的东西,他们始终记得学生学习中的哪些方面会有困难。

过去几年中,我们对"胶着"(stuckness)这个概念越来越有兴趣,处于这个状态的学生会发现他们无法调节自己的思维。我们也对教师怎样帮助学生"脱离认知上的胶着"非常感兴趣。我们可能都遇到过学生一脸茫然的情况:我们问学生是否理解要教授的概念,学生摇着头有点犹豫,然后我们问学生到底什么部分不懂,学生的回答是他们也不知道什么地方不懂!这就是"认知胶着"状态,这时有技巧的引发思考的提问(Costa & Garmston,2002;Lipton & Wellman,1989)非常重要。

索娜丽上了好几年钢琴课,她很聪明地对所有老师隐瞒了她不会识谱。她很有音乐天赋,仅凭听就能弹奏复杂的曲子。6年级时,索娜丽遇到了对手,新的钢琴老师看穿了这个小女孩儿的骗术,但是她带着理解和共情看待这件事,并且使索娜丽有了学习识谱的热情。老师和同学们都把她不会识谱看做是一个学习机会,现在索娜丽能将视听结合起来演奏钢琴了。

不放弃学生 在课堂上也许没有比关心学生的老师的高期望更具有影响力了。当这些期望降低的时候——告诉你这无法悄悄发生,也就是说不让孩子知道——我们就给孩子传达了一个信息,即我们不像以前那样关心他们了。我们传达了这样的信息,即他们的能力和内在价值都降低了。我们让他们知道,我们正在放弃他们,而且经常在这种强有力的影响之下,他们会自己放弃。

相反,如果我们增加期望,特别是当一个孩子处在学习困境中时,我们就传达了相反的信息——关心和充满感情的支持。

一位教师朋友最近和我们分享了来自马克的一封信。这位教师从事特殊教育,在纽约市郊区的一所学校教有学习障碍和情感障碍的孩子。信的开头说:"这封信写了将近十五年,想描写我们的朋友对这个小男孩的强有力的影响。这封信是马克在哥伦比亚大学的教育学院硕士毕业典礼上宣读的。马克自己成为了一名特殊教育教师。对于马克这样有严重学习障碍、由于行为异常而被公立学校驱逐的学生来说,这是一个非常卓越的成就,马克以前的很多朋友现在都在监狱里。马克在信的最后感谢老师'没有放弃我'。"

结论

也许作为一种职业,我们的傲慢的确是因为缺乏杰出的教学榜样,但是,上述学生评论所表现出来的令人惊异的洞察力说明,我们可以从学生那里学到相当多的专业知识,我们只需要听听我们周围的这些专家怎么说。

我们可能会怀疑,虽然这些年轻的学生为瑞达克、戴和华莱士提供了上述的观察,但也许他们并不理解也无法认识到教学实际上是多么富有挑战性、多么复杂、要求多么高的工作。即使如此,我们也能从字里行间看出来,虽然也许是直觉的,即这些年轻人的确理解,一个有效教师的工作是多么重要而高尚。

第五章

了解你的课程

如果说个性化教学的第一个关键是了解你的学生,那么对于老师来说,第二个关键就是获得所教学科的深层知识。当然,这一定要回答两个问题:"课程"由什么构成?"了解课程"意味着什么?

回想起当时比尔第一次应聘纽约市郊区公立高中英语教师职位的时候,"了解课程"就是掌握这个学科的同义词。比尔记得那是 20 世纪 70 年代早期,在持续一个小时的面试中,校长(绝对是博学的)飞快地说出了一连串英美作家的名字,让比尔说出读过哪些,对这些作品有什么看法。

毫无疑问,教师需要了解他所教的内容。琼斯和莫兰德(Jones & Moreland, 2005)描述了如果没有充分的学科教学知识,教师在教一门新课程时会遇到什么样的危险。他们的研究描述了基本上不具有概念内涵(conceptual substance)的学习"活动",而且除了以表扬为基础的回应外,教师不能对学生提供任何反馈。显然,对于英语教师来说,了解各种类型的文学作品非常重要;对于社会研究的教师来说,了解一个世纪的伟大思想家对下一个世纪的影响也非常重要。但是,对内容知识的了解已经不能再作为"了解你的课程"的同义词了。一门学科的具体内容无论多么有趣,看起来多么重要,都可以看做是一个独特风景的重要物理特征。比如,一个池塘或一块草地,一片橡树林或者一条小溪。所有这些都是一个独特风景的重要物理特征,但是,所有这些特征本身并不能给我们提供这个区域的整体景象。作为教师,我们必须能够识别学科隐喻性的地理图景,必须能够建构更大的图景——明确最主要的概念或者需要学生在课堂中学到的、需要持续理解的概念。我们要能够分析什么对于学生的认识、理解和应用是最重要的,并且说明这些主要的学习结果、计划及与之相关的学习活动。我们也需要收集资料和证据,说明学生是否成功地达到了这些学习结果。

这绝非简单易行的工作,不仅需要很高的学术要求,而且需要花费时间和精力,还需要重视同事间的合作。简而言之,这就是我们所说的"了解你的课程"。

我们所理解的关于课程范式的转换部分来源于建构主义革命。

十几年前,布鲁克斯和布鲁克斯(Brooks & Brooks,1993)的研究描述了大部分美国课堂的现状(我们怀疑其他国家以及很多国际学校的研究可能非常相似),有如下五个主要特征:

1. 课堂被教师话语所控制,教师被当做知识的分配者,学生被当做知识的消费者。学生自主提问和学生之间的互动是不典型的。

2. 多数教师严重依赖教科书而不是深思熟虑的、清晰的、连贯的课程。信息通常是从单一视角呈现的(没有争议的)。

3. 大多数课堂不鼓励合作,只要求学生单独工作。

4. 在大多数课堂,学生的思考被贬低,当老师向学生提问时,多数情况下不是要求学生思考复杂问题,而是确定学生是否知道"正确"答案。

5. 大部分学校的课程文件都有一个预设的概念,即有一个学习者所必须知道的"固定的领域"。这种概念强调学生展示对常规所要求掌握的理解程度,而不是建构新的理解或者新的联系(6—7页)。

也许用"革命"这个词描述建构主义的影响太厉害了,因为有些学校,在世界范围内也许很多学校中学习和教学仍然像上面的描述那样。虽然如此,建构主义所到之处仍然从根本上改变了我们思考课程的方式。

即使这样有过分简单化的危险,我们还是可以把建构主义概括为关于知识和学习的理论。建构主义认为,学习不是信息的被动吸收——所谓的"课程的覆盖"(coverage of the curriculum),而是学生对能够促进个人意义"建构"的学术关联的积极探索。

建构主义的三个基本观点深刻地影响了我们对课程的理解。

首先,所有知识都是暂时性的。我们要做好准备,今天教给学生的真理也许明天就会被宣布为谬误。曾经有一度,每个人都相信地球是宇宙的中心,君主通过神的法令统治国家,黑色皮肤的人是劣等人,妇女生来就该做家务,有障碍的儿童最好和"正常"的同伴分开单独教育——这里只是举几个例子。

知识的暂时性的概念对于课程和教学有几个深刻含义。首先,这说明知识不是一个名词,而是一个动词,是一个令人兴奋和鼓舞的过程,是一代又一代人通过学术冒险积累起来的。更重要的是,知识的暂时性能给我们时间去探索我们所不知道的——而这些迷人的秘密总是能让学生充满好奇。知识的暂时性还能使我们能够容忍甚至去欣赏不确定性——

埃利奥特·艾斯纳(1998)发现,不幸的是,这在多数学校完全不被赏识。知识的不确定性还告诉我们,作为教师要带着谦虚的态度去工作——这一点永远不会错。

第二,总体要教的内容非常多。人类知识的扩展率令人震惊。专家预测,人类知识财富不到一年就能翻一番。(还有专家预测,人类的无知也以同样的速率扩展——特别是在智慧领域)。当然,在过去10年中我们所获得的人脑的知识以及人类如何学习的知识比人类历史上积累的所有有关知识都要多。现在要纳入课程的内容太多了,因此至关重要的是精确地区分纳入课程的内容的优先次序,对去掉哪些东西进行深思熟虑的判断。这说起来容易,因为我们总是给课程加东西,但很少给我们的花园除草。

《2005—2006美国大学入学考试国家课程体系调查》(*ACT National Curriculum Survey 2005—2006*)似乎印证了我们的观点。虽然国家下达的课程标准也许可以帮助高中教师集中于他们所教授的科目,但是大学教师对大学入学考试的调查却发现,中学教师所教授的内容和大学教授认为进入大学的学生应该知道什么之间存在"巨大差距"。"国家似乎有太多标准,要面对太多内容名目……高中教师要达到国家标准需要非常大的努力,但是大学教师却认为对于学生来说,更重要的是学习几种基本的但本质的技能",这是大学入学考试的一个发言人总结的观点(《今日美国》,2007年11月4日)。

第三,参与课程的学生影响课程的结果(或者用马歇尔·麦克卢汉的话来说是"媒介影响信息")。如果课程的一个目标是发展以探究为基础的学习方法,那么有理由相信,课程应该围绕问题来设计,而不是围绕知识的陈述来设计,而且这些问题应该促使我们思考让儿童学习什么这个中心问题。换句话说,课程既需要深思熟虑又需要能启发思考,很少学生能够拒绝真正启发思考的问题。

因此,建构主义者如何能够在以标准为基础的课程体系中进入学习网络?个性化教学从哪里切入呢?

实际上,个性化教学和以标准为基础的课程体系不仅互补而且本质上是相互整合、相互增效的。没有个性化教学的支持,以标准为基础的课程在课堂上只能是标准化的,它强调质量的控制和责任,而不是满足学习者——特别是多样化的学习者——的需要。无论这个课程多么深思熟虑,多么启发思考,学生的声音也是被淹没的。

另一方面,没有明确标准的个性化教学只能是一个没有目的地的旅程——只有热诚的邀请而不提供日期、时间和地点。没有学习标准,课堂教学或者是"以活动为基础",缺乏基本概念,或者课程计划目标是完全个人化的,没有存在的必要。无论哪一种情况,课程都失去了严密性和可信性。这样做并不能给所有人带来成功,只会使很多人迷惑和平庸。

清晰一贯的学习标准需要个性化教学,反之亦然。它们相互支持整合。高质量的课程能够保证我们在课堂上集中于值得花费学生时间和注意的东西,内容是有意义和相关联的;方法也应具有学术上的挑战性。而个性化教学能够保证邀请所有人参与到高质量的课程中去,这个课程是面对所有学习者的。

汤姆林森和艾伦(2000)说:"我们需要不断强调良好的课程和教学是什么样的,然后帮助教师学会个性化教学。如果个性化在质量上是平庸的,那么,即使不是大部分,个性化教学作为有魔力的方法也会失去很多力量……优秀的个性化教学课堂是优秀在先,个性化在后。"(81页)

在和同事们交谈的时候,我们开始理解,将丰富多彩和富有激励性的课程与个性化教学对立的概念一部分来源于对于学生成功的理解的冲突。很多教师认为学生在学校的成功是单一性的。换句话说,谈到智能偏好或者学习风格的时候,有些教师可能同意"一个尺码不能适合所有的人",但是一个单元成功的学习结果对于所有儿童应该是一样的。当平等在情感上与被误导的公平的感觉相联系的时候,平等(以同样的方式对待所有的儿童)的概念被进一步加强了。我们更倾向于公平的定义是为每个儿童提供他所需要的东西(眼镜、助听器、考试时更多的时间、大字印刷的书、声音识别软件等),这能够帮助他们取得个人的成功。

事实上,这种对学生成功标准化的视角阻碍了教师对学生个体成长的感知。担心学生成绩实际上使我们看不到儿童的成就和优势。在某些情况下,特别是当学生达不到分数线的时候,个体学生的成功实际上需要揭开"面具"而去赞美真正的成功。

与其他专业并无二致,教学创造了自己的错误二分法。在国际学校中或许最普遍的是,既然我们的课程大多是为大学预科做准备,那么就不需要为有学习障碍的学生或者缺乏基本学习技能的学生准备适当的课程。权威人士证明他们选择的录取政策合法的通常解释是"我们不能为所有的人提供所有的东西"。这种"不是/就是"的分析更多地显示了对个体认识的限制,而不是学校满足多样化学习者的潜能。当然,其中最大的一个挑战,也许就是最大的挑战,即过去几百年来,学校都在面对优秀和平等这两方面要求的平衡。有些学校选择将这两者看做冲突的要求,作为相互排斥的两极。这种思考非常肤浅。学校以优秀为基础而拒绝学生入学,实际上废除了平等的道德上的责任。

一些国际学校正在走出这种单一的思维模式。一个布鲁塞尔的国际学校拥有1400名非常多样化的学习者。它的格言是:包括每个人,挑战每个人,每个人都成功——1400个增加智能的方式。

那么,高质量、以标准为基础并且进行个性化教学的课程包括哪些东西呢?

这种整合有四个维度:逆向教学设计(backward design),教授重要概念,用问题来形成课程内容框架,澄清哪些可以个性化、哪些不能个性化。

逆向教学设计

逆向教学设计的概念来源于维金斯和麦克泰(1998)的著作《通过设计培养学生理解力》(*Understanding by Design*)。它的框架包括逻辑性设计课程的三个步骤,而这个过程是以结果作为开始的。斯蒂芬·科维(Steven Covey,1989)说:"以始为终意味着从对你的目的地的清晰理解开始,意味着了解你要去哪儿,因此能够更好地了解你现在在哪儿,从而采取趋向正确方向的步骤。"维金斯和麦克泰确定了三个逆向教学设计的步骤:

1. 确定所要的结果;
2. 确定可取得的证据;
3. 设计学习活动和教学活动。

第一步看起来似乎很明显,但是我们的经验显示并非每个课堂都会考虑到这一点。很多教师备课是从教科书的章节开始的,使用一向钟爱的活动,或者使用教过很多次的教案。这些都会导致以活动为基础的学习,缺乏概念的本质。有时人为的强制性的学科整合(社会研究、科学、数学和语言艺术等)也会导致这种情况。

对教案的线性模式诸如逆向教学设计有批评(John,2006)认为,这种模式无法反映课堂的内在复杂性和课堂动力,这种设计的结果和手段分离成连续的几个步骤而不是作为同一情景的一个部分。这种批评在我们看来也代表了错误的二分法。教案按部就班的逻辑步骤并不一定与教案联系实际部分叠加的、即时的创造性相矛盾。前者提供结构和可说明性,后者满足特殊课堂环境和特殊学生的要求。

把结果作为备课过程的逻辑起点是无可置疑的。

教师通常对第二步感觉更困难而且是违反直觉的。对于大多数教师来说,一旦学习目标或者对象确定下来,下一步就是设计达到结果的学习活动。但是维金斯和麦克泰(1998)提出忠告说,对于我们来说,很重要的是要思考,评估是作为备课过程的一个组成部分,而不仅仅是在这个学习单元结束时总结性的部分。我们需要问自己,怎么能够了解学生是否达到了我们想达到的结果。我们看到学生做了什么能够说明他们已经掌握了某种技能?我们听到学生说了什么能够说明他们理解了所学的东西?我们需要哪些有效证据说明这个单元的学习效果?将评估证据放在计划实际的学习活动之前来思考,就能强迫自己将这个单元的学习结果视觉化,反过来这也加强了学习目标、评估和实际教学之间的一致性。

图 5-1 是一个针对多样性的单元计划模式。它采用逆向教学设计结构,为教师提供了元认知的描述。这个描述提供了一些教师在思考高质量课程和现实智能偏好、学习风格、优势和弱势以及班上学生对内容的兴趣这些交叉情况时可能问自己的问题。这个模式是线性呈现的,但是我们鼓励教师递归地使用它,因此去捕捉即时的想法,创造性地去使用它,同时又不忘记对整体结构的思考。

元认知	针对多样性的单元计划
什么是我要教授的重要概念?什么需要持久的理解力? 为什么从今以后的 20 年对于学生仍然重要? 有哪些指引我的计划的问题?(重要问题)	概念

教授这个概念的学习目标和内容是什么？ （学习目的和内容目标应该与重要的概念/持久的理解力相联系）	内容
我希望学生知道和理解什么？	陈述性知识目标 （详细说明一个或者两个）
我怎么知道达到了目标？ 评估的最重要的标准是什么？ 哪些反馈可用于检测正在进行的课程？ 我的标题是什么？ 学生能理解这个标题的语言吗？ 我要使用什么样的正式评估？ 我用什么工具判断学生是否能学会我教的东西？	学生学习评估
我怎样激活关于这个内容的学生以前的知识？ 怎样使内容对学生有意义并与他们相关？ 为了特殊学生（英语作为第二语言、学习障碍或者高能力）的需要是否需要特殊的热身活动？	教学热身活动
班上有哪些特殊学生（英语作为第二语言、学习障碍或者高能力）？ 在计划中需要记得和思考哪些特殊学习者的需要（学习风格、社会需要）？	多样性的学习特征

这个任务怎样保证包括所有的学习目标？ 是否全面考虑了才能、兴趣和所需要的智能？ 计划怎样让所有学生积极投入学习？ 怎样预期班里最"具挑战性"的学生对这个活动和这节课的反应？ 任务清单： □ 开放 □ 兴趣 □ 挑战 □ 多种方式说明 □ 包括读和写	教学任务描述
用什么指导语言给学生说明这个任务？ （是否给学生重复指令？学生是否会因为指令不清或者歧异而感到迷惑？）	指导
我需要哪些材料？ 学生需要哪些材料？ 在学习任务进行时怎样检测学生的学习？ 怎样给学生评分？ 这个任务需要多长时间？ 以什么形式分组？	工作指南
怎样总结和结束这一课？以什么方式回到基本问题和需要持续理解力的问题？ 留什么作业？	结束

反思问题
课程进行得怎样?(总体印象)
你看到计划的课程与实际教授的课程之间有什么联系?(分析因果关系)
你从这个教学经验中得到哪些想法?(建构新的学习)
怎样运用这些新的想法?(运用)
从这个计划/教学反思过程中学到了什么?

图 5-1　针对多样性的单元计划模式

逆向教学设计是为了保证学习目标的清晰以及与为达到这个目标的评估和教学保持一致(连贯)。最近在德国的研究强调了这些因素的重要性。赛德尔、瑞梅雷和普兰则(Seidel, Rimmele & Prenzel, 2005)对学习目标的清晰性和一致性进行了测量,并检测是否与学生动机和学习成绩相关。他们通过对物理课的录像分析来测量课程目标的清晰性和一致性,使用特殊指标李克特量表(Likert scale)作为测量标准。

研究者发现课程目标的清晰性和一致性与下列情况有很强的关系:(1)学生感受到的学习条件的支持;(2)学生的学习动机;(3)认知学习活动的类型;(4)一年中学生物理能力的发展。

教授重要概念

围绕重要概念的结构化的课程是建构主义教学的关键维度,也是通过设计过程培养学生理解力的重要方面。围绕重要概念的结构化课程也为个性化教学提供了可能性。

我们所说的重要概念是指处于学科中心位置的"大概念"。维金斯和麦克泰(1998)提出了一个包含三层嵌套的椭圆形或蛋形知识结构的模型。最外一层是"应该熟悉的知识",第二层是"既要了解又要做的知识",最内圈是维金斯和麦克泰所说的"需要持续理解的知识"。这些需要持续理解的知识就是重要概念或者大概念,就是布鲁克斯和布鲁克斯(1993)所说的"对本质的探索"。

多数学生认为整体到部分的学习方式比部分到整体的学习更容易,更有意义。当教师清晰呈现大概念的时候,就是在帮助学生学习。"当概念作为整体呈现时……学生需要通过将整体分解成可以看到和理解的部分以寻找意义。学生通过这个过程使得信息产生意义,要让他们建构过程和理解而不是为他们准备好这些理解。"(Brooks & Brooks,1993)

对重要概念的理解是持续的,并非只是为了考试而记住。重要概念要对学生有意义,而且能与以前的知识联系起来。因此,学生不需要记住无意义的片段信息。

几年前,比尔为小学的学生家长做了一个演讲,主题是数学课程是围绕重要概念的理解而架构的,而非记住算式。在演讲过程中他让所有在日常生活中使用代数的听众站起来。大约十分之一听众站起来了。比尔说这些在日常生活中使用代数的家长很可能是从概念上学会的,他们的概念理解既持久而且还能转换。

教师们有时难以识别"可教的概念"和与之相对的"所教的题目"。这里有一个关键的区别特征。所教的题目可能包括《蝇王》、绿色植物、第二次世界大战或者比率和百分比。这些题目的内容毫无疑问非常重要,但是通常我们教授这个题目而不将其内容与学习它的原因联系起来。在工作坊里,我们鼓励教师将教授题目转向教授概念。表5-1说明了从题目到概念的转换。

表 5-1　从题目到概念的转换

独立的题目	可教授的概念
蝴蝶、青蛙、绿色植物	生命周期——生物发展过程中有哪些相似之处？
工业革命	人类进步——谁是工业化的赢家和输家？
污染	相互依存——人类与环境有哪些关系？

我们建议教师"测试"这些大概念或者持续性理解的概念，因为按照维金斯和麦克泰（1998）可理解的四个标准，它们有价值而且可教授。第一个标准是，概念在课堂外有持续价值。我们可以将其视为20年的测验。这个概念20年后对学生有什么价值？如果难以回答这个问题，可能意味着我们探索的这个概念不值得花费学生的时间。

第二个标准是，这个概念是否居于这个学科的中心位置。对于英语来说，一个可能的居于这个学科中心位置的概念是"文学是创造出来的"——意思是长篇小说、短篇小说和诗歌是被有特殊目的的作者用精心策划的文字的手段为达到某种目的制造出来的。

第三个标准要求评估这个概念需要"揭示"到什么程度。为此，维金斯和麦克泰（1998）要求我们为了使学生分析和深入思考而评估这个大概念可能的深度。为了使学生将孤立和片断的信息转化为对个人有意义的知识，他们必须进行这种高水平的思考。我们也需要问自己，学生掌握这个概念在哪些方面有困难？哪些可能会与直觉相反？有哪些共同的错误理解？

最后，第四个标准要求我们思考，这个概念能够让学生在多大程度上投入？大概念不一定是学生已有的兴趣。教室里的学生并不都对法国大革命、巴洛克音乐或者将来时的动词变化感兴趣。但是，有技巧的教师能够"用激发学生并联系学生兴趣的方式让他们与大概念相遇（诸如提出问题、找到要点、解决问题等）"（11页）。比如，"我们如何认识正义？"这不只是社会研究（美国革命、殖民主义、种族迫害等）众多话题中的一个主要问题，也与初中和高中学生所关心的公平和平等概念相联系。

在个性化教学方面，对内容、过程、产品、学生兴趣和准备状态以及学习风格的个性化会给教授重要概念带来很多开放的机会。事实上教授诸如"绿色植物"或者"工业革命"或者"污染"这样的题目是无法个性化的，因为实际的学习对象如此模糊，想得到的课程结果也十分朦胧，或者就不存在。个性化是达到目的的手段,如果目的不清楚,旅程当然迷惑。但是,如果我们注重主要概念,或者维金斯和麦克泰(1998)所说的持续理解的概念,个性化就有多种可能。如果我们教授"生命周期",内容可以多种多样,学生可以创造不同的产品来展示他们的学习,这些产品可以反映他们的兴趣、学习风格和准备状态。

我们认为教授重要概念的另一个方面是教师明确持续理解的概念所经过的过程。这个过程实际上让教师能够清楚地认识到为什么这个题目值得学生注意并且花费时间,从而使教师以更大的动机并且投入更多精力去创造一个动态的课堂。

围绕问题设计课程

如果课程是让学生真正去探究,就必须围绕问题而设计。维金斯和麦克泰认为:"只有围绕有价值的问题和活动设计教学才能克服以活动为基础和范围取向(coverage-oriented)的教学,这种教学导致死记硬背的学习,只能产生公式化的答案和表层知识。"(27页)

既然提出问题是教师最常用的教学工具,我们便会有一种想当然的倾向。但是有技巧的、精心准备的问题不是一蹴而就的,也很少产生于即时的课堂讨论。不是所有问题都被同样创造,我们需要付出时间和注意,精心准备课程和单元学习中有价值的问题。

一个适得其反的制造问题的方法来源于对布鲁姆分类法(Bloom's Taxonomy)的误解和误用。布鲁姆等人(1956)区分了思考技能的等级。分类法中最低的等级大都是回忆和记忆这样的认知过程。最高的等级是比较、评估、分析和预期这样的过程。有些教师错误地假设那些有加工困难、学习障碍或者学习基本技能有困难的学生会认为回忆和机械记忆"更容易",比那些高层级的、复杂的思维更易达到。但是需要回忆和机械记忆的问题通常只有一个正确答案,你或者知道,或者不知道。而高层级的问题通常是开放的,有多个切入点,学生可以从特殊的准备状态进入。比如"谁发现了美洲?"这个问题需要一个正确答案,你或者知道,或者不知道。但是,下面的问题有多个切入点:"在15世纪末,如果你正在计划一个探索旅行,你需要考虑哪些事情?"学生可以选择在他所具有的准备状态之下回答这个问题(比如,在具体层面的食物和水的需要,或者抽象复杂层面的航海会遇到的困难——缺乏经度和纬度的知识或者在如此长的旅行中水手缺乏士气）。

布鲁姆试图使用"困难等级"作为标准区分分类中的不同水平。但是，高水平问题不总是更困难的（Costa,2001）。苏萨（2001）认为这是难度和复杂程度之间的区别。我们都知道，费力的任务（需要更多努力和时间的任务）与精密的任务（处在布鲁姆分类的高水平需要更复杂思维的任务）不一样（Dodge,2005;Kusuma-Powell & Powell,2000）。

一些教师还有更困扰的误解，即在进行高等级思维之前，学生必须掌握基本的读写技能。如果学生掌握基本技能有困难，就比他们那些学习更好的同学需要更多的智力上的激励。

维金斯和麦克泰建议课程应围绕本质问题来设计。这些问题有七个特征：

- 没有一个明显的正确答案
- 能引发其他问题，通常会超越这个科目
- 能说明这个学科的哲学或概念基础
- 自然复现
- 能够引发和保持学生的兴趣
- 其中包含持续性理解的概念（10—11页）

根据我们的经验，还有一点是成功的本质问题必须具备的特点，即带入课堂的问题是老师自己也不知道答案的问题。

哪些可以个性化，哪些不能个性化

家长经常问的一个问题是，个性化教学是否会简化课程。

这个问题取决于选择什么来进行个性化教学。

学校里的某些方面是不可协商的。比如，每个高中毕业的学生都必须能写一篇组织良好、内容连贯的文章。学习阅读也是不可协商的。虽然科技高度发展，孩子们在所谓的"数字环境中生长"，但是基本的读写和计算技能仍将是成功地在21世纪的复杂社会中生活所必需的。

作为一个基本规则,学习标准和教学目的不应该个性化[①]。每个学生都应该学习到具有丰富性和激励性的持续理解的概念和本质问题。

但是,用以获得持续性理解概念的内容是可以个性化的。当社会研究教师着眼于人类冲突的根源时,可以让学生研究中国革命、美国内战或者卢旺达和布隆迪大屠杀。当学生探索"生命周期"时,他们可以研究青蛙、蝴蝶或者人类。

除了内容以外,选择内容的技术也可以个性化。欧辰八年级人文科学课的一个标准是写一篇组织良好的五个段落的文章。有一个学生有严重的学习障碍,他所写的是组织良好的句子。技术的选择要与个体的需要一致,但是标准(五段文章)对所有人都一样。不对学习标准个性化使我们能够问心无愧地对家长说,个性化教学没有使课程简单化。

对学生学习的评估也可以个性化。我们可以让学生以不同的方式展示他们的学习成果。有些学生可以通过写一篇文章展示他们的学习成果,有的学生可以通过小品表演和音乐演奏来展示,还有人可以建筑一个模型来说明他们的理解。我们知道,学生完成学习作品的手段会影响所展示的学习成果的质量。允许学生利用他们的优势通常会产生高质量的学习作品。但也需要注意,一些制作过程令人焦虑,学生因此会把所有的注意力都放在产品的制作过程上,因而无法注意学习内容本身。

再次提醒:如果希望的结果是一篇有质量的文章,那么允许学生用海报或者小品方式来展示学习成果就毫无意义。为了学习写作,学生必须要写。

虽然考评可以个性化,但是对考评标准的要求不能个性化。我们需要对所有学生都有同样的高标准。比如,学生对光合作用的理解可以通过文章、模型、图表设计或者小品来展示,但是评估不同学习产品的标准必须一样,因为我们探求的持续理解的概念是一样的。

最后,学习经历本身可以个性化,需要以内容、过程、产品、学习风格、学生兴趣和准备状态为基础进行个性化,建构为学生设计的学习活动。

我们用图 5-2 来结束这一章。图 5-2 列出了既是高质量课程又采用个性化教学的课堂的观察指标:

[①] 一个例外可能是,学习标准明显不适合有严重学习障碍的学生。

高质量课程和个性化教学观察指标

- 学习单元反映出连贯一致的设计。重要概念(大概念)、持续理解和本质问题与评估和学习活动保持一致。
- 有多种方式获得和探索概念。
- 允许学生用不同的方式展示学习结果。
- 理解的考评要通过"真实性任务"展现,要求运用和解释。
- 所有评估(教师、伙伴和自己)都要包括清晰的评估标准。教师和学生对"高质量"有共同的理解。
- 课程设计或者单元学习设计要能够使学生回顾和重新思考重要概念以加深理解。
- 教师和学生能够使用反映不同文化背景、阅读水平、兴趣和学习方法的资源。

摘自维金斯和麦克泰(1998)
《通过设计整合个性化教学和理解》

图 5-2 课堂观察指标

第六章

开发个性化教学策略经验库

> 如果你的工具箱里只有一把锤子,那么所有的问题在你看来都像钉子。
>
> ——亚伯拉罕·马斯洛

前面一个章节我们曾提醒大家,个性化教学不仅仅是一个更大的工具箱,尽管毫无疑问,拥有一个更大的教学策略经验库能够更好地在课堂上为学生服务。本章中,我们将选择用于个性化教学的七个策略。当然,在课堂上用于促进个性化教学的策略不止这七个,但是这七个策略都是以研究为基础的,经过了时间的检验并且具有普遍性,因此事实上可以用于所有学科领域和所有年级水平。我们将简略介绍每个策略并举例说明如何将其用于课堂。

一、分类活动策略

分类活动要求学生辨别异同。这种活动可以用于小学简单水平,也可以用于高中处理复杂的高级概念。辨别异同是人类思维最基本的功能,也是所有概念思维的起源。在最简单的水平上,概念是相似性的集合。马扎诺等人(2001)描述了把辨别异同作为学习策略的研究基础和功效。教师有几种方式将关键性思维活动运用到课堂上:

- 比较:在项目之间或者概念之间识别相似或不同的过程。
- 分类:将相似或者有类似性质的项目或概念分组的过程。
- 创造隐喻:寻找模式,感知初看起来不相同的事物的相似性的过程。隐喻性的思考是高水平的思维,是一种非常有效的对概念理解的非正式评估。
- 创造类推:感知一对事物或者一组概念之间的关系的过程——在关系中看到关系。

教师有很多方法可以用于分类活动。文氏图(the Venn diagram)为学生提供了一个简单可行的图表组织工作。"T"形图("T"chart)也有同样的功能。

下面是布鲁塞尔国际学校的科莱特·贝尔奇在她的国际文凭普通水平 2 年级数学课上进行分类活动的一个例子。这个练习的目的是在学年初回顾"数学模式"(math mode),复习 1 年级学过的主题。她把学生任意分成小组,发给他们下面的卡片(图 6-1)。

b^2-4ac	增加/减少	单位圆	增长与衰减
二项式定理	指数和根	非周期性现象	方程组
三角(直角和非直角)	矩阵	微积分	二次方程式
(西格玛符号)	扩张映射	换元	正态
$\sum$	$\begin{pmatrix}1 & 0 \\ 0 & 1\end{pmatrix}$	正切	斜率
配方法	公比/公差	速度	最大值/最小值
级数	顶点	渐近线	拐点
e	周期	导数	倒数
函数族	变化率	对数	杨辉三角

图 6-1 国际文凭二年级标准

剪下题目并按组分类(每组不得少于 3 个)

她给学生的指示包括:

- 将这些概念归为 4—6 类。每类不得少于 3 个概念。(至少 20—30 分钟)
- 每个小组对于概念的分类必须达成一致。
- 选择其中的一个分类(不能是数目最少的比如只有 3 个的那一类)。
- 确定这组概念之间的联系。可以用一段话来解释或者用其他形式,但必须说明这些概念之间如何/为什么相互关联。换句话说,为什么把它们归为一类?必须说明对每个概念的理解及其与同类中其他概念的数学上的联系。(20—30 分钟)
- 和全班分享小组的分类结果。(可以第二天完成)

科莱特使用这类活动作为学生理解的非正式评估。她特别注意学生没有掌握的概念,认为这些是学生最不熟悉的,因此是以后教学中的重点。

二、10-2 策略

10-2 策略来自美国科学教育家玛丽·巴德·罗（Mary Budd Rowe）。这个策略非常简单，而且能高效使用课堂时间。罗知道对大多数儿童（和青少年）来说，保持最佳注意的时间范围是九到十二分钟。因此她建议教师讲授的"分段"不超过十分钟。毫无疑问，精彩的演讲会使观众入迷并保持更长时间的注意，但是我们大部分人都不是那么有才气的演讲者。

她还建议每一段讲授之后，给学生两到三分钟的处理时间。这个处理时间使学生有机会确定主要概念，形成问题，建立和以前的知识的联系，或者与正在学习的主题建立起个人联系。玛丽·巴德·罗的研究最后说明，给学生提供很短的处理时间，对概念的理解和保持都会极大地增强。

我们经常在工作坊中使用 10-2 策略。至于处理时间，我们会有不同的指导：

- 转向你的邻座：确定关键概念。
- 站立交谈：站着和不是你同桌的人交谈，确定其他的重要问题。
- 2 分钟短文：写下能够捕捉最重要概念的一个或两个句子。
- 送一得一：和同伴分享与你正在探索的这个主题的个人联系。

三、中心策略

教师们从 20 世纪 60 年代就开始使用中心策略，为个人化提供更多的灵活性和更多的机会。中心策略注重学生掌握（或丰富）一个特别的概念或技能。中心策略比其他任务更倾向于探索和研究。

两种中心策略：

- 学习中心：课堂范围包含为教学、增强或扩大特殊技能或概念而设计的活动或材料。(Kaplan, Kaplan, Madsen & Could, 1980)
- 兴趣中心：课堂范围包含为激发学生探索他们有特殊兴趣的主题而设计的活动或材料。一般而言，这种中心有以下特征：
  ① 包含与学生成长结果直接相关的活动；

② 使用包括各种准备状态（特别是阅读）、学习风格和学生兴趣的资源和活动；
③ 包含从有组织结构到开放、从抽象到具体、从简单到复杂的各种形式的任务和经验；
④ 为学生提供清楚和明晰的指导；
⑤ 在这个中心使用记录系统以监测学生的行为；
⑥ 包括教师评估计划和学生自我评估计划以调整中心学习活动。

中心策略的运用：海底两万里

欧文·圣淘沙在东亚的一个国际学校教授六七年级合班的科学课。欧文认识到学校临近印度洋给学生提供了一个非常好的学习机会，他很热切地希望利用学生对生存在大洋下的生命的好奇心，让学生理解科学概念，比如适应、生态系统、相互依存、分类和变化。

开始，全班听一个家长讲故事，这位家长是一位专业潜水员，然后看国家地理拍摄的海底生物录像。欧文还安排了去附近珊瑚礁和海洋公园实地考察。

他还利用科学中心保证学生参与个人实践，以获得关键概念和技能的理解。第二个月，所有学生都去参观科学中心并有机会像海洋生物学家一样对海底生物进行各个方面的分析。

但是欧文知道六七年级合班有非常不同的准备状态，学生的阅读水平和思维复杂程度极为不同，有些学生还是英语作为第二语言的学生，一两个学生有学习障碍，还有几个学生学能很高，需要扩展。学生们已有的知识和对海洋生物的兴趣也极为不同。

这个科学中心有很多甲壳纲动物标本，几个（不按比例的）海底生物模型（一个棱皮龟、一个沙鲨和一个海鳗），各种鱼类照片，不同类型的珊瑚样本和海贝壳，还有三个很大的咸水水族箱，里面有各种各样的热带鱼。这个中心还有鹦鹉鱼骨骼和豹纹鲨颌骨的复制品。为了加强对海洋生物的展示，欧文还带来了他自己的潜水设备，关于海洋生物范围广泛的书籍以及各种美术材料和书写工具。

学生们被安排在这个中心上了一个月的课。当中心没有使用的时候或者在学生选择时间内，他们可以去参观，也可以在完成了其他学习任务的课程间隙去参观中心。

在这个科学研究中心,欧文根据学生的准备状态将学习任务和学习体验个性化。他设计了不同的复杂程度的任务与学生的起点相匹配。欧文允许学生选择参加二人小组、三人小组或者四人小组。他通过用听觉或视觉方式展示材料将学习资料区分开,也包括触觉和动觉活动。学生还可以自己选择研究他们感兴趣的海洋生物。不出所料,一组男孩子想研究大白鲨。

欧文在科学中心精心安排了不同的学习体验,包括:

- 选择4个寄居在珊瑚礁上的生物(必须经过教师同意),用PPT给全班展示它们是如何相互依赖而生存的。
- 确定3个海洋生物来说明适应这个科学概念。做一张海报说明不同生物的适应情况。
- 做一个鱼的模型(事先必须得到圣淘沙先生的同意)说明这种鱼的身体是怎样为适应环境而特殊设计的。
- 写一份关于一个海洋生物学家的工作描述,解释他做什么,需要哪些训练。

四、切入点策略

切入点策略的灵感来自哈佛大学教授霍华德·加德纳(1993)。他认识到学生将很多不同的智能偏好、学习风格、才能和优势带入课堂。加德纳确定了七种不同类型的智能(现在又发现了另外四种)。我们每个人都有七种类型的智能,但是程度不同。加德纳主张将切入点作为一个策略,说明了学生带入课堂的各种智能偏好。他认为学生能够通过5个不同的渠道或者切入点对所给的科目或者话题开始探索。

1. 叙述切入点(Narrative Entry Point):介绍一个关于这个主题(subject)或者话题(topic)的叙事或者故事。

2. 逻辑—定量切入点(Logical-Quantitative Entry Point):使用科学的/演绎的或者定量的(数字的)方法进入话题或者概念。

3. 基础切入点(Foundational Entry Point):考察构成主题或者问题的哲学或者大概念。

4. 审美切入点(Aesthetic Entry Point):聚焦于感觉的(审美)性质或者主题的特征。

5. 经验切入点(Experiential Entry Point)：将话题或者主题与学生自己的个人经验相联系。学生在真实的情境中面对话题或者主题。

切入点的运用："渴望正义：死亡或生存"

琳达·波兰斯基夫人将要和她 8 年级社会研究课上的学生开始一个探索。她想通过对不同历史阶段的研究，让学生们发展对社会正义的深层理解。她让学生们理解政府和社会可能不总是"正义"的，而且历史上自始至终都有个体，有男人也有女人，在某种程度上勇敢地用言行面对法律和政府的非正义。她想让学生识别社会正义概念之下的价值观和信念并且找到它们之间的联系。她还想让学生能够识别当今世界"真实生活"中社会上的非正义问题。

琳达·波兰斯基让班上的学生讨论当他们听到"正义"这个词时会想到什么，由此开始了这个单元的学习。这给学生提供了一个机会去探索他们以前的知识和理解，同时也给琳达提供了一个机会去感受学生知识和理解的深度和广度，可能最重要的是了解他们在哪些地方有误解。

然后琳达让每个学生选择 5 个切入点中的一个开始调查。学生可以选择个人或者小组(最多四个人)工作。琳达也为每个切入点提供了详细的任务并且给出了包含成功标准的评价规则。

下面是琳达·波兰斯基对 5 个切入点调查的总结。

1. 叙述切入点：学生用教师提供的故事(罗莎·帕克斯和昂山素季)分析这个问题以及对社会非正义的特殊反响。他们列出了一套术语并设计了海报和图表说明历史上反对非正义的抗议活动。然后学生选择一个与非正义政府或者体制对抗的人，书面或者口头讲述他的故事。

2. 逻辑—定量切入点：老师要求学生想象一个 100 人的村庄并与当今世界对照，设计一系列需要回答的问题。比如，如果世界是一个 100 人的村庄，多少人会生活在美国？多少人会拥有电视、电脑、汽车、苹果公司的多媒体播放器(Ipod)？多少人会小学毕业、初中毕业或者大学毕业？多少人能找到有资格的大夫看病？多少人会住在民主国家？多少人晚上会饿着肚子睡觉？然后学生做一个图表展示(贴在墙上或者用海报)，说明从"他们的村庄"和社会正义中学到了什么。

3. 基础切入点：让学生看《甘地》这部电影，听马丁·路德·金《我有一个梦》的演讲。然后让他们将电影和演讲与《联合国世界人权宣言》联系起来,并且以《世界状态陈述》为题目准备一个 PPT 说明《联合国世界人权宣言》的实际实施情况。

4. 审美切入点:学生使用教师或者其他人(图书管理员)提供的资料来源检视历史上社会良知是如何通过艺术、文学和音乐表达的。教师还要让学生检视抗议者的艺术表达和政治表达有何不同。

5. 经验切入点:学生要展示苏格拉底和梭罗认为自己面对司法不公正的例子。阅读了这个故事之后,学生要分析人的价值、信念和行为。他们要用报纸、杂志、晚间电视新闻将这些价值观和信念与现实世界的情况联系起来。学生要选择一个对他们有意义的问题,然后写一封信来表达他们的情感(比如,写一封给当地报纸编辑的信,一封给菲利普·莫里斯公司首席执行官的信等)。

琳达·波兰斯基通过给不同的小组提供不同范围的研究资料将内容个性化,通过对社会正义思考的不同方式将过程个性化。而且学生可以用不同的产品形式(书写、画画、建筑、表演)展示他们的学习成果。对于所有学生,唯一不变的是社会正义的核心概念和学生个体进行学习探索的责任。

五、阶梯式活动策略

教师们经常问:如何能在关注共同的一般学习目标时,又能为不同准备状态的学生提供适合自己的学习任务?当班上的学生处于不同的准备状态时,有的学生可能面对抽象思考非常困难,而更高水平的学生则能在分析中运用清晰复杂的思维。如果班里有这样不同的学生,我们该使用什么策略?阶梯式活动(Tiered Activities)为教师提供了一个实用并且有效的策略,这个策略能够集中于共同的学习结果(理解和技能),同时为不同学习需求的学生提供适当的学习挑战。

教师使用阶梯式活动能够使学生获得本质的理解和技能,但复杂程度不同。一个阶梯式活动的简单例子是,欧辰为 8 年级人文科学课学生的文章问题提供不同的选择。她给一两个问题加上星号,说明这些问题更具有挑战性。选择更有挑战性的问题的学生开始写作之前要和欧辰讨论他们的观点。虽然学生选择是一般的规则,但是欧辰保留她的权利,指导某些有能力但不够自信的学生选择更有挑战性的短文题目。学生选择也可以减弱某些与"按能力分组"或者"能力小组"相联系的负面特征。对于欧辰来说，最关键的是，即使最基础水平的作文也要满足 8 年级人文科学课程的要求。成功制订了基础水平的作文要求才能保证 8 年级人文科学课的成功。

设计一个阶梯式活动[①]：

> 1. 澄清主要的学习结果/目标
>   - 概念/概括（持续性理解的概念）
>   - 技能或过程
> 2. 确定学生的学习资料：
>   - 阅读范围（阅读、思考、以前的知识）
>   - 兴趣和特殊才能
>   - 学习风格和智能偏好
> 3. 开发一个包括下面因素的活动：
>   - 高兴趣水平
>   - 高思维水平
>   - 学生使用关键技能去理解关键概念
> 4. 建立一个复杂程度的阶梯和活动图表：
>   - 高技能或复杂程度
>   - 中等技能或复杂程度
>   - 低技能或复杂程度
> 5. 按照适合学生的挑战程度根据阶梯组织活动：
>   - 材料——基础到高级
>   - 表达方式——熟悉到不熟悉
>   - 个人经验——从个人经验到对其他学生不熟悉的经验
> 6. 将活动层级与学生学习资料和任务挑战相配合。

阶梯式活动的运用："徒然用哀号烦扰聩聋苍天"

吉娜·凯泽克尔在她的 9 年级英语课上有一个非常多样化的小组。温迪和迪亚阅读的是大学水平的读物，迪亚的作文曾获得国际学校作文

[①] 摘自汤姆林森(1999)《个性化教学的课堂：回应所有学习者的需要》，督导和课程发展协会。

比赛奖。而罗纳是7年级的阅读水平,组织一个五段的文章也有很大困难。史蒂夫和杰夫被诊断为有学习障碍。凯泽克尔怀疑布奇可能也有注意力的问题,顿加、伊卡、达维和松溪刚刚上完学校的英语作为第二语言的课程,还需要发展英语的流利程度和技能。

吉娜·凯泽克尔正在计划一个诗歌单元。她想让所有9年级的学生都阅读高质量的文学作品并且理解诗歌是"创造出来的"——也就是诗人为了一个特殊的目的创作的。她希望学生能够发展理深层阅读的技巧,欣赏形象化的语言并且理解隐喻。她还希望学生能够欣赏诗歌中所运用的其他一些文学技巧。

这个单元的开头,她问学生对诗歌有什么了解,读过哪些诗歌。然后,她开始全班活动,听她朗读雪莱的诗歌《奥西曼提斯》。然后学生3人一组研究诗歌,用图画描述诗歌的场景,还要学生3人一组讨论诗歌的意义,用一个句子说明诗歌的精华。

然后吉娜将他们分组完成下列任务。

任务一(基础水平):阅读托马斯·哈代(Thomas Hardy)的《风雨人生》(During Wind and Rain)。学生要识别这首诗的结构并找出诗歌中所使用的两种文学手段。学生了解了作者的目的之后,要从"非洲大草原照片"中找出能够说明这首诗歌的图像给全班展示。他们还要准备一篇关于这首诗的简短总结。

任务二(中级水平):学生阅读狄兰·托马斯(Dylan Thomas)的《不要温和地走进那个良夜》(Do Not Go Gentle into that Goodnight)以及约翰·多恩(John Donne)的《死神,你无须骄傲》(Death be Not Proud)。学生讨论每首诗的意思以及创作目的,还要识别三种诗歌中所运用的文学手段。他们要为每一首诗选择合适的背景音乐以及视觉作品为全班展示,还要准备一篇关于这首诗的简短总结。

任务三(高级水平):学生阅读莎士比亚《可叹时运不济众人唾弃》(When in Disgrace with Fortune and Men's Eyes)和马维尔(Marvel)的《致他娇羞的女友》(To His Coy Mistress)。他们要识别出诗歌的结构和诗歌所运用的四种文学手段,还要准备PPT对比诗人是如何对浪漫的爱情进行不同处理的。

六、学习合同策略

学习合同由个性化教学的几个方面组成,这些方面对促进学生的学习十分有效。学习合同从本质上来说是学生和教师关于任务和活动的一个协议,学生要完成这些任务及活动以发展他们所需要的理解和必要的技能。大多数学习合同的设计都是教师导向的,但学生在进行这些活动或者完成这些任务时都有相当程度的独立性。很多教师都在学习合同中包括一定程度的学生选择,这些选择涉及学习什么(内容)、学习条件(个人还是小组工作)以及如何展示学习成果(产品类型)。

就像其他课堂学习体验一样,学习合同的评估也可以采取不同的形式。我们了解到,1/4 的教师用 3 种方法评估学生的学习合同。第一种,看每个学生工作得如何(任务行为的目的清晰,达到目标的坚持程度,使用反馈,复习)。第二种,检查一两个作业,看看完成情况、正确性和整体质量。第三种,每个学生选择 2 个作业(其中一个必须是写作)总结资料。每个作业都要有自我评估、同伴评估,最后是教师评估。作业针对的话题在这个单元开始的时候由老师发给学生。

高质量学习合同:
- 教师的责任是详细说明重要的学习目标和结果并确保学生能够达到;
- 假设学生能够承担一些学习责任;
- 明确学生需要练习和获得的技能和过程;
- 确保学生在有意义的环境中使用这些技能;
- 明确学习合同执行的条件(学生行为、期限、学习合同和作业中需要全班参与的工作);
- 在坚持约定的工作条件与完成合同之间建立正向的联系(持续的独立性,学生选择,评分)。如果学生不能坚持约定的工作条件,教师也可以建立负向联系;
- 在合同开始时明确成功完成任务及质量的标准;
- 合同要有教师和学生双方签名。

学习合同的运用:"名人的夜晚"

5年级教师小组期待着他们名为"名人的夜晚"的这一单元。过去3年中,这个单元为学生提供了非常有力的学习经验,学生和家长都非常喜欢。教师们为这个单元确定了3个重要问题:

1. 英雄有哪些共同特征?
2. 时间如何改变了我们对英雄的看法?
3. 哪些特质使一些英雄比另外一些更伟大?

涉及技能和过程,教师们希望学生发展他们的研究技能,包括打印和电子媒介的使用,打磨说明文的写作技巧,发展历史认同感。

单元开始时给学生放映了一个有关哈丽特·塔布曼(Harriet Tubman)的短片。小组讨论并确定使塔布曼成为英雄的特征。然后小组阅读一篇关于女权主义者艾米琳·潘克赫斯特(Emmeline Pankhurst)的文章。教师鼓励学生将两者做比较,小组准备海报展示她们的相同与不同之处。

然后教师给学生提供一份很长的名单,让他们从中选择谁是英雄。学生要把这份名单带回家向父母请教,并决定一个自己要研究的英雄。这些英雄来自体育、政治、科学、医学、探索、艺术、音乐、文学、人权等各个领域。学生做出选择后,教师要给他们学习合同的任务卡片。这张卡片说明必须研究他们的"名人"并回答一系列有关这个人的问题以及他/她所作的贡献。学生要做一个简短的PPT介绍他们的"名人"并写作一篇五段的文章说明为什么这个人这么著名(个人特质是如何与英雄称号相匹配的)。

之后要准备"名人的夜晚",学生要扮成他们的"名人"出席晚会。学生们在体育馆内,家长们等在外面,当看到一个特殊信号时,体育馆的门会打开,家长进入体育馆。学生们身着"名人"装束,以雕像的姿势站在那里。家长观看这些"雕像",提问题,并猜一猜这些学生扮演的是谁。

七、课程压缩策略

课程压缩是莎莉·赖斯(Sally Reis)和约瑟夫·仁佐理开发的策略,用于平均水平以上、已经掌握了所提供的大部分内容或者学习速度较快的学习者。压缩器的比喻帮助我们想象学习项目对于这些儿童来说应该是压缩的和密集的,因此可以去除无用的重复,从而使教学合理地匹配儿童的动机。很多有天赋的学生来到学校时已经了解这个年级使用的材料,结果自然比同伴学到的少。

课程压缩策略能够帮助教师分析课程内容,明确学生的学习需求,从而为有天赋的儿童准备适当的课程。此外,课程压缩策略还为丰富学习和加速学习提供了时间。

如何运用压缩过程

确定目标和结果 压缩过程的第一步是定义一个特别单元或教学片段的目标和结果。尽管范围和序列图表能够提供大部分信息,我们还是推荐教师注意那些需要学生学会的重要问题以及可持续理解的概念。教师可以提出这样的问题:对于学生来说,有哪些重要的东西需要知道、理解?哪些需要去做?哪些可以删掉?哪些是新的材料(陈述性的和程序性的)?哪些以前教过?这样的分析不仅能帮助教师集中于学生所需要了解的重要方面,而且能够启发我们思考怎样合理地进行教学。

确定需要压缩的对象 课程压缩的第二个阶段是确定哪些学生已经达到了将要学习的单元的目标,掌握了学习内容,或者可能学得非常快。这一步强调个性化教学的关键之一,即了解你的作为学习者的学生。这里非常重要的是,教师的观察和评论构成评估程序的一部分。教师可以问这些问题:这个学生是否能很快完成功课,是否处在较高水平?其他同学是否找他寻求帮助?他上课时是否感到无聊?这个学生是否在某个特殊领域得分很高,或者是否愿意自己去探索更高水平的或者其他领域的东西?他的阅读/词汇处在什么水平?

当压缩特殊技能时(比如,在数学课上),教师可以在每个单元开始之前安排前测以确定哪个学生已经掌握了这个技能,最好给他提供压缩课程。如果学生没有掌握这个技能,教师需要清楚这个学生是否会比同龄学生学得快。

当压缩内容的时候,被压缩的对象应该是能够通过自我指导的学习而获得的内容。与压缩类型相应的、对学生的预先评估非常复杂。教师可能希望设置基于表现的前测(比如,一篇可以对内容进行分析的说明性或者说服性的文章),观察学生(比如,他们如何做笔记,问什么样的问题,做哪些联想),或者回顾能够说明对学习内容掌握情况的学生档案袋中的资料和作业。

提供加速和丰富的选择 要为学习那些"还没有掌握的对象"确定可能的丰富选择或者提供替代活动需要付出很大的努力。教师和学生可以合作来决定什么是有适当挑战性的学习经验。这类经验可以有这样一些准则：任务必须是高质量的并且适合学生的水平；必须有让学生投入的可能性；学生必须花费充分的时间去学习。

这种学习可以有不同的形式。学生可以自己学习，也可以双人或小组学习。可以组织讨论会，也可以有一个导师指导。学生可以做一个项目，也可以对一个非常感兴趣的话题进行独立研究。对于学生来说，最重要的一点是能够在学习中进行自我指导并做出适当的决定。

课程压缩可以给教师提供很多机会，根据学生的兴趣和学习风格进行个性化教学，也可以为学生提供选择，通过他们偏好的产品类型展示学习成果。教师需要保留学习内容以及选择压缩内容的相关文件。学生工作的记录以及对学习掌握的展品也应保留。

第七章

保持合作

　　徒步穿过马达加斯加的热带雨林去寻找马达加斯加大狐猴的行踪是一个能令人变得谦恭的经历。上午10点，我们已经在广阔的苍穹之下集合了队伍。向导奥利佛解释说，马达加斯加大狐猴是马达加斯加最大的一种狐猴，有4种最有特点的叫声，有些叫声非常诡异，即使在浓密的灌木丛中也能传到几里之外。他还说，马达加斯加大狐猴对从地面和空中接近的捕猎者都会发出一种特别的警告声。每一个族群都有它们共同地域的"歌"，其中每个成员有指定的部分——歌的长度与大狐猴的年龄和地位相应。另外，族群还有与众不同的"情歌"，向另外的族群宣传它们的交配能力。但是，奥利佛解释说，大狐猴最动人、最悲切的叫声当属"团圆之歌"，当族群的年轻成员走失的时候，年长的成员会聚集在一起，在歌声中召唤它找到"回家"之路。

　　欧辰和我发现在接近大狐猴的过程中能变得谦恭，意思是尽管十分简单，但大狐猴的合作系统却在很多方面都有效、实用，而且比我们在学校中的传统合作更有建树。

　　20世纪70年代早期，当比尔在纽约市的郊区开始他的第一份教师工作的时候，英语系主任说了下面的话欢迎他的到来："你将与一组受过良好教育的专业教师一起工作，他们是通过共用的停车场而联系在一起的。"

　　那时候，停车场和供暖系统是教师首先分享的东西。教师进入他们各自的教室，关上门（如果门上有个小窗户，教师经常会用一张图画纸把窗户遮上，使他们的隔离更加完整）。一个老师的教室就是他的城堡，领域的性质决定了他这一天的统治权力。即便是校长也不能在没有默许或不打招呼的情况下进入老师的教室。同伴观察闻所未闻，而且同伴教练也是10年或15年之后的事情。课程计划会被校长收取，但别人是看不到的。教学策略像秘方一样，都被认为是私人化的学术财产，大部分不能分享。在很多学校都有一个不成文的规定，教员休息室里不谈论教学。

新手教师不可能得到指导,相反更有可能分配到有困难的学生或者其他人不愿意教的班级而经受火的洗礼。当一个老教师、一个专家教师从专业岗位退休后,他就带走了个人的全部知识财富,如此,新一代的教师在某种程度上必须做无谓的重复。这种既无效又不实用的系统即使是大狐猴也会觉得诧异。

教师的隔离过去是现在仍是学生学习发展的一个主要障碍。

> 多少年来,学校中一个最稳定的因素就是贯穿每一天和每一年的教师之间的相对隔离。社会学家丹·洛蒂(Dan Lortie)在他1975年开创性的研究中的描述至今在很多学校中依然如此。在那些"蛋箱"学校中,他观察到,工作生活中的自主的教师是由一种现时意识、个人主义和保守主义的文化组织起来的。这些教师每时每刻都生活在教室中,寻找着有效果而又节省精力的习惯。他们小心翼翼地不踏上他人的领地,对于课程和教学的改变极为保守。
>
> 加姆斯顿和威尔曼,1999
> 《适应性学校:发展团体合作的资源》

幸运的是,我们看到越来越多的国际学校正在通过强调成人与成人合作的重要性尝试打破教师的隔离。我们看到高中的教师坐在一起,调整内部评估的标准,制订中学学习共同体的计划。小学对学生作业的集体评估以及联合授课的增加也打破了教师隔离的现象。我们也看到,特殊教育和常规课堂的教师都在发展团队合作的方式。

但是如果没有彻底的改变,这种范式转变于事无补。作为一个专业工作者,我们慢慢认识到教学团队是我们所拥有的最宝贵的教育资源——绝无例外。有人可能会觉得这显而易见,无须赘述。但是尽管如此,作为一个专业工作者,我们并没有做我们应该做的事情。正如伟大的哲学家和科学家所教导我们的,除非真正显示,否则这些平淡无奇的东西并非如此显而易见。

说我们"正在"认识到教师团队的价值,是因为在通往专业的相互依存的旅程上,每个学校处于不同的位置。相互依存是指个体教师自治与对学校认同感的结合。

学校中成人与成人关系质量的重要性不容低估。在和教师共同进行的专业发展活动中,我们每年参观三十多个国际学校。在与教师交谈的一个小时中,我们能够感觉到学校的文化,而且这种文化极其不同。有些学校的文化特征是相安无事,但没有合作参与("让咱们彼此都高兴,避免冲突,保持我们自己的领地")。另外一些学校的文化更健康,能够看到信任和慷慨、共同的远见以及对学生学习的关注、对教师专业发展的集体努力。与这些学校的员工一起工作十分愉快。有时,我们也会进入一些充满有毒文化的学校,在那里,自大、不安全感和成人间的竞争构成了令人恐惧和充满怀疑的气氛。

罗兰·巴斯(Roland Barth,1990)在他的经典之作《从内部改进学校》(*Improving Schools From Within*)中强调,一个学校中,成人与成人关系的质量是学校质量最重要的晴雨表。他观察到,成人彼此交谈、分享观点的行为以及构成的工作伙伴关系甚至解决冲突的方式通常都可以作为精确的指标,来判断课堂学习的质量。

但是教师之间的关系与学生学习和个性化教学究竟有什么关系?过去40年中,学校中的人都被劝告要"以儿童为中心"。那么在巴斯的晴雨表中,儿童是什么样的?

当今的研究发现,高质量的成人关系与高质量的学生学习之间存在至关重要的联系(Bryk, M. & Schneider, B. 2002;Garmston & Wellman, 1999;Seashore Louis, K. , et al. 1996)。我们对这一点早有直觉。迈克尔·弗兰甚至说"除非改善学校间的关系,否则任何学校的改革都不会成功"(Michael Fullan,2000)。

> 在我与学校打交道的生涯中有一个无可争议的发现:一个学校中成人之间关系的本质对那个学校的特点和质量的影响以及对学生成绩的影响比任何其他因素都大。如果管理者和教师之间的关系是信任、慷慨、支持和合作,那么教师和学生之间、学生和学生之间以及教师和家长之间的关系也会是信任、慷慨、支持和合作。相反,如果管理者和教师之间的关系是担心、竞争、怀疑和侵蚀,那么整个学校都会充满这种特征。
>
> 罗兰·巴斯
> 《改善学校中的关系》
> 《教育领导》,2006年3月

教师之间最高质量的专业关系是合作。但这只是一个虚假的概念。我们说,合作发生在学习共同体的成员为了共同的目标平等地(与职位和权力无关)一起工作。合作关系中的伙伴关系可以是小组活动中学生的关系,学生和教师的关系,也可以是在课堂上帮助学生成功的教师之间的关系。无论是谁,合作关系都是建立在对共同目标和责任的参与和决策的基础上。参与合作的个体为结果负责(Friend,1992;Kusuma-Powell & Powell,2000)。

加姆斯顿和威尔曼(1999)认为,"合作是高效工作、改善学校并最终提高学生成就的基准……然而,合作技巧需要明晰地教授"。对我们很多人来说,这是一个新鲜的概念。我们从未检视过自己的假设,认为我们天生就知道在伙伴关系中怎样有效地工作,或者知道怎样做一个团队的成员。经验证明,对于大多数人来说,这是具有讽刺性的或者错误的假设。当彼此合得来的时候可能奏效,因为有些人具有天生的人际的和内省的智能,但多数人没有。有时合作会自然发生,但多数情况下不会。

当无法合作时,似乎总是他人的错误——自大、自私、专制的领导风格、沟通问题、防御、僵化、挖苦、幕后的动机、缺乏倾听技巧……这个清单可以一直写下去。

不仅仅是教师需要学习合作技巧。在马达加斯加热带雨林中,我们的向导奥利佛描述了成年大狐猴怎样训练年轻大狐猴的行为,这对于整个族群合作来说非常关键。

无论在马达加斯加的热带雨林还是在学校,合作都非常重要,不能听天由命,也不能依靠个人心血来潮。商业领域对此有多年的领悟,因此每年投入千万美元用于培训员工学习如何在一个团队中共同工作。对于学校来说,好消息是,正如情感智能一样,合作技巧是可以学习的。但是这些技巧需要精心开发并且有意识地去实践。因为我们并不习惯将合作技巧作为本应明晰地去学习的东西,因此这个过程会让我们觉得有些奇怪。

那么合作和个性化教学有什么特殊的联系呢?为什么"保持简单和互动"会成为个性化教学的四个基础之一呢?

回答是,教育已经成为最复杂的专业之一。每个星期我们都看到教育学、心理学、神经科学、医学和人类学等越来越多的研究出版物,这些研究结果都与课堂上的工作有关联。这些大量的信息既能够带来启发,也会带来困惑。此外,我们会被彼此竞争的各种说法搞得不知所措。"这个软件包能够使阅读障碍儿童的大脑重新链接","这个阅读的音位方法能够使测验成绩提高 20%","这个数学图表能够增加儿童对概念的理解"——单单这些无论正确还是错误的信息就已经能够让一个最具清晰思维的人感到困惑了。

过去 20 年中关于人脑和儿童学习方式的知识爆炸迫使我们进入合作。如果一个医生拒绝与同事商量诊断结果和治疗方法,我们不会对这个医生有信心。这一标准也应该用于教育领域。

设计高质量、启发思维的单元计划并策划个性化教学的方式以满足众多学习者的不同需求,是一个高度复杂以及需要高度认知的工作。考虑到我们工作的复杂性,要求教师独自去完成是没有道理、不公平并且适得其反的。单飞的时代已经过去。

利普顿和威尔曼(2004)明确了促使教育发生建设性改变的 4 个驱动力。这些驱动力能够使我们远离所谓的"蛋箱"学校中的隔离状态。事实上,这个潮流是创建专业学习共同体运动的先锋。图 7-1 说明了促进改变的四个驱动力:

从	到
教学中心	学习中心
教学作为个人实践	教学作为合作实践
学校改善作为选择	学校改善作为要求
问责(accountability)	责任(responsibility)

图 7-1　促进教育改变的四个驱动力[①]

专业学习共同体是那些采取合作的学校所能达成的梦想(Louis, Marks & Kruse,1996)。这些学校拥有共同的准则和价值观,有关注学生学习的集体意识,积极实行合作,消除私人化的教学并鼓励反思性对话。在专业学习共同体中会集体应对个性化教学的挑战。

然而,否认学校中现存的某些发展合作的障碍是不现实的。图 7-2 列出了一些影响合作的障碍。通过有效和负责的领导,大部分这些障碍都能够消除。为了真正提升学生的学习,实施有效教学,学校领导需要:

● 在工作日提供合作时间(共同备课、集体评估以及分析学生作业等的时间);

---

① Lipton, Wellman(2004)的《资料驱动的对话》(*Data Driven Dialogue*),Miravia 出版社。

- 提供明确的合作准则和合作技巧的培训；
- 坚信合作是学校开展工作的基本准则。

教师所需的合作时间大多数情况下意味着增加预算。但是，我们要说，正如教师为改善学生的学习而做出努力需要提供时间一样，一定的开支也是必需的。根据我们的经验，绝对需要给教师时间和关注——特别是在高质量的学校中——意思是除非学校为教职工提供时间去投入合作，否则教师合作不会轻易发生。

但光有时间是不够的，教师还需要合作技巧的培训，学校领导层也需要钢铁般的决心在学生学习的各个方面坚持伙伴和团队合作方式。麦尔维尔(Melville)笔下《抄写员巴特比》中主人公堂吉诃德式的性格——"我不想这样做"——不再被接受。

学校领导层也要坚信合作培训工作坊中的技巧实际上能够迁移到工作场所。这意味着管理者也需要同样的培训并且要做榜样。在我们工作过的某些学校中，管理者和教师们一起参加教师发展工作坊，这些学校领导带给教师的关于合作的信息意义深远——我们都是学习者，我们都在这里关注学生的学习。这样才能够带来学校文化的转变。

- 有毒的学校文化（不健康的成人与成人的关系）
- 领地概念
- 害怕同事的批评和评价
- 害怕改变（"合作看起来到底是什么样子？我们需要放弃什么——课堂自治？"）
- 认为合作是一种选择——愿意合作的人可以去做
- 缺乏合作技巧的培训
- 缺乏领导对合作的支持
- 缺乏计划/反思时间
- 计划/时间表的问题
- 增加的成本

图 7-2　有效合作的常见障碍

从我们的观点来看，合作教学能够为个性化教学和改善所有学生——特别是那些在学校学习有困难的学生——的学习提供很多可能。如果两个或者更多的教师一起备课，一起上课，然后一起反思教学经验，就能够看到学生学习的巨大改变以及教师专业发展的显著进步。我们会看到教师分享责任和义务；我们会看到成人之间以及教师和学生之间真正的学习伙伴关系的产生（Kusuma-Powell，AL-Daqqa & Drummond，2004）；我们会看到教师取长补短，探索对学生学习新的理解；我们会看到学校文化向专业学习共同体迈进。教育工作中，很少有其他方法像教师一起备课、上课和共同进行批评性反思那样能够为个性化教学和改善学生学习带来如此多的可能性。

表 7-1 说明了合作教学的维度与合作水平的关系。

在某些情况下，合作教学的机会所增加的成本可以通过班级的增大而抵消。在吉隆坡的国际学校 8 年级人文课由三位教师组成的团队共同担当，他们一起备课、教课和评估（这三位教师都有很坚实的人文科学领域的基础。此外，一个有英语作为第二语言教学的背景，另一个有特殊教育背景。他们专业技能的结合使备课、分析学生作业成为丰富而有价值的经验）。8 年级人文科学课的学生过去几年一直有 45 人到 55 人之多，但是因为有足够的空间，而且实际班级活动都是小组活动，因此大班级并没有成为学生学习的障碍。

表 7-1 合作教学的维度与合作水平的关系

		角色和关系	态度	课程计划和开发	授课	学生学习评估	课程有效性评估
合作水平	4	● 平等伙伴关系；学生能感觉到教师是平等的 ● 关系中的信任允许自我批评、幽默和自发性 ● 备课伙伴的互动能够互相激励，优势互补 ● 明显的相互指导 ● 公开分享观点	● 教室是可以分享的地方 ● 重视并赞美共同拥有课程 ● 对对方意图的积极假设 ● 明显的相互信任 ● 允许伙伴的不同意见	● 开发课程和材料的平等贡献 ● 写教案时牢记学习目标 ● 尊重无声思考并留出时间 ● 学生探究和老师倡导平衡 ● 明显的积极和反思的倾听技巧	● 伙伴衔接良好、整合一致的授课 ● 充分的信任和备课预演允许自发性 ● 授课过程中对课程有效性的持续评估	● 伙伴双方都参与对学生学习的观察 ● 与课程并进的动态持续评估 ● 伙伴教师调整学生学习评估以达到最高的评定者信度 ● 评估作为今后教学的基础	● 对课程内容和过程结构化、常规性及反思性的评估 ● 持续努力并改进 ● 双方反思性自我批评 ● 常规地寻求并重视学生反馈

续表

		角色和关系	态度	课程计划和开发	授课	学生学习评估	课程有效性评估
合作水平	3	• 合作教师的角色定义清晰,遵循建立在信任关系上的事先起草的文本 • 尽管可能缺乏自发性,但伙伴能够主动承担任务 • 尽管大部分任务是个人完成的,但还有一些明显的相互指导 • 分享观点	• 当有第二个教师出现时,教室是可以分享的地方,第二个教师感到受欢迎,并且感觉舒服 • 拥有某些共同的课程 • 对对方意图的积极假设 • 分享任务但不分享责任	• 课程和材料开发以伙伴中的一个或者另一个为主导 • 课程通常以学习理论和学习目标为依据 • 有一些较明显的对理解的探究 • 学生探究和老师倡导通常比较平衡 • 有一些停顿和反思性倾听	• 主要使用轮换方式,只有一人在台上 • 授课过程中有时有平等互动 • 授课过程中有时会对课程有效性的即时评估	• 一些对学生学习的观察 • 与教学并进的评估 • 合作教师有时会调整学生学习以达到某种程度的评定者信度 • 评估通常作为今后教学的基础	• 个体教师经常对课程内容和过程反思 • 努力改进 • 反思性自我批评 • 阶段性寻求学生反馈
	2	• 关系中存在明显的等级结构 • 没有发展出信任和自发性 • 一人准备材料以得到他人同意,或者使用他人的材料 • 明显的单向指导	• 和第二个教师分享教室 • 第二个教师不完全放松 • 对对方的意图不确定	• 伙伴中的一个通常主导课程和材料开发 • 课程有时会参照学习理论和目标,可能只有一个伙伴清楚这一点 • 教师倡导多于学生探究 • 几乎不使用停顿/释义/探询技巧 • 非连续的积极、反思的倾听	• 授课主要由一位教师进行,另一位负责某些题目或者被指派辅导特殊学生 • 授课过程中非经常性的教师间互动 • 很少对课程做有效的评估	• 评估通常与授课并进 • 合作教师几乎不调整学生学习评估,低水平的评定者信度 • 评估不总是作为今后教学的基础	• 对课程内容和过程的非经常性反思 • 对改进做出一些努力 • 反思性自我批评中缺乏充分信任 • 很少寻求学生反馈

续表

		角色和关系	态度	课程计划和开发	授课	学生学习评估	课程有效性评估
合作水平	1	● 一个教师对另一个教师发出指令 ● 关系中没有信任和自发性 ● 不分享材料 ● 没有指导	● 教室明显属于一个教师，另一个教师是临时客人 ● 明显拒绝伙伴关系 ● 当积极的意图被质疑时，冲突可能个人化	● 指导教师为另一个教师出主意 ● 课程通常基于活动或者孤立的话题而非重要概念，学习目标不清晰 ● 教师倡导为主 ● 几乎没有沉默时间，伙伴互相打断 ● 可能不重视非语言信息	● 主要教师授课，另一位教师作为助教或者从属 ● 授课过程中教师间非经常性地或者根本没有平等互动 ● 授课过程中一个伙伴可能不到场	● 评估不与教学并进 ● 不调整对学生学习的评估 ● 评估和教学之间缺乏明显关联	● 缺乏对课程内容和过程的反思 ● 缺乏或者没有明显的对改进的努力 ● 害怕自我批评被视为缺点 ● 不相信学生反馈

发展合作文化的关键在于教师培训。鲍勃·加姆斯顿和布鲁斯·威尔曼(1999)开发的适应性学校的模式(The Adaptive School Model)是最有效的。在他们的同名书中，加姆斯顿和威尔曼确定了七个合作准则。所谓准则是那些变成了习惯的行为——在这种情况下，小心采取的积极行为能够为团体创造机会，使工作得以在放松的警觉的气氛中进行(Caine & Caine,1991;1997)。放松的警觉是一种状态，使个人和团体能够同时经历低威胁和高挑战。研究证明威胁和疲劳会阻滞大脑功能(LeDoux,1996)，而伴随安全感(但不是舒服)和个人或团队效能感则能使表现达到顶峰(Caine & Caine,1997;Jensen,1998)。

合作的七个准则[①]

停顿(Pausing)：停顿实际上能够降低谈话或讨论中"每秒传输的速度"，提供宝贵的"等待时间"，而等待时间被证明用在课堂上能够极大地

---

① 摘自加姆斯顿和威尔曼(1999)《适应性学校：发展团体合作的资源》。

提高学生批判性思维的能力。停顿能够创造轻松但有目的的气氛,默许参与者去思考。讨论或开会的时候我们通常不需要带着所有已经准备好的或者反复演练过的思想和观点。停顿也给他人一个信号,即他们的观点或评论值得深思。停顿也使他人的贡献得到重视因此鼓励更多的参与。停顿能够极大地增强探究和决策的质量并且是避免个人化冲突的强有力的武器。

释义(Paraphrasing):释义是将他人的评论或者思想用自己的话翻译出来。释义虽然使用不同的词语但要保持别人所说的话的意图和完整性。在分析和评价材料以及形成决定的时候,释义能够帮助团队成员彼此理解,并且能够深化思考。释义可能是所有非评判性语言回应中最有力的方法,因为它沟通的方式是"我努力去理解你"以及"我重视你"(Costa & Garmston,2002,49页)。很少课堂策略能够像教师有技巧地使用释义那样有力。

探询(Probing):探询是为了澄清还没有完全理解的东西,比如还需要很多信息或者对一个短语需要更具体的定义。澄清问题能够增加小组思考的精确程度并有利于建立信任。在探询问题之前使用释义通常非常有用。

公开观点(Putting Forward Ideas):为小组提供自己的观点需要自信和一定程度的勇气。对于合作小组来说,培养这种自信和勇气至关重要。在有意义的讨论中观点始终占据中心位置,小组要通过分析、比较、预测、运用、找到因果关系来处理信息,小组成员要对这些方法感到舒服自在。有技巧的协助者要识别参与者提出的观点并明确这种贡献的价值。

关注自己和他人(Paying Attention to Self and Others):团队成员有明确的意识关注自己和他人时——不仅仅是关注他说了什么,而且要关注他是如何说的以及他人的回应——就能够促进合作。"理解我们是如何有不同感知的,就能够使我们接受,他人的观点只是不同的观点而不一定是错误的观点,从而逐渐认识到,应该对他人的印象和理解保持好奇心而非评判。我们越能够了解其他人是怎样处理信息的,就越能够与之沟通。"(Costa & Garmston,59页)正如丹尼尔·格尔曼(1985)在他关于情商的著作中所描述的,社会觉知是管理健康而有建设性的关系的关键。

积极假设(Presuming Positive Presuppositions):所有这七个准则中,这个准则可能是最重要的,因为没有这个准则就没有信任的基础。简而言之,这个准则假设小组或团队其他成员怀有积极的和建设性的意图(无论我们多么不同意他们的观点),并且是利用他们拥有的知识所能够做出的最好的决定。积极假设并非处于一种被动状态而是需要积极地将所做的工作整合起来。积极假设允许创造诸如"忠诚的反对"(loyal opposition)这样的复杂概念并且允许小组成员扮演"有意作对者"(the devil's advocate)。积极假设能够创造信任,促进健康的认知上的不同并且减少误解的可能性,也是消解破坏性和个人化冲突的有力武器。

追寻主张和探究之间的平衡(Pursuing a Balance between Advocacy and Inquiry):探究和主张都是合作不可或缺的组成部分,但作用却截然不同。探究的目的是创造更深入的理解,主张则是做决定。合作小组需要明确他们正在做什么,这能够避免误解或者使小组成员感到挫败。团队的一个常见错误是在明确问题的阶段(探究理解)就结束不成熟的讨论,匆忙开始寻找可能的方法(对特殊补救的主张)。虽然会议时间总是短暂的,但是匆忙的主张所带来的决定在几周或几个月之后仍需要补救。因此在主张和探究之间保持平衡是专业学习共同体的一贯精神。

共同领导及合作的最高表现形式之一是专业教练,即一个教师精心使用特殊的教练技巧为他认为值得帮助的一个同事提供思考上的支持。当然也可以用认知教练(Costa & Garmston,2002)的方法为学生思考提供支持(Kusuma-Powell,Al-Daqqa & Drummond,2004;Powell & Kusuma-Powell,2007),但大部分认知教练工作都在专业同行之间进行的。

我们发现,在个性化教学的复杂领域,认知教练特别有帮助。认知教练提供三种不同的对话模式:计划式对话、反思式对话和解决问题式对话。每种对话都提供探索个性化教学复杂性的方法、了解课程主要概念和基本问题的方法以及找到满足学生特殊需求的学习策略的方法。高质量的个性化教学与高质量的、持续的教师学习相一致。认知教练就是为这种学习提供工具。为此,在每个工作坊我们都加入了认知教练这个环节。

第八章

个性化教学的元策略

背景

在比尔和吉隆坡国际学校小学校长苏珊·拿坡里埃罗共同参与的项目中,他们使用定时定点的观察(walk-through observation)手段以提高个性化教学的形象,改善学校的教学。定时定点观察是通过非常短暂的(3—5分钟)定时定点地观察一系列教室,得到学校情况的简单印象和图景。经过一年的时间,将这些观察集中在一起,就能够为管理者和教师提供有关学校教育质量的更丰富、更广泛的描述[①]。

为了准备这些定时定点的观察,苏珊和比尔以及其他人通过头脑风暴列出了一个清单,作为体现课程个性化教学现状的指标。为了确定这些个性化教学指标的标准,比尔和苏珊将一些具体原则作为指导:他们要寻找能够支持学生学习以及为学生的成功提供机会的策略。长长的一串头脑风暴的策略包括各种不同的方法,诸如灵活分组、利用等待时间、顺利转换、非语言常规以及课堂提问模式。之后,苏珊和比尔通过归纳将这个清单归类并重新定义,不仅要注重教师行为而且要看这些行为对学生学习的影响。进一步,他们确定了实施这些方法或策略时可见的学生行为,并且确定了这些策略背后的学习理论和研究基础。

经过努力,他们归纳出了下面五个元策略,它们是超大的或者超类别的策略或方法,我们将其作为发展课堂文化、为学习创造最优化条件的策略和方法:

---

① 关于吉隆坡国际学校定时定点观察的讨论请参见《教育领导》第十五章《管理层如何支持个性化教学:通过观察改善教学》。

- 有目的地使用非语言提示
- 调节学生思维
- 精心打造建设性的学习共同体
- 促进自我指导的学习
- 将学生回应作为教学的依据

虽然这些并不是具体的个性化教学策略，但是为我们提供了课堂行为和互动的大模式，并且确定了鼓励学习的条件。除了这些模式外，还需要具体的个性化教学策略，因此我们将这些策略称为元策略。使用这些策略的教师需要将其编织在教学中，形成个性化教学课堂的背景，为所有学生在适当水平上挑战自己建立脚手架而设置规则和价值观。这些元策略也为学习困难的学生（即使是暂时的困难）提供支持。

元　策　略

有目的地使用非语言提示

学生知道老师什么时候高兴，什么时候生气，也能感觉到老师什么时候喜欢他们，什么时候不喜欢他们，甚至了解老师更喜欢班里的女孩还是男孩。学生对这些情况的了解通常不是通过教师说了什么，而是通过教师的非语言所传达出的信息。

自达尔文 1872 年出版《人类与动物的表情》(*The Expression of Emotions in Man and Animals*) 以来，人类的非语言交流成为科学研究的一个领域。我们的语调、面部表情、手势和姿态甚至穿着打扮都为周围的人提供了信息。虽然对非语言沟通所占的比例有不同的估计，但一般在 65%(Birdwhistell, 1970)到 95%(Mehrabian, 1971)之间。即使这些估计难以确证，结果也是显而易见的，因为我们的大部分沟通都是通过非语言表达的。这个发现具有革命性的意义。作为一个物种，我们使用非语言方式沟通已有千百万年，而语言不过是三四万年的事，是相对较新的发明。既然非语言沟通如此之多，那么认识并且有意识地了解日常沟通中非语言信息的影响和潜力特别是课堂上对学生学习的影响就非常重要。

19世纪的美国散文作家拉尔夫·瓦尔多·爱默生（Ralph Waldo Emerson）有一句名言："你的行动如此雄辩，我根本听不见你在说什么。"我们都经历过这样的情景，我们正在与之交谈的对方语言信息和非语言信息不一致，或者语言与行为不同步，所说的话似乎与说话人的行为不匹配。在这种情况下，我们更倾向于相信看到的而不是听到的。神经科学家认为，我们的非语言沟通是由大脑最古老的部分，比如脑干、脑基底核和大脑边缘系统处理的，这些部分先于用于语言的大脑中心存在，这也许就是为什么当一个人的语言与非语言信号不匹配时，我们的非语言处理优于语言处理的原因。

在课堂上有目的地使用非语言提示有利于建立安全并且可预测的学习环境。在观察课堂的过程中很容易看到学生是否了解被期待的行为、学习和彼此互动，或者是否因为没有形成常规、常规不一致或者不被理解而感到困惑。同时也能清楚地看到，教师为了课堂上移动方便而摆放的桌椅或者为了一个工作模式而深思熟虑的努力。使用非语言线索比课堂管理传达出更多的意义，它对所有学生发出的信息是"我努力参与并且对我们工作环境的各个方面深思熟虑使学习尽可能有效而愉快"。

这类教师行为可以包括适当地使用沉默，调节课程节奏，精心安排并有目的地使用空间以及使用可预测的常规，比如在班里建立一个模式，让学生知道完成一个工作后应该做什么。还有一类教师行为包括适当地使用亲切的或者可信赖的声音[①]，并且教师的语言和非语言信息要保持绝对一致。因此，作为教师，我们不仅要小心选择所教内容和授课的词语，而且要精心选择非语言行为来支持我们传达的信息。

老师们有时会问，非语言沟通是受文化限制的，在不同文化中特殊语调和手势是否也不同。他们想知道，我们使用的非语言沟通是否会让英语作为第二语言的学生或者新来到国际学校的学生感到困惑。的确，有些身体语言的意义和重点因文化不同而不同，或者在某些文化中有特殊性（比如，在某些亚洲文化中，双手放在胯骨上被看做是好斗的姿势），但

[①] 亲切的声音是指在一个句子或者问题中音域较宽并且在句尾使用上升语调。比如当一个教师问："你想让我为你读一个故事吗？"可信赖的声音音域较窄且句尾使用下降语调。这是有权威性的声音，通常在发出指令的时候使用。更多信息请参见麦克尔·格兰德（Michael Grinder, 1997）的著作《非语言沟通的科学》。

是埃克曼和佛理森（Ekman & Friesen,1975）对主要情感表情的研究指出，喜悦、愤怒、伤心或厌恶等基本表情是具有人类普遍性的。换句话说，尽管某些非语言沟通受文化限制，但除此之外是普遍一致的，并且，我们能够在课堂上教会学生去理解我们的意义和目的。

调节学生思维

如同有目的地使用非语言线索，调节学生思维也可以发展课堂文化，这种课堂文化中，思考被铸就、被尊重而且被期待。"调节"（mediate）这个词来自拉丁语，意为"在中间"。我们用这个词来描述教师为促进学生思考创造条件而起到的中介作用。"思考"在这里不仅指认知过程的运用，比如对具体内容的分析、综合、评估，而且指发展出习惯和常规以找到机会去运用这种思考。换句话说，我们需要发展思考的习惯。但所有这些都不是在真空中产生的，都需要精心安排和集中训练。关于这一点，费恩斯坦（Feuerstein,1980）、科斯塔（2000）、帕金斯（2000）、利普顿和威尔曼（2004）都对我们有很大的影响。

为了教授思考，教师本身要经常思考。将特殊的认知过程模式化或者使思考过程显性化（Tishman & Perkins,1997），使之为学生所接受，同时为他们提供常规，能够帮助学生接受和发展自己的思考习惯。关于将思考模式化我们有以下几个建议。

1. 使用思考的语言，清晰教授思考技巧。教师深思熟虑地使用诸如回忆、推断、评估或分析这些词语并教给学生如何运用这些认知过程时，学生就能够获得如何联系语境去思考的洞察力。学生也有机会观察教师思考的行为。我们曾观察了一个7年级课堂，教师在提示板上写着布鲁姆分类法，还有每一类可能使用的动词。她还清晰地精心教授每一个认知过程，并且给学生一些结构化的问题去练习。马扎诺和他的同事（2001）注意到，教学生区分相似和不同，比较和对照是一个非常有用的策略，这个策略以研究为基础，对学生的学习的确能产生影响。

2. 形成课堂上的常规思维。简单而精致的思维模式可以重复使用并且成为构造课堂生活的一个部分，要使思考练习公开进行，并且能够分享和期待，同时鼓励学生思考（Ritchart,2002）。哈佛大学行动中的思维显性化(the Visible Thinking in Action)①项目小组的研究指出,一个非常简单的常规可以用两个问题来回答:"这里在发生什么?"以及"你看到了什么让你这样说?"可以通过让学生做有声思考练习来重复这样的常规:描述他们看到或听到的,发展出引用资料来支持他们的结论的习惯。

几年前,在我们8年级人文科学课程关于工业化的学习中,我们使用了在越南拍摄的照片,这个国家正处在从农业国到工业化国家的转型阶段。照片内容各式各样,有城市的,也有农村的。给学生提供的线索是:"这个国家的发展过程中正在发生着什么?"当学生做出判断后,下面的问题是:"你看到了什么让你这样说?"

3. 使用多重视角检验事件、概念和观点。要求学生精心地呈现不同的角色或者为同一个角色的不同视角代言以发展思维的灵活性。儿童和成人一样,经常会跳过一个或两个不同的观点。作为一个加工习惯可以问:"还有哪些其他方式可以看待这个问题?哪些其他方法可以解释这个材料?"在学习工业化这个单元中,有一个经常提及的问题起初是麦泰克提出的:谁是工业化的赢家和输家?按照社会心理学家的观点,人类是认知吝啬者(cognitive misers)(Fiske & Tylor,1984),也就是说,我们倾向于在思考中走捷径,这会导致我们做出错误的决定或者形成不正确的理解。训练学生探索多重视角能够给他们所需的工具以形成和表达自己的观点,同时也告诉他们批判性思考经常要花时间,而且老师期望他们在课堂上进行批判性思考。

4. 精心准备深思熟虑、调节性的问题,鼓励学术冒险。很多时候,我们准备的问题只有一个正确答案,这对学生发出的信号是:思考不重要。达卡美国国际学校主任沃尔特·普洛特金将其称为"猜猜我在想什么的游戏"。当提出的问题在头脑中只有唯一正确的答案,我们对待学生的方式就是让学生了解内容,然后很快回忆出精确的细节。我们把事实知识放在首位,一旦确认了正确答案,我们发出的信号是"停止思考",而且我们还确定了低地位的学生在这个领域没有优势。

与其提出只有唯一正确答案的问题,我们推荐那些开放性的、有更多回答可能性的调节性问题。科斯塔和加姆斯顿(2002)为我们提供了调节性问题的如下5个特征。

---

① 关于使思考显性化及思考常规建议参见 hppt://www.pz.harvard.edu/vt/VisibleThinking_html_files01_VisibleThinkingAction01a_VTinAction.html。

(1) 使用亲切的声音①。我们知道使用亲切的声音能够使问题具有邀请性而非质问。我们都知道在问诸如"你为什么这样做？"这样的问题时，语调和重音的不同会使听者产生不同类型的回答。如果想让学生冒险，我们需要通过小心选择的亲切的声音邀请他们。

(2) 使用复数形式。使用复数形式（比如"哪些原因……"）会突然开启回答的多种可能性。特别对于那些对参与课堂讨论感到不确定的学生来说，相比较单一、正确的答案而言，使用复数形式更具邀请性。对于高水平的学生来说，这个问题也暗含着还有许多其他观点没有被提及。

(3) 使用尝试性语言。尝试性语言——比如"可能"、"直觉"或者"此时你正在思考什么观点"——传达的信息是，没有什么是固定的，猜猜无妨。

(4) 开放性。开放性问题从结构上来说，从一开始就强调回答问题的多种可能性以及思考问题的不同途径。

(5) 积极假设。这是设计问题时需要考虑的一个方面，积极假设给予接收问题的人更多的自信。当我们以"对于……你有什么考虑"作为问题的开始时，我们就明确了对听者正在思考的观点所给予的信任。对照这个问题："如果你要再做一次功课，你会在哪些方面改进？"这里含有负面假设，即事实上某些方面需要改进。积极假设建立自信，是激励性的并且鼓励学术冒险。

5. 探索真实的、现实生活中的问题或任务。像调节问题一类的思考技巧很少能在真空中进行，我们更倾向于根据眼前的任务决定并使用不同的技巧，因此需要提供这类思考发生的环境。我们认为，需要精心复杂思考的真实生活和真实情景比人为方式更有可能使学生以有意义的方式投入。

为了发展课堂思考文化，教师要支持学生冒险并帮助他们发展认知上的自信。

创造建设性的学习共同体

为了创造一个有建设性的学习共同体，我们需要为行为和彼此之间的互动设立规则和期望。高效的教师从一开始就会发展一个以相互依存为特征的团体文化，班级所有成员相互负责并且为彼此的学习提供支持。

---

① 参见前面关于亲切的声音和可信赖的声音的注释，摘自麦克尔·格兰德的著作。

家长有时会抱怨他们才能出众的孩子的学习在英语作为第二语言或者低水平学生的班级中会受到负面影响。如果教师不能采取个性化教学的方式以满足所有学生的需求,这的确会发生。关于合作学习的研究明确指出:合作学习对学习有强大的影响,比学生个体竞争策略或者学生个人任务的影响大得多(Marzano, Pickering & Pollock, 2001)。在很多方面,合作学习的价值和实践包含在发展建设性学习共同体之中。

教师可以用很多决策来创造有建设性的学习共同体。

1. 清楚地教授合作规则(Garmston & Wellman, 1999),让这些规则适合所教的不同年龄水平的学生。比如,学生需要学习分享观点以及对自己和他人关注意味着什么;如果小组成员不参与,小组其他成员怎样邀请他参与。明确地教授停顿、释义和探询也能够给学生提供有力的工具,使之成为小组中的积极成员:积极倾听;保证小组讨论被理解;用提问支持深入思考。合作结构使学生能够以非竞争方式彼此支持。

2. 使用灵活的分组策略,组织学生在不同形式结构中学习——双人、小组、全班授课、兴趣小组或者问题解决种子小组①。合作学习小组有研究基础的支持,此外,研究表明,灵活分组能够发展对一年课程的期待,学生会与班上的每个人一起工作。这对于打破"组内"(高地位)和"组外"(低地位)概念非常重要。灵活分组也为成绩差的学生提供机会进行地位协商,特别是教师小心建构的小组和任务让学生有机会在自己和伙伴面前"闪光"(Cohen, 2002)。②

3. 使用诸如"拼图"③(Jigsaw)或"复合教学"(Complex Instruction)④等支持学习和相互依赖的教学策略。拼图策略是社会心理学家阿伦森(Eliot Aronson)20世纪70年代早期在德克萨斯州的奥斯丁研究出来的,当时在废除种族歧视后,奥斯丁的学校里紧张情况一触即发,他应邀帮助政府部门去做宣传工作。拼图是一个合作学习策略,每个学生都在解决问题或者完成作业的过程中起到关键性的作用。而且每个人都对重要的部分有贡献,因此都是不可或缺的。伊丽莎白·科恩设计

---

① 参见《如何进行个性化教学指导手册》关于分组的讨论及分组策略。
② 我们也发现释义对于低地位学生向较高地位发展的协商过程很有帮助。适当的释义,使用原句评论而非表扬,能提高学生的自尊,而表扬会被学生视为不真诚或者虚假的。
③ 关于"拼图"的更多信息,请参见 http://www.jigsaw.org/。
④ 关于复合教学的更多信息,请参见 http://cgi.stanford.edu/group/pci/cgi-bin/site.cgi。

的复合教学是为了发展高层级的思维技巧,完成任务的过程中同时需要不同智能的人,这样学生能够在小组中相互依赖。科恩的社会学背景使她特别关注课堂上对不平等地位问题的处理,地位问题的处理是复合教学的关键特征。使用类似拼图和复合教学这些策略给教师提供了一个创造相互依存的文化的机会,而不只是碰上了才去做。

4. 将反思作为课堂生活的一个特点。在我们忙碌的教师生活中,首先应该在时间表里留出的就是经常性的结构化反思。而且,反思是帮助我们理解行动和行为效果必不可少的。从柏拉图到索尔仁尼琴(Solzhenytsin),作家和哲学家都强调,人类并非从经验中学习,也就是说我们不是从经验中学习,而是从对经验的反思中学习。反思能够区分有20年教学经验与将每年的教学重复20次。正如教师需要结构化反思以不断成长,学生也需要经常的和不同的机会反思他们的学习表现以及作为小组成员的表现。

促进自我指导的学习

说到底,我们希望教给学生的是,学习是终生的,而不是限制在教室的四面墙内,每个个体都要发展学习的动力和责任。自我指导的学习是个体对自己的学习采取主动,比如,当某个中学生突然有一种强烈的兴趣,要去学习有关电脑的任何东西的时候——短短的几个月后就能成为非常自信的电脑高手!我们要能够驾驭这种学习热情并且训练所有的学生发展成为内控者(internal locus of control)。

帮助学生在学习中发展自我指导的教师都对学习理论有深刻的理解。他们帮助学生获得关于他们的学习类型、优势和兴趣等深层的自我知识,并且开发策略以确定自己在不同内容领域的准备状态。他们帮助学生发展作为学习者的自我认同。

帮助学生发展成为学习的内控者有以下几条具体建议。

1. 让学生设定目标。虽然教师必须设定课程目标,但是马扎诺等人(2001)告诫我们,不要把这些目标定得过于具体(比如,行为目标),而要让学生有机会将这些目标个人化。类似 K-W-L* 这样的策略经常会给教师和学生启发,让他们了解学生想从这个单元学到什么。个人化目标

---

* K,know,知道;W,want to know,想知道;L,want to learn,想学会。——译者注

的制订为学生提供机会确定他们处在学习旅程的什么位置,与课程目标是什么关系:即他们处于什么样的准备状态。这类目标的制订也会给学生提供机会思考自己的学习处于什么情况。

2. 为学生提供机会了解作为学习者的自己。作为学习者他们的优势和偏好是什么?他们更喜欢用什么方式展示对学习的理解和成果?"最不喜欢"的产品方式会怎样干扰对学习效果的展示?当我们为学生提供学习中的选择时——无论是否特殊题目,无论他们如何学习,无论他们怎样展示学习成果,我们都在进行个性化教学。这样做能够帮助学生了解他们作为学习者的自己并发展在学习过程中的独立性。

3. 训练学生自我评估。尽管课堂上的很多评估都来自教师,但实际上关于学生自我评价和评估有着非常深厚的研究基础(Wiggins,1993)。教师可以准备一些评估的例子,训练学生监控自己的学习和成绩。这有利于帮助学生更真实地了解他们的学习,并且使他们的评估质量观与教师更接近。

4. 提供及时和纠正性的反馈。为了使反馈有效,需要具体描述并为学生提供有意义的信息:在学习的连续线上他们处于什么位置以及他们应该怎样做以取得进步。而且反馈也要及时![1]

5. 使用认知教练技术。停顿、释义和探询这些认知教练技术在与学生工作时非常有效,特别有效的是提出一些问题,帮助学生反思学习过程并让他们说出学到了什么。

将学生回应作为教学的依据

在很多不同的领域,征求学生反馈都能为我们提供重要资料。学生的回应给我们打开了一扇扇窗户,让我们能够看到他们从教学中理解和学到了什么。他们对教学的反馈也能够使我们看到,作为教学的引领者我们做得怎么样。经过一个反馈循环,这两种资料既可以使我们为了学生而改进教学,同时也给我们提供了专业发展的机会。

为理解而教需要少说教、多提问(Wiggins & McTighe,1998;,1993)。虽然教授是传递内容的一个有效方式,但我们认识到,成人(和学生!)的注意力通常不超过10分钟。由于会出现错误的想法、可预测

---

[1] 参见第13章有关评估的章节中对有效反馈的进一步讨论。

的误解以及表面的理解（Wiggins & McTighe,1998），也有必要经常检查学生的"理解"。学生的回应会告诉我们哪些需要复习、修正或者再教一次。

学生都是如何做学生方面的专家。他们知道什么对他们有用,什么没用。他们对教学的反馈能使我们了解讲授的内容、教学方式、节奏,以及哪些需要增加或减少。那些经常向学生征求教学反馈的教师通常有很明确的目的："你们的评论和建议将用于为我们所有人改善学习和工作条件。"当然,学生各式各样的回应（"作业太少"、"作业太多"、"使用视觉技巧的作业太少"、"需要画画的作业太多"）也能够提供机会使学生意识到班里多样的学习风格、兴趣和偏好。

卡片是一种快速获取学生思考样本的有效且实用的方法。让学生填写索引卡回答一两个问题,这些问题可以是教师希望收集资料的课程的任何方面,比如：

1. 今天你最有收获的是什么？
2. 有什么没解决的问题？
3. 今天的教学对你最有帮助的是什么？
4. 今天的课与我们这个单元的基本问题是如何关联的？

总结

五个元策略：

- 有目的地使用非语言提示
- 调节学生思维
- 精心打造建设性的学习共同体
- 促进自我指导的学习
- 将学生回应作为教学的依据

这五个元策略为我们提供了发展个性化教学的课堂文化及支持学生学习的框架。当教师将这些策略融入思考和备课,学生就会感到他们被邀请来学习（参见表8-1）。

表 8-1 促进个性化教学的元策略

为学习创造条件：促进个性化教学的元策略				
元策略	对学生学习的影响	教师行为	学生行为	研究基础
使用非语言提示	● 可预测的/安全、信任的学习环境 ● 最优化的学习时间 ● 为所有学生包括有特殊需要的学生、英语作为第二语言的学生提供平等机会 ● 增强对学习目标的理解	● 适当使用沉默 ● 调整学习节奏 ● 语言内容和非语言手势一致 ● 使用信号作为转换/行为提示 ● 用颜色区分提示 ● 使用可预测的常规 ● 适当使用决断或亲切的声音 ● 表现出一致的语言和非语言行为	● 表现出自动的行为 ● 充分使用学习时间 ● 理解课堂常规 ● 理解并适当地回应教师的非语言信息 ● 一般能够识别并适当地回应教师的非语言提示	Costa, A. L & Gamston, R. (2002). Cognitive coaching: A foundation for renaissance schools. Norwood, Mass.: Christopher-Gorden Publisher, Inc. Grinder, M. (1991). Righting the educational conveyor belt? Portland, Or.: Metamorphous Press. "Manging the Differentiated Classroom" ASCD Video. Marzano, R., Pickering, D. J. & Pollock, J. E. (2001). Classroom instruction that works: Research-based strategies for increasing student achievement. Alexandria, Va.: Association for Supervision And Curriculum Development.
调节学生思维	● 所有学生集中和积极的投入 ● 对思考在情感和认知上的支持 ● 自我调节的学习行为 ● 在学习中冒险 ● 不断增加的认知自信和效能感	● 提出邀请性的问题，要有详细的题目和认知关注点 ● 提出开放性问题，能够在很多水平上回答并生成高级水平的思考 ● 控制等待/思考时间（3类）	● 释义，总结，加工 ● 生成"深层问题" ● 运用元认知去指导理解 ● 展示高水平/有分歧的思考 ● 表现出尊重的对话和讨论 ● 建构集中于课程目标的知识 ● 控制冲动	Lipton, L. E. & Wellman, B. (1998). Pathways to Understanding: Patterns & Practices in the learning-Focused Classroom, 3rd. Edition. Sheman, Ct.; MiraVia, LLC. Costa, A. L. & Gamston, R. (2002). Cognitive coaching: A Foundation for renaissance schools. Norwood, Mass.: Christopher-Gordon Publishers, Inc. Costa, A. (1991). The school as a home for the mind. Andover, Ma.: Skylighet Publishing. Marzan, R. (1997). Dimensions of learning. Alexandria, Va.: Association of Curriculum and Supervision Development. Marzano, R., Pickering, D,J, & Pollock, J. E. (2001). Classroom instruction that works: Research-Based strategies for increasing student achievement. Alexandria, Va.: Association for Supervision and Curriculum Development.

续表

| \multicolumn{5}{c}{为学习创造条件：促进个性化教学的元策略} |
元策略	对学生学习的影响	教师行为	学生行为	研究基础
		● 使用包括说话人内容、情感和逻辑水平的调节释义（3类：清晰，组织/总结，概念） ● 有选择地使用表扬 ● 元认知反思模式		Brooks J. G. & Brooks, M. G. (1993). In search of understanding: The case for constructivist classroom. Alexandria, Va.: Association of Supervision and Curriculum Development.
精心打造建设性的学习共同体	● 可预测/安全/信任的学习环境 ● 相互依赖的学习者	● 清晰教授合作学习策略 ● 定期举行班级会议教授社会技巧并解决问题 ● 和学生一起开发课堂规则 ● 练习积极和反思性倾听 ● 教授合作规则 ● 让学生反思在小组中的活动参与 ● 运用拼图等要求相互依赖的策略	● 对同伴需要和技能表示尊重 ● 对合作表现出积极和富有成果的态度	Gamstion, R. & Wellman, B. (1999). The adaptive school: A sourcebook for developing collaborative groups. Norwood, Mass.: Christopher-Gorden Publishers, Inc. Barth, R. (1990). Improving Schools from Within. San Francisco: Jossey-Bass, Inc. Rudduck, J., Day, J. & Walllace, G. (1997). Students Perspective on School Improvement. In A. Hargreaves, (Ed). Rethinking education change with heart and mind: ASCYD Yearbook. Alexandria, VA.: Association of Supervision and Curriculum Development.

续表

元策略	对学生学习的影响	教师行为	学生行为	研究基础
促进自我指导的学习	● 独立的/自我激励的学习者 ● 内控点和效能感 ● 自我评估和目标设定的国际化 ● 发展对学术工作的自我调节能力	● 构建深思熟虑的授课和指导 ● 事先提供评估模式和标准 ● 通过学习过程教授并融入自我评估和目标设定 ● 提供机会练习自我评估和同伴评估 ● 个性化教学（内容/过程/产品） ● 对学生作业坚持追踪，有始有终 ● 使用认知教练技术 ● 在评估前清晰教授主题 ● 了解学生已有的/需要指导的兴趣 ● 使用临床观察策略 ● 鼓励学生选择 ● 用会议和定期反馈改善和扩大学习	● 使用自我/同伴评估及目标设定 ● 自我指导的工作习惯/项目 ● 生成"深层问题" ● 理解对每个主题的任务的期待	Costa, A. L. & Gamston, R. (2002). Cognitive coaching: A foundation for renaissance schools. Norwood, Mass.: Christopher-Gordon Publishers, Inc. "Count Me In! Developing Inclusive International Schools" "Interestalyzer", Renzulli "Multiple Intelligences in the Classroom" ASCD "Sternberg's Intelligence Preferences" ASCD Videos. Dunn, R. & Dunn, K. Teaching students through their individual learning stules: A practical approach. Tomlinson, C. A. (1997), How to differentiate instruction in mixed-ability classroom, 2nd ed. Alexandria, VA. Association of Supervision and Curriculum Development.

续表

| \multicolumn{5}{c}{为学习创造条件：促进个性化教学的元策略} |
元策略	对学生学习的影响	教师行为	学生行为	研究基础
用学生回应作为今后教学的依据	● 有目标的和个性化的学习 ● 建构学习共同体 ● 发展教师/学生学习伙伴的学术兴趣	● 计划根据学生的需要与课程标准相一致 ● 学生成绩记录与课程和学生表现相匹配 ● 分析共同的评估结果并为教学做准备 ● 使用各种不同的学生分组 ● 把"微型课程"作为目标 ● 计划反思/探究循环 ● 获得学生对教学的反馈 ● 分析/预先准备可能的误解 ● 平衡教师/学生话语（互动分析） ● 给学生提供工作的例子/模型 ● "揭示"学生思考使之清晰化并能用于教学计划	● 在最近发展区中学习 ● 在灵活的小组中学习 ● 大声思考 ● 熟悉本年级要求水平的例子和榜样 ● 能够在自我评估中使用评估准则（rubrics）	Powell, W. & Kusuma-Powell, O. (in press). Seeing Ourselves: The student Perspective.

第八章 个性化教学的元策略

第九章

针对特殊学生的个性化教学

我们的目的

几年前,一位焦虑的年轻母亲来和学校的心理学家见面。她7岁的儿子感到学校的生活对他来说很艰难,而且在学习阅读方面落后于同年级的孩子。因此需要做心理教育评估之前,心理学家请来妈妈以了解该生的家庭背景。见面结束时,心理学家问妈妈是否还有其他问题。

"只有一个问题,"她说,"我怎么告诉我儿子他要来见你?"

"告诉他我们要找到适合他在学校学习的方法,这样上学就会既有趣又有意义。"心理学家回答。

使学校适合所有的学生,让上学成为既有趣又有意义的经验,就是个性化教学的目的。无论学生是否表现出才华,无论是否有注意缺陷,也无论是否正在学习英语这个新的语言,我们都要保证找到使每个学生投入学习过程的方法。要做到这一点就要使课程容易进入,使每个学生都感到他们被邀请来学习而且知道自己能够成功。

为什么要个性化?

有时工作坊的参与者会问我们,个性化教学是否会给学生带来负面影响。他们说:"当然,个性化教学能够使学习更有趣,对孩子来说更好玩儿,但是当他们接触真实世界的时候,事实是,他们就得坐在那里参加无聊的会议,做他们不喜欢的工作。我们所期待的东西是否会使他们在以后的生活中遭受失败?"

幸运的是,我们并不总是遇到这样的问题。我们也希望教育的目的比训练下一代适应无聊生活要多得多。我们强烈地感到:教育的目的与教学生热爱学习相关;教育的目的是帮助学生识别和发展自己的兴趣使之变成才能,是学习批判性地思考世界的问题,是当他们进入成人世界时能够发展出效能感和相互依存感。个性化教学帮助我们促进学生的成长。当我们找到改变教学的方式,并使之与班上不同个体或小组的需要相一致,我们就很可能使所有学生投入学习,并且最大限度地成长。

英国最近的一个报告(DfES,2006)提出个性化学习的需求,满足这种需求是保证所有儿童不断进步、有成就并且参与学习的一种方式。个性化学习对于教和学是高度结构化和回应性(responsive)的方法,需要考虑到并且密切注意学习者的知识、技能、理解和态度(第6页)。在这个报告中,2020 评估小组(2020 Review Group)认为,我们的工作需要丰富多样,符合儿童的最近发展区,并且要对为学习而评估提供支持。很明显,在国际范围内,人们越来越认识到需要开展个性化教学。

当所有学生都如此不同时我们怎么做?

当教师考虑到班上的孩子表现出如此不同的学习者特征时,他们通常会被个性化教学的想法所吓倒。特别是当考虑到不同的文化、语言、教育背景以及学生带到国际学校的经验时,个性化教学真的令人畏惧。当把这些与学生不同的准备状态、不同的学习风格和学习偏好放在一起考虑时,对任何一个装满一屋子孩子的班级进行个性化教学,即使构不成威胁,也是极大的挑战。

我们已经说过,个性化教学不是 20 世纪六七十年代那样的个体教学,不是为班里 24 个不同的学生准备 24 份不同的教案!在吉隆坡国际学校欧辰 8 年级的人文科学课上,每个学年开始,教师团队都对学生和家长做出保证。我们说:"我们会尽自己最大的努力,设计的课程在每 4 天中至少会有一次满足你的学习风格或者优势(我们中学那时是四天时间表)。我们也要求你们,即使面对那些你们不会马上感兴趣的任务,也要努力跟上。我们保证,到了年末,那些你们目前认为不是自己强项的领域也会进步。谁知道呢,也许那些你认为无聊的东西可能会变得更有趣,甚至让你着迷!"

我们在 8 年级课上所做的是提供多样的授课方式和作业以匹配不同学习者的优势——因此每个学生都会感到被邀请来学习。比如,我们努力做到提供视觉、触觉、动觉和听觉平衡的任务,还使用不同的分组策略使学生有个人、双人、小组和全班学习的经验。我们希望通过多样化的授课和作业满足班上不同学习者的需求。

换句话说，即使学生的确有个体学习者的特征，他们也代表一群学习者，因此班里的其他学生也可能有这些特征。我们可以将教授一种特殊风格偏好的方法用于一组学生，比如，我们了解一个动觉学习者，他需要在完成学习任务的过程中移动，这也可以用于其他动觉学习者。

教师们经常问我们关于特殊人群的个性化教学："如果有英语作为第二语言的孩子在我班里，我该怎么办？如果我已经进行个性化教学了，还需要为他们做特殊安排吗？""对有注意力缺陷的孩子怎么办？我怎么能既关照他又教班上的其他学生？"

这些问题背后的动机是相同的，教师都想了解怎么保证每个孩子都成功。我们认为，教师个性化教学的经验越丰富，答案就会越清晰。很多个性化教学的方法和策略对所有学生都适用，而且都依赖教师所拥有的、将学生作为学习者的深厚知识。对于特殊人群的个性化教学，如英语作为第二语言的学习者、学习障碍/有特殊需求的学习者、高能力的学习者、孤独症和注意力缺陷障碍（和多动症）学习者，根本原则是相同的。我们需要开发学生作为学习者的深厚的知识：他们是谁，他们带来了什么背景（以前的经验），他们对学习有哪些偏好，他们对什么感兴趣。

我们还建议，同事是最好的个性化教学的资源，专业人士之间的合作——第四把钥匙——可以使这个过程不那么令人畏惧。专家（特殊教育专家或英语作为第二语言专家、教授高能力学生的专家）和班级教师的合作，同一学科教师之间或同一团队之间的教师合作，跨学科或者跨年级教师的合作，都能提供专业成长和改善学生学习的好机会。尽管我们有一些建议框架，但是我们发现，当教师"卡住"的时候——比如正在和学生一起工作，正在努力想出一个新的教学方法，或准备一个家长会——没有什么方法比和同事密切合作受益更多。

我们知道，录取还是不录取一个有特殊需要的孩子是学校所做的最困难的决定，受很多变量的影响。很大程度上取决于教师的水平、专业准备和教师培训、班级的大小、社区资源、家长的期待以及医疗条件的支持。还有很大一部分取决于学校领导层的态度（Kusuma-Powell，2002）。因此，一个学校今天可能连一种有特殊需要的学生都不能接收，而将来却可能接收多种多样的学生——这通常取决于集体的远见以及不断发展的服务社会的愿望。

第九章　针对特殊学生的个性化教学

本章中我们要为那些在国际学校中与特殊的和特别的人群一起工作的人提一些建议。尽管还有一些国际学校没有特殊儿童教育项目,但是比起 2000 年,出版《算我一个!》(Count me in!)时,特殊人群已经扩大了很多。这代表了人员构成的变化,也是父母做出带着孩子一起旅行的决定的前提。

之所以写作这一章是因为我们了解,国际学校中"单纯类型"几乎不存在。我们会发现,学生有各种交叉的情况或者有"双重例外":既有某些才能又有学习障碍,既是英语作为第二语言学习者又有注意力缺陷[1],或者既有注意力缺陷又有某些孤独症倾向。

我们也认识到,本章中的建议不是与特殊人群一起工作的包罗万象的最终总结,而是在国际学校的课堂上遇到某些典型问题时的参考要点。如前所述,我们希望这些建议能够为努力满足所有学习者需求的教师抛砖引玉。

为满足特殊需求学生的个性化教学[2]

国际学校中有特殊需求的学生刚来的时候可能并没有被明确诊断为学习障碍、阅读困难等,但是他们会表现出在学习上的确有困难。尽管每个学生的学习问题可能是独特的,但是还会有一些学习者表现出的特征说明他们有学习障碍。他们可能表现出下面一个或多个方面的困难,而且这些不是由于听力/视力问题,也不是由于环境或者教育剥夺造成的。

- 组织——个人的,空间的,时间的
- 短时/长时记忆
- 注意力
- 语言发展
- 信息处理
- 阅读,写作,计算
- 运动技能
- 由于在学校表现不好引发的自尊问题

---

[1] 本节中注意缺陷障碍(ADD)和注意缺陷多动障碍(ADHD)可以互换。
[2] 莎丽·夏沃兹(Sally Shaywitz,2003)提供了关于有学习障碍的儿童和没有障碍的儿童在神经系统结构和功能上的差异,她的研究使用核磁共振成像发现了阅读障碍的神经学基础。

教师通常会注意孩子的学习表现和能力之间的区别，即感觉到学生应该能够比现在所取得的成就更大，因此会为这种不一致感到迷惑。我们的朋友和同事南希·罗宾逊（Nancy Robinson）[①]给我们提供了一个很聪明的建议："当一个学生'只是看起来'很懒——那就值得怀疑。很少有人生来就懒。你怀疑的很多原因中最应该考虑的是隐藏的学习障碍，也应该考虑抑郁，不伴随多动症的注意缺陷障碍，甚至可能是没有察觉的视力和听力问题。"

南希还给我们提供了一份实用的"教授学习障碍学生的问题解决方法"，这些学生都有阅读困难。

教授学习障碍学生的问题解决方法

- 没有一个唯一的、最好的方法去帮助有学习障碍的学生，因为阅读障碍不只有一个症状。
- 你能做的最好的事情是仔细观察和倾听学生怎样说话，怎样大声朗读（是否默读比朗读好），努力理解哪种方式更有帮助。他们是否有成功的时候？用你自己的侦查技巧，要详细而客观。
- 从观察基本技巧开始，比如分析词的构成的能力，将字母和读音联系起来并且正确发音的能力。这看起来很简单，所以有时无法相信看上去很聪明的学生无法做这样的事。虽然看起来不可能，但的确如此。
- 在常规课堂上，除了教阅读之外，教有困难的学生可以尝试各种办法。
  - 减轻阅读负担——选择短一点的阅读材料，在每次作业中使用同样的词等。
  - 使用各种有效的技术（可以朗读文本的新程序，包括来自网络的材料，预先拼写等，www.donjohnson.com 会是一个很好的开始）。有些程序可以帮助教师扫描测验题，给学生阅读题目，并录下学生的口头回答，以后评分。

[①] 南希·罗宾逊博士是华盛顿大学霍伯特和南希·罗宾逊青年学者中心的前任主任。在此感谢她对本书和本章所作的贡献。

> ○ 使用多种不同的方法——从阅读服务器上找书（参考 www.rfbd.org）或者让家长录下测验题，让父母给学生读较长的作业，使用录像带等。对于真正有阅读障碍的学生，要简化或者至少要重复材料，如果需要，让父母或者同伴提供解释。
> ● 最好的方法是引发学生的兴趣，材料要有挑战性，能保持学生的高投入和高动机。
> ● 要有信心。有些问题看起来很简单——比如把字母和声音连起来——几乎不可能相信学生会日复一日、年复一年地持续出现这样的问题。这种情况令人恼怒，但学生本人比家长/老师更难。要保持冷静！

艾德和艾德（Eide & Eide, 2006）写了一本教特殊需要学生的好书《贴错标签的孩子：怎样正确理解孩子独特的学习方式》(*The Mislabeled Child: How Understanding Your Child's Unique Learning Style Can Open the Door to Success*)，书中解释了很多学生学习的困难及实际的应对策略[①]。

个性化教学是一种绝佳的满足学生特殊需要的方式，在教育连续体中，学生所处的位置和所要达到的目标都不同。下面还有一些与学习障碍或有特殊需求儿童一起工作时的建议。

1. 关系决定一切。有学习障碍的儿童通常缺乏学校经验，因此很难在新的环境中与新的人发展出信任关系。一定要花时间确保了解学生表象背后的真相。除非与这些学生建立关系，否则教师可能毫无进展。如果学生有不良行为，要尝试发现背后的原因。如果学习环境不适合这个孩子，他通常会表现出来。

2. 聚焦在学生的优势而非劣势。我们中的很多人进入教育行业都是为了服务他人，因此通常错误地将重点放在孩子的困难、问题和缺陷

[①] 关于更多的建议和支持请参见以下网络资源：www.texasreading.org（很多资源可以下载）

www.niflngov/partnershipforreading/publications/Cierra.pdf（教授初级阅读和基本技巧的良好资源）

www.ldanatl.org（美国国家学习障碍协会）提供各种资源

www.idonline.org 为家长提供特殊学习障碍的文章和链接

www.interdys.org（国际阅读障碍协会）

www.nada.org（非语言学习障碍协会）。

上,想解决这些问题,而不是聚焦于孩子的长处。但是聚焦于缺陷很少能帮助孩子改进。相反,当我们确定学生的长处并且在此之上发展时,就能够使用长处弥补短处。比如,如果一个阅读有困难的孩子正在学习阅读,而且他是一个动觉学习者,需要移动,为了突出他的学习偏好,可以使用大纸板剪成的字母,像巨大的拼图一样放在地板上。

3. 加强学校和家庭的关系。很多有学习障碍的学生都有自我组织的困难。他们会忘记作业,忘记写下来该做什么,丢失个人物品等。与孩子的父母有良好的关系通常能够帮助儿童避免这些问题。教师手边要有孩子父母的电子邮件或电话号码。

4. 保证及时反馈。及时反馈能够帮助学生看到原因和结果之间的关系。有时有特殊需要的学生需要教师反复查看他们是否在正确的轨道上。除非有及时反馈,否则有学习障碍的学生很容易忘记学习目标,而学习目标是作业的重点。

5. 清晰地教授合作技巧。有特殊需要的学生在学校通常会遇到困难。他们不了解社交的线索,需要明确地学习如何在小组中合作。明晰地教授合作技巧(轮流、分享观点、预先准备等)能够为学生提供工具,作为团队的一员紧密配合地工作。

6. 使用多种呈现模式。我们需要给有特殊需要的学生提供多种输入形式以保证他们的理解。我们不能期待学生教第一次就能"掌握",而应该在教学计划中包括循环模式,每一次都用不同方式重温重要概念。

对注意力缺陷障碍学生的个性化教学

作为教师,与有注意力缺陷障碍的学生一起工作会给我们带来最大的打击,但也有最大的回报。因为他们的注意力有时非常不稳定,很难给他们固定一个行为模式。他们很受周围环境的影响,注意力不集中,因此造成不按时交作业,丢失个人物品,个人管理能力差。尽管医学文献对有注意力缺陷的儿童的描述已经有 100 年之久,但是我们从专业上理解神经系统失调是引发这种障碍的条件,还是近期的事[①]。

---

① 本节中注意缺陷障碍(ADD)和注意缺陷多动障碍(ADHD)可以互换。

> 布朗(2007)将有注意力缺陷比喻为大脑中的交响乐队缺少一个有效的指挥。尽管每个部分都运作良好,但是没有"协调大师"将所有的努力结合起来。注意力缺陷影响大脑的认知管理系统(执行功能)并对下列能力造成影响:
> - 组织并开始任务
> - 注意细节,避免过度分心
> - 常规的警觉和处理速度
> - 保持注意力,如果需要,转移注意力
> - 恰当的管理情绪

直到最近,又有3种不同类型注意缺陷障碍被确认(美国精神卫生研究所,2006):

- 注意不集中型(Predominantly inattentive):这种类型的学生注意力不集中,但没有明显的多动或冲动迹象。注意力不集中表现在很难屏蔽无关的视觉或声音,对细节不注意,自我管理能力差,比如丢三落四或者无法跟随指令,或者还没有完成一个活动就跳到另一个活动。有时我们会认为这些孩子是"白日梦者",因为他们似乎沉浸在自己的世界中。
- 多动——冲动型(Predominantly hyperactive-impulsive):这些孩子没有明显的注意力问题,但是多动而且冲动。他们似乎有过剩的精力并且总是处于情绪状态,在教室中冲撞,敲打铅笔或在椅子上乱动。他们也很难管束自己的行为,很难在行动前思考,总是在课堂上冒出不适当的评论,也很难做到轮流等待。
- 混合型(Combined type):这些孩子表现出注意力不集中和多动、冲动。

不是每个有注意力问题或者多动、冲动的学生都有注意力缺陷障碍。注意力缺陷障碍的诊断基于几个严重和持续的症状以及给日常生活带来的干扰(Hallowell & Ratey,1994)。但是由于注意力缺陷障碍与影响执行功能的神经损伤有关系,而且人类的执行功能通常只

有到青春期的后期才能成熟,因此这个问题只有到十几岁才较易被诊断。

> 布朗(2007)确定了六种执行功能的组成部分。这些组成部分帮助我们达到日常生活的功能,但是我们并不会有意识地察觉。
> - 激活(activation):组织,确定优先顺序,启动一项工作
> - 聚焦(focus):集中、保持和转换对任务的注意力
> - 努力(effort):经常性的警觉、持续的努力和处理速度
> - 情绪(emotion):挫折管理和情绪调节
> - 记忆(memory):使用工作记忆和回忆通道
> - 行动(action):监控和自我调节的行动

治疗注意力缺陷障碍并没有唯一有效的方式。尽管有些孩子对某些药物有相反的效果,但在多数情况下,使用适当调配的兴奋类药物通常对孩子有帮助,能够为给孩子提供学习机会创造可能性。但药物本身并不能解决学习问题。对注意力缺陷儿童的干预必须有家庭、学校和药剂师协同进行。

对待注意力缺陷儿童的建议包括如下方面[①]。

1. 认识到注意力缺陷障碍并非是缺乏意志力。这种障碍是神经生物状态干扰了自我管理技能的发展,并且通常会持续到成人时期。注意力缺陷障碍不是"行为或态度问题"的代名词。对于教师来说理解这一点非常重要,这样才能不让我们的挫折感阻碍对儿童的教育和支持。哈罗维尔(Hallowell,1994)认为,从历史上来说,总是容易兴奋、精力过剩的儿童在学校受到很多甚至最多惩罚。其实大多数儿童都希望表现好,而不希望引起周围成人的愤怒。

2. 帮助儿童分类和管理物品。因为这些儿童很容易分心,注意力不稳定,因此任何帮助注意力缺陷儿童进行组织的行为都有帮助。这种帮助可以是用不同颜色的文件夹区分家庭作业,或者每门课用不同的装订。也可以是家长在上学前一晚准备好孩子的书包,准备好第二天早上要用的东西。发展和保持家庭与学校的关系非常重要,两方面的沟通能够使成人对孩子的要求保持一致。

---

① 更多信息和资源请参见 www.chadd.org。

3. 要求和行为一致,使用可理解和能够执行的一贯规则。如果注意力时有时无,生活就很难预测。成人行为和要求的一致性会帮助学生建立基础,不把学校日常规则当做一个猜测游戏。

4. 寻找"迷失"的学生。要注意那些似乎迷失了的安静的学生——可能是注意力缺陷障碍的学生(多数是女生),否则他们就会消失在课堂背景中。因为这些孩子看起来注意并且集中在功课上,还因为他们如此安静,有时我们会漏掉他们注意力不集中或缺乏理解的状况。

对孤独症(ASD)儿童的个性化教学[①]

我们看到越来越多患有孤独症特征或被诊断为阿斯柏格综合征(Asperger's syndrome)的儿童随父母到海外,希望进入国际学校。因此我们认为加入对孤独症儿童的个性化教学这一章非常重要。

孤独症被定义为发展性障碍,它严重影响交流和使用非语言线索,比如面部表情和语调的能力(残障教育法案,美国教育部,2006)。这对他们的任何社会交往都有影响。孤独症儿童还有语言发展、学习、角色扮演以及运动障碍。他们对感官输入非常敏感,很多人对声音高度敏感,对语言接收非常困难,还有另外一些人对视觉输入高度敏感(比如,闪烁的灯光)。

孤独症儿童很容易被新的和不可预知的情景吓倒,因为他们难以将从以前的经验获得的知识用于新的情境。他们也很难通过模仿学习,经常会有行为和语言的重复。最近的神经科学研究指出,孤独症儿童的镜像神经系统可能有损坏,这个神经元能够使我们通过创新行为而学习(Altschuler,Pineda & Ramachandran,2000)。

下面是对孤独症儿童的概括描述,不要误以为这是典型的症状。我们认识到每个儿童带来的学习问题的特征和程度的混合都是独特的。

[①] 孤独症和阿斯柏格综合征原来被视为同一种疾病,但处在不同程度。但尽管有很多相似的特征,自 1994 年起,在《精神疾病诊断和统计手册》(the Diagnostic and Statistical Mental Disorders)阿斯柏格综合征有了单独的诊断标准。本节我们着重在这两者相似的症状。

美国国家教育协会最近公布了关键指标。所有孤独症儿童都有同样的早期特征（国家教育协会，2006）：
- 缺乏目光对视。孤独症儿童使用外围的而非中心视觉，导致他们看起来在看某个对象时没有直视。
- 缺乏共同注意，比如，像另一个人一样注意同样的物体或者话题。
- 缺乏相互交谈，比如，轮流说话的能力。
- 非典型的感觉/运动处理。

此外，孤独症儿童表现出各种程度的核心缺陷以及与下面这些方面的组合：
- 难以识别重要的大概念和任务元素
- 难以处理听觉信息——理解，保持和提取
- 缺乏概括技巧——必须在上下文中教授
- 难以将任务排序或分步骤
- 难以在任务之间转换
- 时间概念和时间管理困难
- 非典型、不均衡的学习、社交和情感发展，比如在某些学习领域高功能，另一些领域低功能。

患有孤独症的大学教授兼工业设计师坦普尔·格兰丁（Temple Grandin，2007）为与孤独症儿童一起工作的人提供了以下建议。在小学：

- 给学生回答的时间。当与孤独症学生交谈时，教师要注意到他们需要很长时间处理听觉信息，然后才能回答。
- 避免一长串语言指导。由于听觉处理困难，孤独症儿童会在长时间的讲课中迷失。
- 尊重感官的敏感性。要了解常规的课堂情况比如吵闹和兴奋的课堂讨论甚至铃声都会提高他们的敏感程度，因而很容易被吓倒。教师要帮助孤独症儿童发展应对技巧。
- 避免模糊的语言。孤独症儿童的思维是具象思维，比如，"该上体育课了"这样的指令需要进一步细化——比如，要结束这个工作，全班集合，排好队去上体育课。

对患有孤独症的中学生：

- 发展学生的长处。帮助学生了解怎样学习最好，无论是通过视觉、听觉、动觉还是触觉方式，并且帮助他们在长项和学习新材料之间建立联系。
- 通过共同的兴趣发展社交技巧。特殊的课程或者活动俱乐部，比如下棋、计算机编程、图书交换是学习社交技巧积极而安全的环境。
- 找到——或者成为——导师。孤独症儿童需要建议者帮助他们扩大兴趣范围或增加现有兴趣。孤独症学生通常会固定在重复的活动，帮助他们转向有益的活动可以使孤独症儿童在生活中获得成功。
- 逐渐从学校向工作转换。尽管在国际学校环境中这不容易做到，但是有一些学校，比如布鲁塞尔国际学校和北京京西学校已经作为学校的项目开始了这方面的工作。

对高能力儿童的个性化教学

有趣的是，个性化教学起初是为有才能和天赋或者高能力的学生开发的，这些学生需要比所学课程更大的挑战。本书中其他部分提到的策略（比如课程压缩）就是特别为这些人创造的。

关于什么是天赋和天才行为有很多定义。一个在美国、英国、澳大利亚西部和新西兰影响政策形成和项目制定的理论是仁佐理（Renzulli，1998）提出的"天才的三环概念"（Three-Ring Conception of Giftedness）（图9-1）。在这个模式中，仁佐理讨论了天才行为的动态本质是高于平均水平的智力、高水平的任务定向性与高水平创造性之间的互动。

高于平均水平的智力是指高水平的抽象思维能力、语言和数学推理、快速信息处理以及将所学的东西用于新情境并与现实生活相联系的能力。仁佐理的天才概念也包括将这些技巧用于特殊知识领域或工作表现，适当使用知识以及将无关信息分类使之相关的能力。

任务定向可以看做在一个特殊领域有高水平的注意力、热情、兴趣和投入，并且能够保持兴趣，不懈地努力，制订高目标并辛勤工作。我们承认仁佐理的定义通常很难实现，特别是对青少年。除非在适当的环境中，

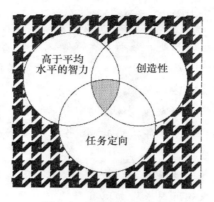

图 9-1 天才的三环概念

(来源: Conceptions. html # renzulli, http://www.det.wa.edu.qu/education/gGifttal/provison/provtris.htm)

很多天才个体不会表现出任务定向。结果,他们往往被认为是低成就者。

创造性通过思维创意、思考的灵活性,寻求新的和不同的关联、心理愉悦以及冒险的意愿。

有天赋和才能的个体能够发展这三个领域的互动,并将其运用于有潜在价值的人类表现领域。仁佐理(Renzulli,1998)警告我们不要把这个定义限制在2%到3%的"好学生"中,或者在标准化考试或智商测验中得分最高的学生中。他认为,从历史上来说,是知识的生产者,那些发现事物新的关联的人,而不是那些知识的消费者,被认为是真正有才能的人。作为教育工作者,我们需要把握方向,在特定的时间和特定的环境中发展某些学生的天赋。

才能也可以看做一个更一般的词语,即在某些我们重视的领域(无论是学术领域或其他领域)的发展中走在前面的能力(Robinson,2007)。在认识才能的时候我们既要充满希望又要灵活,并且要承认,天赋并不一定在开学第一天就会表现出来,而且可能也包括在那些学习不好的学生中。因此没有一个整齐划一的定义。

在与天才儿童一起工作时,"最佳匹配"(optimal match)方法(Robinson & Robinson,1982)可能最有效。这个方法是努力将准备状态和机会相匹配(Robinson & Robinson,1982)。对于高能力学习者,这些方法包括:

● 加速,可以在本班内提高难度或者在不同年级之间跳级(有很多加速的选择,包括入学不受生日的限制)。
- 压缩组合(预先评估,因此不必浪费时间"教"学生已经掌握了的或者只需简单说明就能掌握的东西),利用节省的时间通过替换任务、独立工作和与其他高能力学生共同做项目来深化和扩大课程(Robinson,2007)。

要知道,有才能的学习者可能在合作学习情境中承担很多工作,因为他们更在意最终产品。在这种情况下,明晰教授合作准则以及对小组工作的要求非常重要,之后要严密监控小组的工作过程。

在《在常规课堂教授天才学生》(*Teaching Gifted Students in the Regular Classroom*)一书中,苏珊·温布润尼(Susan Winebrenner,2000)为我们提供了在一般课堂教授天才学生不可缺少的参考。

此外还有以下建议。

1. 了解高能力学生也可能处在风险中。由于某些学科领域的工作对他们来说毫不费力,因此他们也不会发展出解决问题的探索方式,或者坚持面对突然出现的新挑战。他们中的很多人思维敏捷,因此通常无法解释是怎样得出答案的。学校功课对他们来说太容易,所以到长大一些才会面对失败,结果会造成精神崩溃或者自我怀疑,因为这时他们还没有像同伴一样发展出解决问题的方法。有才能的学生通常追求更大的稳定性、忠诚和亲密关系,而他们的同龄伙伴还无法提供给他们,因此也可能处在情绪风险中。

2. 不要被学业成就(或缺少学业成就)所误导。很多有才能的学生可能学业成就不高。长时间在课堂上的乏味体验可能会产生对学校的负面态度。

3. 帮助学生了解自己。帮助他们了解自己的优势、兴趣和偏好。谁是他们心目中的英雄?有什么爱好和课外兴趣?要使用灵活的教学方法,给学生提供选择,帮助他们确定和发展特殊兴趣。

4. 了解他们以前的知识。有才能的学生比其他人学得更少,因为他们在开始的时候已经知道很多。应该倾听他们提出的问题、他们的推理和所做的联系,提供机会让他们成长。持续探询,使用调节性的问题使他们能够深入思考。教会他们自我评估,因此能够学会评判自己的工作。要知道,对于有才能的学生,课程标准不能"最小化"。

5. 注意有才能的女生!很多文化都对女孩产生无形的压力,她们要服从、柔顺、有吸引力,但她们的智慧不被重视。

6. 不要把有才能的学生当成辅导员过分使用。有才能的学生对于用适合同龄伙伴的语言给全班解释概念很有帮助,但是有一点很重要——不要把他们当成辅导员过分使用。

7. 给这些孩子提供机会与学术伙伴甚至成人一起工作。这些机会可以包括跳级、课外兴趣小组和俱乐部或者特殊项目。

对英语学习者的个性化教学

有时当我们设计项目时,很容易将英语学习者作为一个特殊群体。但是当与他们在课堂上面对面时,我们知道,他们唯一的相似之处就是不说上课使用的语言。即使有同一国家的背景,英语学习者也不是一个单一群体。他们像国际学校中的其他学生一样,各种各样。虽然如此,对英语学习者的个性化教学仍有必要。

任何国际学校中新的英语学习者都要面对调整和适应新的团体(找到归属感)这一艰巨任务,同时他们还要在一个新的语言环境中平衡语言学习和内容学习(Nordemeyer,2007)。当与英语学习者一起工作的时候,很重要的一点是,不要只用简单易懂的词语。克拉申(Krashen,1998)等人都提到可懂输入的重要性,设定的接收语言的目标要高出学生轻易能懂的水平。可懂输入在低压力情境中能帮助学生获得非正式语言,特别是对英语初学者非常重要,但是可懂输入本身对帮助学生发展学术英语并不充分。正因为如此,上课的教师需要了解所教年级水平的学生语言的发展趋势、要求和停滞期。斯卡切拉(Scarcella,1990)提出了对语言教学的指导和发展学术语言的支持性教学反馈。

下面是我们提出的一些与英语学习者一起工作的建议。

1. 发展对你的学生社会文化环境的更广泛的理解——可以是他们国家的简史、他们的价值观和传统、他们对于教育的态度。学生和家长都喜欢老师花一些时间了解他们的国家或民族认同。

2. 熟悉特殊语言群体的错误类型。老师们经常会发现典型语言错误通常来自母语的干扰。比如,在印尼语中,只有一个代词代表第三人称单数(他,她),而且是中性的。结果来自这个母语的学生说英语时经常搞错性别。印尼语中的形容词也放在名词后面,学生通常也有英语句法的困难,他们说"一个汽车大",而不是"一个大汽车"。

3. 了解教授英语的有效方法。

4. 了解对你所教年级学生的语言发展的要求。这包括了解语言是如何迁移的,识别什么时候是停滞期,如何度过这个时期。

5. 使用多种资源输入:比如用手势和非语言沟通,编写剧本,使用哑剧、视觉手段以及技术。在全世界,对于没有被理解的回应通常都是重复所说的话,只是用更大的声音!其实,我们所有人,学习英语的人,还有其他学生都会从多种资源输入中获益。当我们选择其他资源输入帮助语言信息的理解时,被理解的机会就增加了。

6. 经常检查是否理解!琼·诺达梅耶(Jon Nordenmeyer,2007)给主科教师提供了如下整合语言和内容学习的建议。

5种整合语言和内容学习的方式

1. 使用图表。给学生提供信息与视觉(时间表、图解)的联系以帮助组织概念。图表组织方式通常提供"视觉语法"(visual grammar),使一般语言格式与关键概念联系起来(比如,天花疫苗是1796年发明的,红十字会成立于1864年)。

2. 教授词汇。在新的单元开始前,按主题为学生提供生词表,在学习这个单元的时候反复使用这些词。注意一个普通词汇(比如,table)在学术语境中的不同用法。教学生利用前缀、后缀和词根去理解和记忆新词,因为约60%的英语词汇都有拉丁语和希腊语的来源。练习词汇时使用有趣的活动,如宾果(bingo)、猜猜画画(pictionary)和纵横字谜(crossword puzzles)。

3. 使用对话日志。让学生之间或与家人和教师之间相互写作。他们可以描述在课上做了什么,说明学到了什么,以及还存在什么问题。

4. 教授特定学科的类型。通过文章组织模式、结构和转换词语区别和解释不同的文本(比如实验报告、报刊文章),提供写作框架或句子开头,为学生练习写某一类文章提供脚手架。

5. 改变课程顺序。不使用通过阅读介绍一个新概念然后通过活动学习运用的顺序,相反,从一个实验、录像、示范或其他动手的活动开始,然后通过文本来加强内容与关键学术语言之间的联系。

诺达梅耶强调,英语作为第二语言的教师与主科教师需要相互合作,使课程与英语学习者有关联而且具有支持性。这说明合作需要意向,并且要在备课、上课和反思这些教学循环的各个阶段进行——因此学校需要给团队时间。如前所述,合作技巧不是每个人生来就有的,教师群体中的每个成员都需要在合作实践中接受培训。这能够使所有成员在教学过程中全面参与。

第十章

针对男生和女生的个性化教学

面对传统智慧的一个麻烦是,也就是,它只是传统的。换句话说,它通常不被仔细审视就被接受,如果认真反思,也许它与我们大家都知道的追求智慧的方向恰恰背道而驰。

我们相信过去一个世纪对男孩和女孩的教育也是传统智慧的牺牲品。

以两个孩子为例,一个女孩,一个男孩,都出生在20世纪,相差60岁。他们是:默娜和大卫。

默娜生于20世纪20年代,是大不列颠一个成功的中产阶级家庭的独生女。默娜的爸爸是一个牙医,妈妈是家庭妇女。这个家庭被视为体面的中产阶级家庭的典型。默娜是一个聪明、富有想象力而且十分敏感的孩子,有相当的音乐天赋而且喜欢小说。但在学校里,她只是一个一般的孩子,对自己罗马天主教学校里的修女非常害怕。虽然她很喜欢有机会和朋友交往,但是学校里没有一门课让她感兴趣。16岁的时候,父母让她做一个选择,或者上大学,将来女从父业做牙医,或者上一个秘书学校。这个家庭意见不一,父亲热切地希望女儿上大学,妈妈则认为秘书对女孩是更合适的选择,而且也适合默娜的认知水平。妈妈对所有人包括默娜都说"默娜根本不是做学问的材料"。妈妈或许也担心受过良好教育的妇女更难找到丈夫。可以预知,默娜选择了秘书学校。

大卫生于20世纪80年代巴尔的摩郊区的一个成功的中产阶级家庭,父亲是一个金融分析师,母亲是小学教师。作为20世纪六七十年代的产物,父母都意识到传统关于性别的刻板印象。在大学,妈妈是一个女权主义组织的积极参与者,爸爸也对历史上被压迫的女性深表同情。他们决定在抚养大卫的方式上要避免上一代他们父辈的错误。新生儿的房间被刷成黄色而不是蓝色,父母也给他买毛绒玩具。他们家里严格禁止玩具武器或者任何与暴力形式有关的东西。大卫3岁时进入艾玛幼儿园并且在那里度过了两年快乐时光。之后,麻烦来了。

　　大卫学习字母有困难而且分不清音素。他对记住"基本的阅读词汇"(sight words)感到十分困难。上幼儿园的那年10月,大卫告诉妈妈他的老师"很坏",他不想再上幼儿园了。妈妈来到班里观察老师和孩子的互动,没有发现老师有什么不适当的行为。她开始为大卫担心。11月,老师打电话让父母都来,因为她为大卫的冲动、缺乏注意力以及对其他孩子的攻击行为感到担心。老师给出了一些证据,说明他学习没有进步,并且给父母看了大卫画的一些画儿,都是一些暴力场景(火车撞上大楼,宇宙飞船袭击学校,恐龙咬碎了飞机)。大卫的情况恶化持续到1年级和2年级。3年级的时候,他被指定进行了全部心理教育测试,在5年级中期开始服用哌甲酯。中学期间,大卫因为冲动不断出现纪律问题。他因为逃学、破坏和偷窃而被停学。大卫高中生活的前景十分不妙。

　　巧合的是,虽然以前的学校对默娜和大卫几乎没有什么帮助,但他们在成年时期都非常成功。尽管只有10年的教育,默娜却成为美国西海岸医院一个精神健康诊所的主任。五十多岁时,默娜在美国各地医学会议上巡讲对恐惧症的特殊疗法。从任何标准来看,她都是一个通过自我教育成功的职业妇女。大卫10年级离开高中开始工作——起初在一家地毯工厂,后来在阿拉斯加的渔船上。19岁生日的时候,大卫认识到他需要更多的教育,因此参加了高中同等学力考试,上了社区大学。两年以后转到州立大学。如今,大卫有两个硕士学位,在新墨西哥州教高中社会研究课程。

　　默娜和大卫在学校所面临的困难都可以追溯到传统智慧对男孩和女孩教育的看法。

　　20世纪大部分时期,教育工作者对于性别如何影响学习的问题都遵循着一个错误的、有时是误导性的假设。20世纪前50年,大部分教师都接受男孩和女孩有不同学习特征的观点。与女孩相比,男孩子更吵闹,更具攻击性,更冲动,更具竞争性。相应地,学校给男孩提供比女孩更多的运动机会。一般来说,女孩能够比躁动不安的男孩在椅子上安静地学习更长的时间。但在高中,男孩在数学和科学领域的表现会超过女孩,大学录取率也会比女孩高得多。在女权运动高涨的20世纪六七十年代,教师对男孩和女孩学习差异的看法来自于实际的课堂观察和原本对性别角色的概念。对于小男孩来说,玩卡车、积木和玩具兵是很自然的,正如女孩玩娃娃和毛绒玩具一样。男孩在大学标准考试中的表现更好也是自然的。女孩毕竟要成为母亲、家庭主妇、护士或者秘书,而男孩则有更具竞争性的职业生涯在等待着他们。

20世纪80年代末,这些摇摆不定的传统智慧至少在美国和西欧摆向了另一端。传统性别角色受到来自女权运动的猛烈抨击。历史上一度成为政治现实的压迫女孩和妇女的行为以及顽固和愚昧的大男子主义广泛地受到鄙视。本质上,这种新的传统智慧告诉我们,传统的性别刻板印象作为披在男孩和女孩身上的社会外衣对女孩造成了极大的伤害。从历史上来说,女孩和年轻妇女都成了教育的自我实现预言的牺牲品。默娜缺乏教育的自信导致她选择秘书工作而不是牙医。

20世纪80年代出现的传统智慧让我们相信,虽然男孩和女孩从同一个认知起点开始,但传统的养育和教育方式将性别刻板印象一代代传下去,使得对妇女的压迫长久存在。

这是一个在政治上非常有吸引力的概念,因为态度和认识虽然难以改变,但比起生理上的改变却容易得多。一般接受的观点是,通过消除令人压抑的抚养和教育孩子的刻板印象,我们能够使男孩更有同情心,更敏感,使女孩更自信,最终能够实现自我预言。相应地,我们开始去掉教室里那些大男子主义的文学作品,鼓励男孩发展想象力,并且进行共情的角色扮演。单一性别支持家庭经济和工人阶层的背景消失了。我们也给女孩提供了更多参与竞技性体育活动的机会。

在过去避免错误和消除偏见的努力中,我们努力去创造"中性课堂"。在这些课堂上,教师无视性别带来的学习差异,或者因为没有意识到男孩和女孩的学习差异,或者出于男女平等的考虑,忽视天性的教养。

然而,最近的研究极力主张,作为专业工作者,我们需要重新评估和改变对学习中性别差异的态度。如果我们忽视男孩和女孩带进课堂的自然学习倾向,无论男孩还是女孩都会遭受痛苦。越来越多的证据显示,如果有"性别友好"(gender-friendly)的学习活动,像大卫一样的男孩和像默娜一样的女孩能够在课上更有效地学习。

有些研究者(Sax,2005;Gurian,2001)进一步提出,由于"中性课堂"没有考虑男孩和女孩的生理差别,无意中反而保留了本想根除的有害和致命的刻板印象。有很多证据显示,假定的中性课堂对于男孩的学习危害更大。在美国,我们目睹了过去20年中男孩学习表现急剧下降(Colin,2003;Newkirk,2003)。所谓的"新的性别差距"在英国、澳大利亚、新西兰和加拿大也出现了。根据美国教育部的研究(2000),11年级男孩平均写作水平相当于女孩 8 年级的水平。高中辍学的大部分是男孩，在美国，女生的大学入学率远远高于男生。事实上，国家教育中心预测，到 2011 年，美国 60% 的文凭获得者都是女性。

过去 20 年，医学、神经科学、心理学和生物进化领域的研究有力地说明，男孩和女孩的生活并非从同一认知起点开始。研究者区别了男孩和女孩大脑一百多个结构上的差异（King & Gurian，2006）。这些差异伴随着我们所了解的男性和女性大脑中化学物质和荷尔蒙的不同，造成了突出的性别特征，因此在个性化教学中必须努力了解这些特点才能使学习最大化。

我们并不是说男孩和女孩的学习没有明显的重合部分。当然有，而且通常对男孩有效的方法对女孩也有效，反之亦然。最重要的是，我们并不是在强调男孩和女孩会造成什么差别，而是他们怎样能够最有效地学会如何学习。

> 男孩和女孩能做什么的区别并不大，但是如何做的区别的确很大。比如，你可以用不同的方法上同样的数学课，可以用适合女孩的方式或者用另一种适合男孩的方法教学。如果你理解性别差异，女孩和男孩同样能学好数学。
>
> 萨克斯，2005，33 页

这段话是科罗拉多州博尔德的道格拉斯小学的老师们铭记在心的。2005 年科罗拉多州项目评估显示了四百七十多个学校读写能力的巨大差别。占学校人数至少 50% 的 3 到 5 年级的男孩（特殊教育人数占 75%）比女孩平均低 13%。很显然，对于在道格拉斯执教的老师来说，性别造成的读写能力差距对学校和学生的将来都有非常的意义。老师们将这种差距作为优先考虑的问题，并且寻找研究的支持。他们发现近期的研究极大支持了他们对男孩和女孩学习差异的直觉。他们在课上精心实施了"适合男孩"(boy-friendly)的教学策略。一年之中，道格拉斯弥补了这种性别造成的差距（男孩读写能力提高了 24.4%）。同时，女孩在读写方面的表现也有极大的改善（King & Gurian，2006）。

研究说明，在课堂个性化教学中重视性别造成的学习差异的特点势在必行。那么哪些生物特性造成的性别差异对课堂学习有影响呢？

答案会令相当一些老教师和儿童观察者感到吃惊。这些不同是由于男性和女性大脑组织方式的不同造成的。男孩和女孩的语言、空间能力以及视觉、神经和听觉系统都有差异。这些差异给课堂带来了深刻的影响。

男性和女性大脑结构的差异

20世纪七八十年代的研究显示，男性大脑比女性更不对称。换句话说，男性的大脑更区域化（regionally specialized）——比女人的大脑区分更清楚。男性大脑的左半球专门负责语言的接收和生成，而女性大脑的这种对称并不明显。比如，左脑中风的男性会使语言智商降低大约 20%（从 111.5 到 88.7），但是右脑中风的男性的语言智商没有降低。很明显，如果男性的左脑半球受到损伤，语言功能就会遭到破坏，而右脑半球的损伤则对语言没有影响。

女性大脑没有划分得那么清楚。左脑中风的女性语言智商平均降低 9%，右脑中风的女性同样降低 11%。女性与男性不同，大脑两个半球都有语言功能（McGlone, in Sax, 2005）。最近的研究似乎支持这样的观点，即女性大脑的胼胝体一般来说比男性更厚（Dubbdeng; 2003, Shine et al, 2005）。有人认为女性的胼胝体厚度比男性厚 20%（Gurian, 2001）。胼胝体是左右大脑半球的连接纤维。人们推测，这个厚厚的胼胝体使得女性大脑左右半球有更紧密的联系。《新闻周刊》最近推测，这也可能解释"女性的直觉"以及女性能够比男性更好地应付多重任务。虽然这仍然处在科学研究的推测阶段，但是毫无疑问，教师经常会看到男孩趋向单一任务，在活动和科目的转换方面比女孩更困难。

还有推测说，男性有将活动"侧化"（lateralize）的趋势，即将活动分隔在大脑不同的区域，这也可能与学习障碍患者多为男孩有关，特别是有注意力缺陷的孩子的确如此。换句话说，如果在高度区域化的男性大脑中存在机能障碍，可能会减弱学习能力，比起相对整合的女性大脑中的机能障碍，应该更加引起老师和家长的注意。此外，女性比男性产生更少的神经传递素复合胺（neurotransmitter serotonin），因此也更少患多动症（Gurian, 2001）。

近期研究表明，男性和女性大脑功能的不同不仅仅是荷尔蒙影响的结果。20世纪90年代哈佛大学的研究认为，男性和女性大脑功能运作及组织的不同主要是荷尔蒙的不同，这导致这样一种信念，即青春期前的儿童不会产生大量性激素，小孩大脑中的性别差异一定很小，而且实际上没什么意义。现在我们要质问，男性和女性大脑中的性别差异是否确实是性激素的结果。2004年，由加州大学、密歇根大学和斯坦福大学神经科学家组成的14人研究团队公布了他们的研究发现，男女差异来自于男性和女性大脑中的X和Y染色体所产生的蛋白质（Sax，2005）。这些科学家检查了三十多个不同个体的大脑组织，每一例他们都能确定供体的性别。虽然荷尔蒙在男性和女性学习差异上起着很重要的作用，但现在我们已经清楚，男孩和女孩的大脑组织是基因决定的。

男孩和女孩大脑中的另一个区别是发展顺序上的不同。老教师都会注意到，女孩子认知上（在学校我们比较重视的领域）的成熟比男孩早。但是这种看法过分简单化。弗吉尼亚理工大学研究了508个2个月到16岁正常儿童（224个男孩和284个女孩）的大脑活动。研究结果显示，女孩大脑各个区域的发展顺序都和男孩不同。萨克斯指出："研究者发现，虽然涉及语言和精细动作技能的大脑区域女孩要比男孩早成熟六年，但是涉及定位和空间记忆的大脑区域男孩要比女孩早成熟四年。这些研究者得出结论，女孩和男孩相比，涉及语言、空间记忆、运动协调以及与人交往的大脑区域的发展'顺序、时间和速度都不同'。"（93页）

对课堂的启发

这些研究发现对教师来说有三重意义。首先，这些发现清楚地说明，一般来说，与发展相匹配的学习挑战对男孩和女孩可能不同。这并不意味着学业上的双重标准，但是男孩和女孩可以通过不同的路径达到同样的标准。

第二，同样重要的是，由于性别不同，大脑发展有特殊顺序。这一点可以说明，相对于不同性别成人成熟的大脑而言，不同性别的儿童的大脑对学习的影响要大得多。

第三，因为女孩的前额皮质一般来说在较小年龄比男孩活跃，因此女孩比男孩更少冲动，通常能坐得住，并且比男孩更能集中精力完成读写任务。

因此教师可以增加体验性的和动觉的学习活动。男孩和女孩都需要身体活动——男孩更需要。运动性的活动实际上能帮助男孩集中精力。

女孩和男孩大脑的语言/空间差异

　　一般来说，男性大脑比女性有更多专司空间—机械功能的皮质区。这也许可以解释为什么男孩更喜欢空间运动的玩具(球或卡车)或者依赖空间定位的游戏。这也能够说明为什么男性在诸如机械设计、航海、几何、测量、地理和看地图方面表现出更佳的空间能力。

　　而女孩语言和情感处理的大脑皮层发展得更好(Blum,1997)，因此女孩比男孩能更早地发展出精细语言。她们比男孩使用的词汇更广泛，而且用语言思考更多。这对于语言主导的课堂有十分重要的意义。

　　女孩的超级语言能力是因为她们使用语言去发展和保持关系。萨克斯(2005)描述女孩之间的友谊是面对面的，关系的重点在于一起玩，一起说话，发展表达情感的词汇，在某种程度上自我表露。在朋友群体里，分享个人的秘密是女孩和女孩之间的黏合剂。女孩的友谊更私密和个人化，更依赖交谈和口头语言(Tannen,2005)。这一点说明，女孩强化的语言的发展和使用可能是女孩小学和中学在读写方面强于男孩的原因。而男孩的友谊可以被描述为肩并肩，在这种友谊中男孩的交往不是通过语言，而是活动——比如运动或电子游戏。男孩不倾向于使用语言作为发展友谊的手段。长时间的交谈在男孩中不常见，作为一般规则，男孩不愿意做情感的自我表露。

　　哈佛大学的研究者使用核磁共振大脑成像技术揭示了一些令人吃惊的情况，显示了男性和女性处理情感有怎样的不同(Killgore,Oki & Yurgelum,2001,in Sax 2005)。研究者让7岁到17岁的孩子看负面的或不愉快的视觉影像以确定大脑的哪个部分被激活。较小孩子的负面情感激活处在杏仁核——大脑系统发育的原初部分，这个部分没有多少进化。这就是为什么当我们问一个六七岁的小孩他的情感反应的原因时(比如"你为什么看起来很伤心？")，他们通常会沉默。这种迷惑源于大脑处理情感反应的区域(在杏仁核)与生成语言的区域没有直接联系(大脑皮层)。

　　到了青春期，我们会看到负面情感处理的大脑区域的转变，处理负面情感的区域从原初的杏仁核移至大脑皮层——与高级思维联系的区域，比如，产生语言、批判性思维和推理。

　　这个研究令人吃惊地揭示了这种转换只在女孩大脑中发生。青春期男孩负面情感处理的区域仍在杏仁核。至于进化方面,这可能具有生存意义,杏仁核是男性"以斗制斗"反应的所在地,两万年前一只剑齿虎的出现很容易引起对负面情感的处理。但是,如果高中老师要求全班写一篇对小说的情感反应的文章,则很容易使男孩处于不利境地。

对课堂的启发

也许这个研究对课堂最有益的启发就是,教师应该了解女孩和男孩带入课堂的在语言和空间领域的学习倾向的差异。在教授与性别相适应的课程时,可以增加视觉和空间形式的展示,包括诸如图形组织、图解、操作等工具和技术的灵活使用。也可以有不同的产品偏好,即在展示学习产品(比如,写作、画画儿、建筑或表演)方面给学生提供选择。此外,使用非语言策划工具(比如故事展板)介绍一个以语言为主的活动(写作)也非常有用。这些非语言策划活动对男孩特别有价值。

在男孩和女孩如何处理情感的个性化教学方面,也许对教师来说最重要的是认识到女孩和男孩会寻求不同的与教师关系的类型。古瑞安(2001)比较深入地探索了这个问题。他认为,对师生关系的特定性别的需求可能是课堂上教师行为的一个决定性因素。

光学和神经系统中的性别差异

我们知道,男女眼睛的构造是不同的,这对如何感知周围的世界有十分重要的影响。男孩和女孩的视网膜都能将光转化为神经信号。视网膜包含感光器,即所谓的杆状和锥状细胞。杆状细胞对黑白敏感,锥状细胞对颜色敏感。杆状和锥状细胞将神经信号传导到神经节细胞。有两类神经节细胞,我们通常称作 M 细胞(巨细胞,很大)和 P 细胞(小细胞,很小)。M 细胞主要检测运动,主要传导至杆状细胞,很少接受来自锥状细胞的神经信号。它们分布在整个视网膜上,使我们能够在视域范围内追踪移动的物体。而 P 细胞传导至锥状细胞,传递大量关于颜色和质地的信息。

过去几年对人类眼睛的显微试验揭示出,男性视网膜比女性厚很多。这是因为男性视网膜以大的 M 细胞为主,而女性视网膜小的 P 细胞更丰富。这意味着男孩子对移动和运动更敏感,而女孩更能区分颜色和质地。

这具有进化论意义,想想过去几百年,男性主要打猎而女性采集植物、水果和根茎。

对课堂的启发

男孩和女孩这些视觉上的不同在小孩子的艺术品上得到了证明(Kawecki,1994)。女孩倾向于画人物、宠物或色彩鲜艳的物体(比如花),会使用十种或者更多的颜色。而男孩倾向于画动作情景(比如,撞车、火箭起飞、太空船袭击地球),使用的颜色较少(灰色、黑色、银色和蓝色)。M细胞和P细胞分布及密度的不同能够说明为什么总是说"艺术是为女孩准备的",这里强调对女孩来说,在叙述和说明文中包括视觉细节相对容易。因此对每个主题给出详细的评估标准非常重要(比如,艺术主题需要详细说明"使用4种以上的颜色",写作主题"使用形容词和副词描述颜色、质地和运动")。

也许最重要的是,女孩和女人都表现出"读"表情的能力强于男孩和男人(Hall,1985;McClure,2000)。现在我们知道非语言沟通信息的重要性以及我们多么依赖(即使是下意识地)自己的直觉(Gladwell,2005),因此解读面部表情的能力代表了建构任何关系时的一个关键维度,无论做父母还是做老师,无论是监管生意伙伴还是领导一个团队。

听觉的性别差异

除了"看"不同,女孩和男孩实际上"听"也不同。对新生女孩和男孩的进一步研究(Sax,2005)清楚地表明,一般女婴的听力脑干响应比男婴强80%。研究者使用频率1500赫兹的声音,因为这个频率的听力对理解人类语言至关重要。其他一些研究证实,女孩的听觉比男孩更敏感。此外,孩子越长大听力敏感性的性别差异也越大。这对课堂里的教师很有意义。

对课堂的启发

听觉的性别差异也许能够解释为什么很多教师觉得男孩比女孩"吵",而且更喜欢大声喊叫,也能够说明男孩面对柔声细语的女老师时可能遇到的困难。此外,女孩的听觉更敏感,也能够说明十几岁的女孩为什么说老师对她"嚷嚷",而老师觉得自己使用的是正常的谈话声高。很多非语言信息线索,如语调,都可能引起误解。女孩(和女教师)的听觉敏感性也会导致比男孩更容易受声音影响而分散注意力。英国心理学家科林·埃利奥特(Colin Elliot,1971)证明,让11岁的女孩分散注意力的噪音水平比让男孩分散注意力的噪音水平低10倍。显然,对于女老师来说的确如此,她们每天在课堂上都要面对活蹦乱跳、又跺脚又敲铅笔的男孩子。

神经静止状态

每天,女孩和男孩的大脑都进入神经病学家所说的"神经静止状态"。然而,根据单光子发射计算机断层成像术,女孩和男孩的神经静止状态非常不同(Gurian & Stevens,2005)。教师很容易识别男孩的神经静止状态,我们会看到男孩做白日梦,发呆,开小差,迷迷糊糊,有时还在课上睡觉。有些男孩为了对抗神经静止状态会变得躁动不安,把曲别针弹到别处,或者用铅笔捅邻座的同学。对有些男孩,这些分神和干扰性的举动可能说明注意力问题和多动症。但是,对多数男孩来说,这些自我刺激的行动可能只是想在不能满足他们学习需要的课堂上保持清醒。

当男孩进入神经静止状态,大脑的某些区域的功能实际已经关闭(King & Gurian,2006),因此失去了集中精神的能力,学习和表现也相应受到影响。

虽然女孩也会进入神经静止状态,但与男孩十分不同。当女孩感到厌倦时,大脑的很多功能依然活跃。即使在毫无刺激的课堂上,女孩也可能集中精力并关注手头的材料。她们更认真听讲,记笔记。宾夕法尼亚大学的研究者鲁本·古尔(Ruben Gur)用核磁共振成像及其他大脑影像技术(Gurian & Henley,2001)发现,女性大脑在静止状态下与被激活的男性大脑一样活跃,这说明女性大脑中还有更多的事情发生。但这并不说明女性大脑在某种程度上比男性大脑更好或者更有效。鲁本·古尔不是说女性大脑"一定更优越,而是说明女性大脑很多区域经常利用资源而且工作更快。女性大脑……的确有学习优势"(29页)。

对课堂的启发

关于学习中的性别差异的一个紧迫问题是,与女孩相比,男孩被诊断为注意力缺陷障碍或注意力缺陷多动障碍的比例要高得多。有些男孩的病因可能源自生物基础。但另外一些男孩在课堂上注意力差或者出现干扰行为是因为他们的学习需求与课堂学习的组织不匹配。由于利他林和专注达这些药品使用的急剧增加,这个问题已经迫在眉睫。根据我们的经验,毫无疑问,这些药对有些孩子非常有帮助,没有这些药,他们可能无法上学,可能会进少年劳教所。但是我们反对将药物作为有效课堂或者低刺激课堂管理的替代品。伦纳德·萨克斯(2005)称之为"不良行为药物化"。他认为,"这种情况的出现实在莫名其妙,不允许打孩子却可以用药物对付他们"(197页)。

我们还有一种直觉,一些有学习障碍的女孩可能没有被诊断出来,因为女孩很会伪装自己,她们可能在"学校游戏"中表现很好,因为即使感到无聊或者完全不理解课堂里正在发生什么,女孩也能够关注课堂事件。这就是为什么老师不能像对男孩那样识别女孩的学习问题。

竞争和自然攻击性中的性别差异

在世界各地的教育期刊上和教员休息室里,学习和课堂上的竞争一直是一个争论的话题。我们可以看到两个极端,X 学校通常把学生考试结果排名张贴在公共布告栏上,Y 学校的教师如此坚决地反对竞争,甚至投票取消了课外的辩论赛和法庭辩论活动。

化学催产素在女孩和男孩的大脑中都存在,但是在女孩大脑中的量更大。催产素被称为化学"黏合剂",与女孩和女人"倾向友好"压力下的进化本能有关(Taylor,2002),与男性"以斗制斗"的进化本能相反。因为男性神经系统中的催产素较少,所以男孩有更多的冒险、冲动和攻击行为。我们都目睹过性别差异对高风险的不同反应。男孩经常表现得兴奋、精力充沛,对"激动"的经历感到刺激。而女孩经常对男孩感到刺激的情景不仅不感到兴奋,反而感到憎恶。过去 20 年很多研究说明了男性和女性面对压力的生物反应的巨大差异。男性在压力情景中受交感神经系统的影响更大,交感神经系统会释放出产生兴奋的化学肾上腺素。而女性在压力情景中受副交感神经的影响更大,副交感神经会释放出乙酰胆碱,会引起不愉快和厌恶的感觉。

由于神经系统和荷尔蒙的各种原因,男孩通常比女孩更具攻击性和竞争性。虽然总有例外,但总体来说确实如此。不光人类如此,灵长类动物也如此。具有讽刺意味的是,如果年轻的雄性灵长类在与同伴的玩耍中被剥夺了表现攻击性的机会,它们成年后暴力倾向会增加而不是减少,因为它们被剥夺了以嬉戏或攻击方式学习与其他同伴建立联系的机会。有证据说明这种情况在人类的儿童中也如此(Sax,2005)。如果我们剥夺了男孩在儿童时期学习如何建设性地管理攻击冲动,这种攻击冲动极有可能会在成人时期以不健康和反社会的方式出现。

结论

虽然男孩和女孩的学习有很多重要交叉,但是大脑特殊的结构差异为课堂提供了启发。也许对于改善女孩和男孩学习最重要的一个启发就是,对教师来说,要知道女孩和男孩大脑中的生理及荷尔蒙的差异对课堂学习会产生巨大的影响。

不论情感上是否能接受这种方式的正确性,我们仍然可以允许基于性别差异的选择。换句话说,可以允许女孩小组选择一个话题来写或者选择一个对她们有吸引力的项目来做。同样,也可以允许男孩小组设计"适合男孩"的项目。

在灵活分组策略中可以包括性别分组。可以是短期项目小组或长期项目小组。性别分组可以是教师使用多样分组策略中的一个。在课堂情境中,我们相信对于学生来说得到这样的信息很重要:希望他们能和全班的每个人都一起工作。我们相信,这可以支持相互尊重的工作关系。在男女同校的情境中,这也是对不同性别的学生的希望。

我们认为,在学生对学校的看法以及正规学习在生活中所起到的作用这些方面,性别起着重要作用。他们的确以不同的方式学习,他们会有不同的风格,不同的学习需求,不同的才能和由于性别不同而产生的兴趣。我们要了解这些差异并将其整合到课程中,使所有人都达到最优化学习。

第十一章

在数学教学中如何运用个性化教学

背景

  一个令人尊敬的同事曾经对我说:"能把伟大的教师区分出来的就是他个性化教学的能力。"这让我既羞愧又失望,因为之前我认为自己是一个不错的教师,同时也毫无愧疚地承认我不是个性化教学的教师。现在这种毫无愧疚的感觉消失了。很多教师都会认同这种感觉,但是也会同意,满足学生的个体需求是我们所面对的最大挑战之一。

  当我开始教师生涯的时候,在每天挣扎着满足我的奥克兰学生的需求以及我自己作为一个无聊的中学生的记忆中,我过滤掉了很多职业培训学到的东西。培训中最能引起我共鸣的概念是维果斯基(1986)的"最近发展区"(ZDP)——那个孩子独立完成与到需要教师帮助之间的"空间"。最近发展区的概念解释了为什么有些学生我不给成绩,同样,为什么我做中学生的时候也会没有成绩。

  我把对维果斯基理论的理解与柴科金特米哈伊(1990)的视角联系在一起:"享受出现在无聊和焦虑的边界,即挑战与个人所能表现出的能力正好平衡的时候。"这似乎能够合理地解释为什么我在中学学得不好,因为缺乏挑战所以感到无聊。同样,我的很多学生也因为缺乏挑战感到无聊,或者过度焦虑,结果在学习上落后。无论哪一种,都不是他们满意的学习水平,也不是我能接受的水平。

  第4年的春天,在加利福尼亚奥克兰的罗斯福中学教生命科学课时,我得到一个消息。由于政策的改变,我将要教的5个班会包括各种特殊的学习者:母语是英语的学习者,在英语环境中生活过不同年头而且正在学英语的学生,还有特殊需要的学生。罗斯福中学是一个市区的公立学校,学生来自不同文化和语言的社区,86%都符合获得免费或减费午餐的资格。听到这个消息的时候，我已经在为满足相对同质班级中不同能力学生的需要而挣扎了。

2006年秋天，在雅加达国际学校（JIS）教8年级综合代数几何课时，我面对着同样的挑战。雅加达国际学校是一个非常多元化的学校，我的学生从需要补课的到大部分都已经学过的，什么样的都有。

在这两种情况下，我头脑中都有一个举足轻重的问题：我怎么能挑战所有的学生，使每个人都有机会经历学习的成长？

备课时努力将目标放在心中（Wiggins & McTighe, 1998），我尽力选择适合课堂上所有人的学习目标，虽然他们的起点如此不同。

5年前，我能想到的唯一方法就是将学生分成不同水平的班。这次，我看问题的方式不同了，幸亏贾斯汀·麦克纳贝尼，奥克兰的一位老师，是她告诉我一种方法，既能满足个体学生的需求，同时又能保证在高度容纳和异质的课上提供丰富多样的学习机会。

从那时起，我和我的同事就接受了这样一个事实：没有一个单一的学习目标能够适合所有学生。相应地，我们使用了三层阶梯的教学项目让我们帮助学生投入到不同挑战水平的主要课程内容中。要通过在最适当的水平上挑战他们自己得到使学习最大化的机会，学生要选择深度而非广度不同的各种学习目标。换句话说，他们要在更深入的挑战水平上努力应对特殊概念和技能，而不是转换到在以后的单元和数学课上将要学习的另一个技能。

我们努力的结果非常令人鼓舞。凯西·格雷格，一个在雅加达国际学校的学习专家评论说："我认为，三级阶梯系统是个性化教学所要求的改变。"

从数学开始

安妮·皮特·肯尼迪和我曾经在雅加达国际学校一起进行了数学阶梯项目。我们先回顾本年级要求学生达到的学习结果，区分8年级数学每个单元基础、普通和高级水平的标准。除了区分3个水平的难度，我们还要努力保证所有学生都能有一个既能达到又有挑战的水平。最关键的是设立清晰的基准线，说明在某个标准的学生应该了解什么，做什么，然后进一步深化所学的内容，这样每个学生都能有相应的挑战。我们开发了对不同水平掌握的一般描述，用颜色给每个水平定名（绿色、蓝色和黑

色)。随着挑战增加,问题会越来越不熟悉,需要更多应用也更复杂。下表(表 11-1)是对 3 个水平的描述①:

表 11-1

绿色	基础的问题,并且看起来比较熟悉。要求识别、回忆和展示适当的技能。绿色任务适合雅加达国际学校 8 年级数学课,每个学生都必须达到这个水平才算达标。
蓝色	问题较复杂但仍然是熟悉的,要求有能力识别那些使问题更加复杂的细节,还要求不断提高技能。
黑色	任务较复杂。要求创造性地运用并扩大技能,在理解问题的基础上适当地解决问题。问题可能是熟悉的也可能不熟悉。

以此为指导,我们开始设计不同水平挑战的任务表现。下表(表 11-2)提供了一个大概,说明我们如何在不同的主题领域将评估任务分级。我们意在保证给每个学生加深对重要课程内容的掌握机会,而不是通常采取的提供其他选择,让高水平学生转到同样是表面理解水平的新的内容。更深——而不是更远——是我们开发教学阶梯项目时经常提醒自己的。

表 11-2

主题	绿色	蓝色	黑色
线性方程式解题	两人年龄相差 8 岁。年长的人是年轻人年龄的 3 倍,两人的年龄各多大?	长方形的长比宽的一半少3,如果周长是 18,求长和宽。	有人问时间,喜欢出难题的老师回答:"如果现在的时间减去现在到明天中午 12 点的1/6,刚好是今天中午 12 点到现在时间的1/3。"现在几点?
理解斜率	一条线过两点:$(-4,6)$ $(-3,2)$,求此直线的斜率。	一条线过点$(-2,-3)$和$(2,5)$,另一条线过点$(6,a)$和$(0,-4)$,且两直线平行。求直线斜率。	一条直线过点通过(a,b)和$(1,-3)$,且斜率为负,$a>1$,求 b 的取值范围。

---

① David 对评估的不同的解释及实际评估的链接请参见 http://www.teachertube.com/view_video.php? viewkey=3c79e62f76cbf9fb277d。

科学的基础

在奥克兰,我们用不同的方法介绍科学概念,描述复杂程度不同的每个评估项目是什么样的。下面是加利福尼亚科学内容标准(California Science Content Standard)的一个例子。

植物和动物的解剖和生理学说明了机构和功能的互补性质。理解这个概念需要以下基础:

a. 学生了解植物和动物结构和功能的组成是有不同层级的,包括细胞、组织、器官、器官系统和整个有机体。

b. 学生了解器官系统是由于每个器官、组织和细胞才能运作。任何一个部分出了问题都会影响整个系统。

c. 学生了解骨骼和肌肉协同工作为运动提供结构框架。

在学习人类器官系统这一单元,学生可以在下表(表 11-3)中选择下列任务。

表 11-3

项目	绿色	蓝色	黑色
器官系统测验	将器官系统的名称与功能和部位相配。找到一个比喻,使比喻的各部分与人类身体组织的不同层次相对应。	给出功能和部位,说出器官系统。从一个故事中确定比喻和组织的层次。	给出功能,说出器官系统并列出部位。为有机体组织的层次创造一个比喻。
关节模型项目	创造一个能够动的枢纽关节	创造一个真实的工作良好的枢纽关节。	创造一个工作良好的球状关节或者车轴关节模型。
循环系统项目	画一个简单的卡通图并使用绿色水平的词汇描述红细胞的生命。	画一个有细节的卡通图并使用蓝色水平的词汇描述红细胞的生命。	画一个有细节的卡通图并使用黑色水平的词汇描述红细胞及其特点。

在这个学习单元开始,我们为学生解释这些任务的评估标准,强调获得成功的技能。写出并分享这些标准,对老师和学生来说都是顺利完成这个单元的一个有益的组织工具。这也能够使学生根据所描述的挑战水平为自己设定适当的长期目标。

达到这些标准所需的技能各种各样。记忆和写作技能在器官系统这部分是必需的,而关节模型项目则需要更多的动手技能。很明显,循环系统项目需要对词汇的理解。在这些选择中,学生经常可以根据技能要求和自己的长处选择不同水平的挑战。我们也要求学生解释选择每个项目的原因。

我在罗斯福中学的教学伙伴苏珊·叶对整个过程进行了反思:"我喜欢为学生提供选择,坚信这种方式改变了学生看待自己学习的方式。我也喜欢被迫去做这么详细的计划,要看得这么远。有目的地计划而且必须以学生能够理解的方式说明学习目标也帮助我反复思考我的教学。"

詹姆斯·纳瓦莱斯那时是加州伯克利大学的研究生,作为学生和我一起教学。他说:"鲜明地告知学生他们需要学习什么,是学生做出真正能帮助他们学习的决定的一个方面。"

学生的责任和视角

无论在罗斯福中学还是雅加达国际学校,学生选择的挑战水平都最适合他们自己的学习。我的推理是,一般来说学生对自己的了解比老师更清楚。如果为自己选择,学生就会做出更好的决定,而且还能带来3个好处。首先,选择有激励作用,在中学课堂,激励学生常常是教师成功的关键因素,任何能够增加学生动机的教学方法都会有收获。其次,学生能够通过有机会做决定而受益,因为反思和调整正是我们要求中学生去发展的技能。最后,因为有些学生认为老师做的决定是不公平和不适当的,因此要求学生自己做选择也降低了得罪这些学生的可能性。

有些同事对我让学生自己选择挑战水平的建议感到惊奇。反对意见通常认为,学生不够成熟,因此无法选择适合他们的挑战水平。尽管退一步承认学生通常完全有能力了解自己,有些同事仍然认为同伴压力和懒惰是为什么学生不能做出正确选择的原因。

刚开始我也有同样的担心,但是我的经验证明这种看法毫无根据。在课堂上鼓励有效决策的过程中,我所教过的无论来自低收入还是高收入家庭的中学生都能坚持选择适合他们自己的高挑战水平。除了很少一些情况我不同意学生做选择,否则学生不仅能够做选择,而且会充满热情地去选择。

开发阶梯学习项目的步骤：

1. 根据主题来组织单元的内容。考虑某一单元现有的标准，根据这些问题区分主题（各种技能）。我们要问自己，哪些内容与学生需要掌握的知识与技能相关，我们要努力区别出与每个单元内容都有关的两大主题。每个主题都要评估。因此学习的主要单元至少提供两个以上的主题，因为有些主题的标准很可能不现实也不需要。

2. 收集与每个主题相关的不同任务表现的例子。从绿色水平开始——在这个水平所有学生应该了解什么，做什么。然后，着重寻找基础到高级不同难度水平之间能想象到的最有挑战性的问题。你的挑战范围越宽，为学生提供的选择就越有意义、越真实。你一定会对最高水平的学生的能力感到惊讶。

3. 开发给学生在教学安排中使用的、能够体现学习目标的评估标准。事先设计评估标准能够使你在发现所有学生都需要学习的重要概念的同时将作业练习分出层级。

4. 通过实际的测试（测验）给学生机会事先了解难度水平。这样学生在为最终评估选择颜色时会感到比较舒服。

5. 尽力设计多层级挑战的作业练习。这样学生在单元学习过程中能够努力达到所选颜色最终的目的，而不只是为了最后评估。

6. 坐视学生自己应付这些情况。避免推动学生选择某种颜色。保持长远眼光。在经过成功或失败的选择后，学生会逐渐调整决策技巧。

7. 允许学生选择时拥有最大灵活性，可以改变主意。比如，我允许学生在决定颜色之前了解最后评估时不同颜色的标准。没有这种自由，学生通常会做最保守的选择。通过保持灵活性能够为学生提供时间和机会去考虑更有挑战的其他两个选择。

8. 最终总结性评估之后，鼓励学生对自己的表现进行反思，以便在下个单元改进自己的选择和工作习惯。

下面是我现在教的8年级学生的评论：

"我觉得让我们从3个不同的难度水平中做出选择给了我们更多的机会去挑战自己。我喜欢这个选择，因为我觉得在我学习的那个数学水平，我更有的说。如果没有选择我会感到失望，因为我觉得

我自己是唯一真正了解自己学习数学的适当水平的人。有了这3个选择,我能在一个特别的数学领域选择最适合我的水平。"(露丝)

"我喜欢选择的自由,并且喜欢选择我感到舒服的水平。"(罗伯特)

"我喜欢有不同的水平,因此我们能选择最适合自己的,既不太容易也不要过于有挑战性。"(米娜)

拉金德提供了一个精心思考的不同声音,非常值得注意。他说:

"选择给我们一种感觉,好像我们知道自己处在什么位置。但有时候,我觉得我需要其他人帮助我决定我所处的水平位置。因此有些不确定感。"

当被问及,如果没有选择会怎么样,拉金德说:

"高兴,因为我相信老师,知道他对我的技能了解多少。"

当然,拉金德相信我和其他老师是好事,但是我们担心大于满足。我更愿意他发展自信因而有可能在有疑问的时候关注自己的内心。他代表了这么一群学生:需要更经常地确认他们是否做得正确。

在与学生讨论做出适当挑战的选择时,我不断提到詹森(Jensen,1988)关于压力对学习影响的图表(图11-1)。

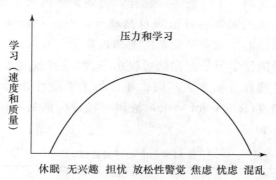

图11-1 压力程度

我鼓励学生选择能够将学习速度和质量最大化的挑战。我也向家长传达同样的概念。

评分系统

虽然学生、家长和老师都对我们的努力给予了慷慨的表扬，但是他们也很快表现出对评分问题的担心，特别是雅加达国际学校对评分特别重视。创造一个与阶梯项目相应的评分系统在两个学校都是当务之急。没有坚实的评分系统，对趋向个性化学习项目的努力通常会失去动力。

两个学校的评分方法是不同的。在奥克兰，学生获得的分数不直接与所选择的挑战水平相联系。不同颜色的评估也可以有相同的分数，但是我们的确与学生协商了评估所选择的挑战水平的适当性问题。比如，班里两个不同能力的学生虽然选择了不同水平的挑战，但只要努力将学习最大化就都能得到 A。在奥克兰我们最关注的是提高效力以及评估学生的个人成长。

我们给学生传达的主要信息是："我给你选择因为这是我的工作最有效的方式，是为了让每个人都能最大限度地成长。我希望你们每个人都能利用这个机会尽力学得最多。你的分数是测量在上这门课的时间里你成长了多少。"

在决定开始个性化的数学标准时，我已经在雅加达国际学校工作了一年。根据我第一年的经验，很显然，更强调学习结果而非成长的评分方式与我们学校团体的价值观自然吻合。而在我们这个系统中，评分必须在所选择的挑战水平的基础上加以衡量。我鼓励学生为了他们的成长而选择能使学习最大化的难度水平，但是我也直率地说明，不同水平的挑战可能评分的方式不同。在评估了正确性之后，分数转换为加权 4 个绩点（four-point scale），被用于在评分的最后阶段决定最终成绩（表 11-4,11-5）。

表 11-4 个人评估分数

准确性	绿色	蓝色	黑色
90—100%	3.5	4	4.5
80—89%	2.5	3	3.5
70—79%	1.5	2	2.5
60—69%	.5	1	1.5
低于 60%	0	0	0

表 11-5　最后评分分数段

加权平均数	最后评级
4.3	A+
4	A
3.7	A−
3.3	B+
3	B
2.7	B−
2.3	C+
2	C
1.7	C−
1.3	D+
1	D
0.7	D−

第二年，雅加达国际学校采纳了我们首次的"标准报告"（standard based reporting）。学生表现要与个人学习目标相关联。我更期待对个人学习目标的报告，而不是给一个总体分数。我们不需要再使用谈话系统作为权重，因为总分不再计入成绩，也不需要报告。我们计划报告学生为每个学习目标所选择的难度水平（用颜色表示），以及相应的学生表现出来的掌握程度的准确性（用字母表示）。无论教师或者学校用什么方法评分，系统必须兼容，并且能与具体的个性化教学实践互补，我们的例子就使用了个性化级评估。

一旦确定了有层级的学习目标，也就有了评分系统，下一步就是做教学计划。主要使用个性化的课堂和个性化的作业，通过这个方式，学生能够在不同挑战水平上学习相同的核心技能。这是第一次我清楚地看到个性化教学在课堂上是什么样子。

在课堂上

今天如果你走进我的教室，你会看到课程总是从一个所有学生都能思考的问题开始。问题的设计是为了启发每个人必须掌握的学习主题中对重要概念的理解。一旦这些概念在学生头脑中清晰了，课堂工作和家庭作业就可能通过不同挑战水平来个性化。典型的情况是，绿色问题是教科书中的问题,蓝色问题来自教科书同时也有补充,黑色问题都来自其他资料。

在进入下一个挑战水平之前,要鼓励学生对这个挑战水平有绝对的信心。信心产生于多看题目,在不同的题型或者为了更强的安全感而反复练习。我们给学生自由和责任去选择与当天主要概念相关的、既有挑战又能提供充分练习的混合问题。可以想象,尽管大部分学生都选择蓝色水平的挑战目标,但班里每个学生都会完成不同的作业。黑色问题通常难度最大,只有很少部分学生尝试。

反映这个过程的一个例子是最近的三角课。这堂课的目标是让学生了解内角之和(180度)并在运用方程式解决问题的情景中去加强理解(图11-2)。学生已经学过穿过两条平行线而形成特殊的对角,所有学生都使用下列热身问题:

求证任何三角形△ABC的角度之和?

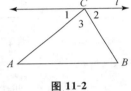

图 11-2

学生组成异质小组一起解决这个问题。一段较短时间之后,全班分享学生们提出的不同结果。通过这样的对话,我越来越有信心,学生们已经使用内角之和来解决问题了。同样的学习方法也用在这个课程部分帮助学生学习三角形的外角等于不相邻的两个内角之和的测量。一旦说明了这个课程需要理解的关键概念,我就给他们下面的作业(表11-6)。

表 11-6

绿色	课本157—159页:联系1—6,13—18,25—27①
蓝色	课本157—159页:28—30书面练习
黑色	雅加达国际学校网挑战问题1—4(在我的网站上)

下面是每种作业的问题例子(表11-7)。

---

① 我们在整合代数几何课程的时候使用了下列教科书:《上升》(*Rising*),G. R., Bailey, W. T., Blaeuer, D. A., Frascatore, R. C., & Partridge, V. (1991).《胡顿·米福林统一数学课本1》(*Houghton Mifflin Unified Mathematics Book 1*) Boston:Houghton Mifflin; Larson, R., Boswell, L., Kanold, T., Stiff, L. (2001).《代数概念和技巧》(*Algebra Concepts and Skills*)Evanston, IL.:McDougal Littell; Cummins, J., Kanold, T., Kennedy, M., Malloy, C., Mojica, Y. (2001)《几何概念和应用》(*Geometry Concepts and Applications*)New York:Glencoe.

表 11-7

绿色	蓝色	黑色
求 x 的值？ 三角形内角为 $67°$, $x°$, $(2x+15)°$	在三角形 ABC 中，$\angle A$ 是 $\angle C$ 的 3 倍，$\angle B$ 是 $\angle A$ 和 $\angle C$ 之和的 2 倍。求每个角是多少度？	在任意三角形 ABC 中，E 是 AC 边上的一点，D 是 BC 边上的一点，AF 是 $\angle CAD$ 的平分线，BF 是 $\angle CBE$ 的平分线，证明：$m\angle AEB + m\angle ADB = 2m\angle AFB$

S1-1a

学生完成他们选择的作业或者从不同作业中选择的混合问题，取决于他们适当的水平和将学习最大化的方法。在上课时间，学生通常在混合能力小组，有时会寻求其他小组的帮助。所有学生看起来都在高投入地工作。

三角课程是一组课程中有关三角关系的主题。在单元结束时，学生选择一个挑战水平做总结，目的是为了衡量与这个主题相关的、他们对学习目标的理解。学生通常选择与他们在单元课程中已经完成的练习相一致的水平。不计分数的形成性评价也能帮助学生理解单元结束时记分的总结性评估的挑战的类型。

在我们运用阶梯式教学时，将几个单元分成不同的主题一直是一个非常有用的组织工具。不同的主题训练不同的技能。这能够使我们通过主题而不是个人技能将评估分成不同等级，每个单元的总结性评估都保持在两个水平，这样便于操作。下面的表格总结了我们前一半课程学习的单元和主题(表 11-8)。

表 11-8

线性方程式
理解运算的意义以及相互关系，特别是作为一个工具求方程的根并评估表达式。
用代数符号呈现和分析数学情景并且通过解决问题的过程去解决真实世界的问题。

续表

绘制图形介绍
在图形的、数字的和符号代表的数据之间转换。
分析功能和模式
几何 I
在解决平面和立体问题的任务中运用视觉化的以及代数推理技能
解决涉及相对的一对角的关系问题

个性化评估结果

目前我们对这个结果非常满意。学生表现出更强的学习动机,并且在更具挑战性的任务中表现得很成功,同时在完成任务的过程中承担了更多的责任。因为孩子们的需求得到了满足,家长对此也表示感谢。作为教师,能够这样说,并且相信,我们履行了帮助所有学生在学习上成长的承诺,感觉真好!

课堂上前后变化的比较揭示了一个令人吃惊的发现。在阶梯式项目的学习中,学生的成绩无一例外都有所提高。我们并没有期望提高学生成绩的标准,这是我们满足学生个体需求这个大目标之下自然产生的副产品。课程并没有因为个性化评估而简单化。相反,学习似乎变得更加严格了。

在反思这个发现的时候,雅加达国际学校一位经验丰富的 8 年级科学教师谢里尔·卡尔就标准的使用和一些学生出乎意料的质量下降提出了他的看法。

> "虽然标准对大多数需要的学生来说是有益的框架,但我经常感到它似乎给更有动机和能力更强的学生的工作质量加了一个上限。这个标准似乎更像是一个何时停止工作的说明,而不是激励他们尽可能地去做。"

我也觉得的确如此,当普通标准适合所有学生的时候,水平高的学生缺乏机会展示他们的学习。

谢里尔的观察也与艾尔菲·库恩(Alfie Kohn,2004)在《过分强调成绩的代价》(*The Costs of Overemphasizing Achievement*)一文的研究结论相一致。库恩说:

"(在一个典型的试验中),孩子被告知他们要完成一个任务。有些被告知他们的表现会被评估,而另一些则被鼓励将这个任务当做一个学习的机会而不只是要做好。然后,每个学生都有一个机会选择他们想尝试什么样难度的任务。结果总是这样:那些被告知是'一个学习机会'的孩子比那些被告知要评估他们做得有多好的孩子更愿意选择挑战自己的任务。"(32 页)

引入一个评估规则,强调对一个单一的、事先定义的标准的表现,不经意中阻止了学生对自己的扩展。正如库恩(2004)所说的:"(学生)适应这样一个环境,在这里,结果而不是学术探索是最重要的。"(32 页)

下面的表格(表 11-9)总结了第一学年在两个 8 年级课堂最后评估阶段学生的选择:

表 11-9

主题	绿色	蓝色	黑色	学生人数
理解运算的意义以及相互关系,特别是作为一个工具求方程的根并评估表达方式。	34%	57%	9%	152
用代数符号呈现和分析数学情景并且通过解决问题的过程去解决真实世界的问题。	32%	60%	8%	151
在图形的、数字的和符号代表的数据之间转换。	28%	63%	9%	154
分析功能和模型	38%	56%	6%	154
在解决平面和立体问题的任务中运用视觉化的以及代数推理技能	32%	60%	8%	137
解决涉及相对的一对角的关系问题	35%	57%	8%	136

人们经常问,学生是否只盯着一种颜色。回答是,有些人会,但大部分不会。特别是当完成上表学习目标的六个评估标准时,57%的学生选择一个以上的颜色,而 43%的学生总是选择一种颜色。

对我和我的伙伴安妮来说,通过阶梯式项目教学,迎接平均水平挑战的学生增加了。绿色水平和我们以前给所有学生的一般标准非常近似。由于大部分学生选择蓝色和黑色,平均来说,和过去相比,现在学生面对的挑战更大。结论是,使用阶梯式项目之前,我们实际上一直在评估最低水平的理解。这真让我们吃惊不小,因为我们一直由衷地认为我们对学生抱有可能的最高期望。

同时,当学生面对更大挑战时,成绩水平反而提高了,而且从下图看成绩稳定(图 11-3)。

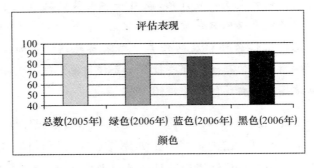

图 11-3

上图反映出一个有意思的现象:在 2005 年开始时,处在准备状态范围末端的学生有将平均测验分数拉低的趋势,但是,在 2006 年,他们在正确率上的表现与选择其他颜色标准的学生类似。有理由得出结论,"绿色水平"准备状态的学生 2005 至 2006 年表现有所提升。

也许一个简单的心理学现象一直在起作用。一旦相信老师开发的任务与他们特殊准备状态的成长最大化相一致,学生的动机会越来越强。教师知道学生倾向于在与他们的自我概念相匹配的水平上表现。如果一组学生认为他们的表现拉了班里大多数学生的后腿,他们通常会表现得比平均水平差,这是实现自我预言的一种方式。

上图对学生成绩和教师行为关系的解释非常有意义。如果给所有学生提供一个普通的评估标准,当成绩拿来比较时,成绩低的学生通常认为自己在班里垫底。如果设计的评估使学生的分数距离拉得很大,那么教师就要对评估挑战水平做出调整。教师也不愿意真正提高挑战水平,因为这样可能使班里成绩低的学生落入更低的无法接受的程度。结果是,评估任务总是在挑战水平范围内,我们对学生成绩的期望也很低,无论我们相信这些期望有多高。课程结束时,必须评估班里低成绩学生的边界表现以决定他们是否达到了年级的标准。

当使用阶梯式教学时,这个过程则不同。虽然我们的学生的数学准备状态确实多种多样,但是安妮和我使班级中的每个学生都有一个实际能达到的、最低限度的年级水平的目标范围。结果是,我们能设计绿色水平的标准,因此这些评估标准可以代表雅加达国际学校八年级的水平,这是每个学生都必须达到的标准,达到这个标准才算合格。

我们也自然形成了一套教学语言，使学生清晰地了解我们的最低期望。通过作业提供的练习，他们也了解我们对挑战范围最顶端的期望。

原有水平低的学生对这种越来越透明的沟通最受益。这些学生在单一评估情景中通常表现得非常一般，但是在以阶梯式方式的绿色水平的评估标准中却有了截然不同的表现。

现在，这些学生精确地了解达到基本年级水平的要求。老师期望所有学生都能在他们选择的挑战水平获得成功。老师和学生都有这种期望，而且这种期望被作为积极的自我实现的预言。

当然，选择绿色标准的学生知道在颜色选择上他们还是班里最低的，但是他们在自己选择时，对自己的要求更高，而且进步的表现与提高的自我概念相一致。在设计好的评估标准中，他们处于钟形曲线的底端，表现也比较一般，而在特别为他们的准备状态水平而设计的标准上能够取得巨大成功时，他们会感到更加高兴。

每个单元之后，我们都要求学生反思他们在这个单元的学习过程中的经历和压力水平的情况。

学生在图 11-1 中选择这个单元中他们表现最好的时候的感受。下面的图表（图 11-4）总结了第一学期学生的回答。

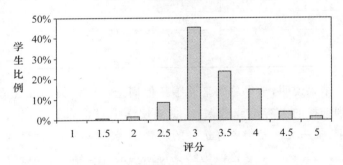

图 11-4　整体压力与学习（183 名学生）

两个学生本来想选择绿色作为最后评估的水平，之后尝试了绿色和蓝色混合的家庭作业。他们评论说：

> "我喜欢有选择，因为你可以自己决定是否准备好了应对更难的挑战。"（邦妮）

"我认为这很有用,因为你可以挑战自己,但是又能对自己的数学有控制感。"(托拜厄斯)

原有水平最高的学生要以极大的热情和自豪面对前所未有的挑战水平。瓦·李第一年因为单一的普通标准太容易而感到无聊,在选择了黑色水平评估标准后,他充满热情地大叫:"太难了!"而当问到约翰纳斯对即将面对的黑色水平评估标准有什么感觉时,他面带微笑轻轻地回答:"我感到很兴奋!"

可以想象,听到这些评论多么令人满足,特别是知道即使在准备状态范围最低端的这些学生也能够通过挑战成长。瓦·李对阶梯式教学有一个非常坚定的看法:

"雅加达国际学校 8 年级数学一定要坚持 3 种颜色的选择系统,因为它提供了适合学生现有数学技能的不同难度的挑战水平,因此对很多学生都有益。"

表 11-10 总结了学生对他们选择的评估标准的适当性的回答。

表 11-10
在达到学习最大化目标的过程中
报告评估标准"_____"

学生的选择	太容易	合适	太难	参加总人数
绿色	9%	90%	1%	152
蓝色	6%	86%	8%	333
黑色	4%	90%	6%	48

这个结果说明,学生总的来说感觉他们选择的评估标准合适。如果他们感到选择的太容易或者太难,也能使学生对将来的决定做出调整。回想起来,唯一无法做出更好选择的就是已经选择了黑色但仍然觉得太容易,或者已经选择了绿色但仍然觉得太难的那些学生。但这样的学生只占很少的一部分。比前些年报告评估水平太容易或者太难的学生人数明显少多了。

换句话说,一个学生的成长和成功现在不必以另一个学生的挑战机会和成绩为代价了。在一个异质课堂上,能力范围两端的学生都能获得成功。我很高兴我们没有坚持以前得出的结论,那时我们认为多条道路是唯一的方法。

除了学业上的成长之外，学生也对自己有了很多了解。在选择挑战水平时，他们不断做出选择并且评估自己得到的教育。不再需要教师告诉他们什么对他们是最好的选择，学生们会花一年时间去回答这个问题。这为决策和自我反思提供了很多机会。丽贝卡的评论强调了学生在学业之外的成长：

"我认为颜色系统真是个好主意，因为学生成为社会上独立的一员之后，必须要做很多决定，因此……颜色系统给他们机会练习做决定的技巧。如果他们后悔选择了某种颜色，他们就能从错误中学习并且会努力做得更好。

在每个单元结束时，我都利用机会给学生提出反思问题。下面是学生对这两个问题的回答：你是如何选择挑战水平的？你对自己的选择是否满意？"

维沙利："这是我感觉舒服的选择。我知道我能完成蓝色的任务，我对自己的选择感到满意，因为我学到并且理解了很多新的东西。测验中我得了 A，这就是证明。我知道如果我选择黑色可能会陷入混乱。我还在发展自己的技能，我还没有足够的技能去选择黑色。"

马蒂拉："我想变变，选择容易一点的，只是想看看容易一点的是什么样。我对绿色非常有信心，所以选了绿色。我对自己的成绩非常满意。我对自己的工作很有信心而且得到了很好的成绩。虽然我认为也许我该选择蓝色，但是我的测验和一般评估都得到了好成绩，这些都是蓝色水平的，所以我想我该选择蓝色。"

乐-塔："我选择黑色想看看这样我会处在图形的什么位置。考试不太难，也不太容易。难度正好。"

莎拉选择了绿色，她解释说："我对自己学到的知识感到有点不确定，我不太满意。我相信考试太容易。我觉得我该选择蓝色。"

图 11-5 是单元末用于反思的通常形式。

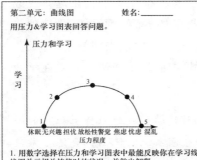

图 11-5

下面是学生谈到个人成长时对自己的评论：

"我非常喜欢能够选择难度水平。这意味着每个目标都要依靠我自己的技能水平，我每次都能挑战自己，虽然有时我可能会做出错误的选择。"（提耶）

"我喜欢挑战，但是有些人可能会选择错误的颜色并且后悔他们做出的选择。"（休）

这些评论开始揭示通过这个系统运用出现的最令人满意的一个方面。学生不断地做出选择，评估他们的决定，并且带着关于自己的新信息努力，以便在将来做出更好的选择。阶梯教学项目是将多种决策机会整合到课程中的一个方式。

在学年中间，我会问学生："你们认为3个颜色的选择系统是否帮助你们提高了做决定的能力？"132个学生做出了回答，90%的压倒多数认为是"是"，10%认为"不是"。下面是来自能力范围两端的学生的想法。

"是的，了解我们的能力和技能并且能选择正确的水平对我们来说并非易事。选择水平使我们思考并回顾自己的数学技能，这对做出决定非常有帮助。"（昭熙）

"这能帮助我们面对自己的技能并确认某些弱项/强项。因为网上都有我们的成绩,在做出选择之前可以帮助我们仔细权衡选择和可能性。这些做出明智决定的实践对将来会极为有帮助。"(丽娜)

"我认为很有帮助,因为感到不合适的时候我可以调整。"(瑞奇)

"是的,因为今年我知道要为自己的所作所为负责,如果我想多学一些东西并且做得更好,我应该选择哪个是自己的水平,并且在此基础上提高。"(珍妮)

"这给我们提供了选择,让你思考选择颜色之后的结果,如果愿意你可以承担更多的风险。"(布莱恩)

"我非常犹豫不决,所以花很多时间做选择,而且有时会做出错误的选择,结果非常不好。这让我非常担心。"(艾米)

"不,用这个系统对我没有多少挑战。"(马尔科姆)

能够想象,在面对选择的时候,学生自己还要面对很多问题:我是不是尽可能学了我能学到的?我挑战自己的量适当吗?太多还是太少?这重要吗?我对材料理解得怎么样?我对自己的能力有足够的信心吗?是冒着低分数的危险去选择更大的挑战还是应该选择更安全的道路?如果我想在更高水平上取得成功,我该怎么做准备以保证成功?多少练习才够?如果我在一个更基础的水平上取得成功,能对我所学到的感到满意吗?对上一个问题的回答会让我有什么感觉?

问题还可以继续列下去。这当中有这么多问题需要思考,可以想象,没有时间叹息和抱怨。当有这么多可能成功的选择时,谁还会有时间琢磨这件事有多困难?事实上似乎发展出了一种相反的、影响课堂的文化。选择更大挑战的学生越来越引以为荣,并且开始采取加速学习、迎接挑战并达到成功的行为。积极的同伴压力到达顶点。夏洛特,一个逐渐从绿色转向蓝色水平的学生反思道,"我喜欢选择颜色。我认为,当你选择颜色时,你会更愿意挑战自己。"

由于学生有这么多选择,因此也有很多机会去加强这样的信息:我们可以接受每个人都不同,都有独特的优点和缺点。学生们尊重彼此选择的权利而不去贬低别人的选择,而且会真诚地彼此支持达到他们的目标。

关于这个话题,夏洛特也有下面的评论:

"我从未对选择颜色感到焦虑。我不去考虑别人会怎么想,因为这是我想要的。有时,一个朋友会让我去做'蓝色',认为我该这么做。"

的确,学年开始时,夏洛特通常选择绿色水平。但是随着信心的提高,她开始更经常地尝试蓝色水平的问题。

虽然看问题的观点不同,但总的来说,学生对选择他们想要的颜色感觉舒服,并且当看到适合他们的机会时,更有动机增加挑战水平的难度。

艾斯特将颜色系统与挑战机会联系起来,她说:"做出颜色上的选择帮助我在学习时能够面对更大压力的挑战。这也是在高水平任务中值得骄傲的事。"

除了学生的角度,家长也提供了值得反思的评论。涉及满足孩子个体需求这个问题,选择黑色水平的学生家长告诉我,"我的孩子终于在数学上遇到挑战了。这些问题真的很难。"而原本水平低的学生家长则说,"这是第一次我的孩子在数学上体会到了成功。"

当一位家长对选择绿色水平挑战可能产生低自尊表示出他们的担心时,另一位家长解释说,她的儿子一直进步很快,结果有了开始解决黑色问题的机会,但他屡次尝试都没有成功。她说,对于儿子来说能接受这种失望非常重要,正如能进入足球队是那些孩子创造的、应得的机会,他儿子有同样的机会在数学上胜出也是应得的。

家长们也全面评论了发生在孩子们身上的学习之外的变化。一位家长说,"我的孩子必须要选择做哪个测试。这使她思考她的学习并且给了她一个做决定的实践机会。这正是孩子在中学需要做的。"

有时,一个孩子的选择可能会引起整个家庭的辩论。家长会问,"你不认为我的孩子应该选择蓝色(黑色)的水平吗?"我通常会诚实地回答,"是的,我是这样认为的。"如果我认为一个孩子最好留在现在的水平,我也会开诚布公。但无论是哪种情况,决定权都是孩子的。

在我使用个性化级评估的过程中,不止一个家长说过他们孩子的需要在课上没有得到满足。这是我对所有学生使用普通评估时没有遇到的。同样,家长似乎接受责任发生了转换。他们寻求我关于孩子的准备状态以及应该选择什么挑战难度的意见,但是也接受我拒绝强迫学生进入一个特殊的轨道。

虽然到目前为止对结果感到满意,但我们认识到我们的努力是一个持续的过程。这些日子我不断思考的问题包括:拥有选择到底是如何影响学习结果的?在选择挑战的过程中什么时候(如果有的话),在多大程度上我们应该指导学生?我们怎样改进个性化教学的课堂实践使在不同挑战水平学习的所有学生都同样得到教师教学上的帮助?如果对于一个或者更多的学生,即使最基础的绿色挑战水平也在他们的最近发展区之外,我们怎样应对这样的情境?阶梯式教学项目和建立一个中学跨年级的数学学习连续体之间的关系是什么?这种方法是什么年龄段适合并需要的?这种方法在数学和科学之外的学科也有效吗?

结论

在数学课运用阶梯式教学项目已经证明对于参与这个过程的所有人都是有效的。学生发展了对内容的深层理解,同时也作为决策者在成长。家长感到孩子的需要被满足因而十分欣慰。教师在达到满足所有学生需求这一目标的道路上感到更加成功,比起需要设计既有挑战又能使所有孩子成功的完美评估标准,压力也减轻了。

在与其他教师共同设计、分享结果的工作过程中,我得到了极大的个人满足,因为我欣赏倾听他人担心的机会。关于这个特殊的系统,我仍然希望有令我为难的担心。这样,阶梯式教学才能被证明是一种坚实的方法。

如果你对这种尝试有兴趣,最后我还有一些鼓励和支持的话要说。

● 要认识到开发一个阶梯式教学项目的过程随着时间推移会越来越容易。如果你因为不确定该怎么做而感到害怕,那么尝试着不要过多担心,因为这样会无法开始。相信我,当我们开始这段旅程的时候,我们也觉得在信念上有一个极大的跨越,起初也感到很害怕。第一步先要开发一套个性化级的评估标准。第二步想出如何让学生达到目的。就像任何目的一样,除非你了解自己要做什么,否则无法找到如何达到的方法。一旦目的确定了,旅程就清晰了。

● 如果要计划在数学课实施个性化级的评估标准,要密切注意挑战性的问题。传统教科书中已经有很多培养基础水平技能的问题。但我们发现类似"黑色"水平的复杂问题的评估和练习非常缺乏,而只有这些高水平问题才能发展核心学习内容。

● 要通过将个性化级评估标准工作分成几个部分来创造合作机会。与一个(或几个)同事合作并且就所教授的技能/概念达成一致,然后分工寻找与这些技能和概念相应的达到评估标准的任务。

● 设想评分系统是什么样的并且要完全保持开放。开发一个你觉得合适的系统,要和学生、家长和同事公开讨论。这样,一旦所有的担心都诉说了，你最终就能够将注意力从评分转移开。而且，不要害怕承认这对你来说是一个新的事情，你会不断做出调整。当做出调整时，要让学生和家长了解你为什么改变方法。实施的第一年是蜜月年，其中你可以利用"实验阶段"自由地修补你的方法。我的教学伙伴安妮会告诉你，我们开始这个项目之初认为家长会有很多担心，但实际上家长的担心并没有那么多。如果相信实验是为了学习者的利益，学生和家长都很愿意老师进行实验。

● 最后，享受这个过程！自从开始阶梯式教学项目，我从中得到了很多乐趣。如果让一个学生或者一组学生不及格，你绝对不会感觉舒服。自从开始这个努力，我作为教师的成功感极大地提升了。在中学课堂为不同的学生提供不同的学习目标是确保青春期阶段的所有学生都能在学业上成长的关键方式。

第十二章

国际文凭课程项目中的个性化教学

在曼谷的一次晚餐上,一位非常有经验的国际学校管理者劳瑞·麦克莱兰给我们讲述了一个故事。这个故事是关于他在欧洲国际学校董事会上介绍国际文凭(IB)考试的结果的。董事会倾听了劳瑞对考试结果的分析。他将IB学校的分数与世界范围内其他学校的平均分数做了对比并且回答了一些问题,比如评分的意义以及分数是怎样计算出来的。在介绍结束的时候,一位董事会成员让劳瑞向两位总分超过40分的学生转达董事会的衷心祝贺。全世界只有非常少的IB文凭学生能够得到40分以上。劳瑞停顿了一下,答应了,但是提出了一个条件:董事会也要向得到24分、达到了IB最低标准的苏菲(改换了名字)表示祝贺。董事会成员看起来很困惑,劳瑞解释说,苏菲有学习障碍,从2年级就开始接受学习帮助。她的不断努力和成绩一直以来都是非凡的。在劳瑞的心目中,苏菲的成就同样需要得到承认和祝贺。

我们觉得苏菲的成就也应该是细心而有技巧的老师们采取个性化教学方式以对她有意义的方式工作的结果。

高级学习者项目诸如IB文凭项目有时被认为具有精英教育的特点。不幸的是,在类似的谈话中,"精英"一词很少被定义。精英主义作为一种信念,相信某些人或者某些班级组织的成员应该得到更好的对待。我们需要在此争辩的是,在IB文凭项目中,没有什么(也许除了费用之外)是固有的精英特点。然而,有些学校却以精英时尚来运作。我们认为这涉及平等问题。

几年以前比尔作为评审团队的一员参观了一所很大的国际学校,这个学校的高中部设有国际文凭项目。在访谈中,IB主任很骄傲地向来访团队宣布,过去5年中,IB的及格率是100%,平均分数达到35分。这些结果在学校报纸上刊登并且被视为学校的骄傲。毫无疑问,平均35分对一个学校是一个非常好的结果。

事实上,这个结果太好了。

5年内这么高的平均分说明IB项目录取学生是经过严格控制和选拔的。只有那些在门槛之上保证成功并且学校相信他能够成功的学生才能被录取。这种学校不会为学生冒险,不会给苏菲得24分的机会。

当比尔第一次来到吉隆坡国际学校时也面对同样的情境。他告诉董事会他想扩大IB文凭项目的招生人数和范围,并且告诉他们这将降低IB文凭的平均分数,也可能降低及格率。经过讨论,董事会认为,满足学生的个体需要比学校所需的闪光的数字更加重要。

我们相信,在高级学习者项目如IB项目中实施精英教育的方式,为一些教师和管理者的感知蒙上了一层色彩,因此难以看到个性化教学在项目中能够起到并且应该起到的重要作用。从某些方面来说,这是自我实现的感知。如果学校只录取那些保证能够得到非常好的考试成绩的学生,那么学校就很有可能在整体上取得显著的成就。而取得这样的成就之后,某些部门就会力图将这种令人目眩的考试成绩统计数字作为项目高度成功的证明。想获得成功是很自然的,但有时这会导致学校怀疑在一个已经运作良好的项目中个性化教学会起什么作用。这像是以另一种方式在说,"如果没有破损就不用修补"。

我们要说,类似IB项目中高度选择性的录取说明这个系统已经从根本上被破坏了。

从事IB项目25年的经验使我们相信,国际学校中的大多数学生都有能力以一种或者其他方式迎接学习的挑战。事实上,我们认为,学生进入IB项目的关键性成功指标不是智能,而是成熟的态度和学习习惯。比如,从20世纪80年代到90年代的15年中,坦噶尼喀国际学校只在11年级和12年级提供IB项目。录取几乎没有选择性,将近60%到70%的学生以非常值得称赞的90%到95%的及格率完成全部IB文凭课程。其余的学生参加IB证书课程。在这15年中,只有很少学生不被高中录取。

《IB评估手册》(*IB Assessment Handbook*,2004)也反映出这种情况,希望能够录取有学习障碍和注意力缺陷障碍的学生,让他们参加考试。事实上,《IB评估手册》对于这些孩子的入学有清晰的大纲和修订(IBO,2004,11页)。

根据我们的经验,非常聪明、动机很强的学生无论跟什么样的老师学习都能够取得杰出的考试成绩。而苏菲这样的学生需要杰出的老师和个性化教学法的支持才能获得文凭。

在类似 IB 的高级学习者项目中进行个性化教学,体现的是教育中优异和公平的结合。

关于 IB 个性化教学最常见的 5 个问题

在世界各地的国际学校开办个性化教学工作坊的时候,经常有人问我们,个性化教学怎样与外部测验课程比如 IB 或者 AP 相适应。我们收集了 5 个类似的问题,检测这些问题的假设及作为其基础的可能的含义。

1. "IB 考试是无法个性化的——事实上,很多大学课程都不是个性化——我们真的要帮这些孩子把事情简单化吗?"这个问题对于什么应该个性化以及什么不该个性化有一个误解。IB 考试成功是学习标准(用 UbD 的术语就是"需要的结果")而且一定不能个性化。但是我们可以在如何帮助学生获得这个结果上选择个性化。有很多通往理解的道路,正如梅尔·莱文(Mel Levine,2001)所说的,"学生……从发现他们偏爱的通向理解的道路受益。有些对言语理解最好,有些会努力用图形呈现,有些被动手的方式或经验学习所吸引。在所有情况下,我们都要鼓励他们在头脑中呈现丰富的信息,如果可能,用多种形式(通过思考例子,使用心理意象,重述和加工等等)"(第 17 页)。

如果教师通过适合学生的长处或兴趣的方式使学习变得容易就能极大地支持学生的学习。

的确,很多大学课程不包括个性化教学。大学生物入门课程可能有三百多人,无法实施个性化教学。但是大学缺乏有变化的、以学生为中心的教学方法这个事实,难以成为相对较小的高中课程不进行个性化教学的依据。

在这种情景下,我们最好回顾一下亚瑟·克拉克(Arthur C. Clarke,1986)在一篇题为《2019 年 7 月 20 日:21 世纪的生活》(*July 20th, 2019: Life in the 21st Century*)一文中的观察。他呼唤教育基础重点的范式转换:"我们目前的教育系统是在培养工业革命以工厂为基础的经济中的工人,因为这种工作需要耐心和顺从……学生学会了整齐地坐着,通过死记硬背而吸收事实,学习材料的速度取决于一个集体,无视学习速度上的个体差异。"如果你曾经怀疑为什么过去有那么多无聊的学校,那么克拉克就提供了一个可能的答案。生活像装配线,工厂的嗡嗡声让人厌倦,而忍受这种无聊被看做是生活技能的重要部分。无聊的学校为无聊的生活做着最好的准备。但是，正如克拉克指出的，"2019年将不会有工厂的工作。除了很少的技术工人监控仪表之外，明天的工厂将是自动化的，由电脑指挥机器人工作"（Powell，2000）。

我们是在帮助学生使学习对他们更容易吗？用一个词来回答，是的。为困难而困难毫无内在价值。如果有简单的选择，复杂就没有价值。那种相信斯多噶学派忍受无聊或者慢性焦虑会产生令人钦佩的性格特征的日子已经一去不复返了。提出这个问题的人可能混淆了"严谨"（rigorous）和"繁重"（onerous）或者"费力"（arduous）。艾尔菲·库恩曾经评论说，"很多可怕的事情都是以'严谨'或者'挑战'的名义实施的。随着学校变成了事实上的工厂，人们谈到'严谨'时，真正的意思经常是'繁重'。这无助于孩子成为批判性思维者和终身学习者"（O'Neill & Tell，1999）。

"将学习变得更容易"意味着使学习更有刺激性，更有挑战性，对学生更有意义。这是每个教师最基本的义务。

2. "小学和中学可以采取个性化教学，但是在IB高中真的能用吗？"这个问题似乎在说，随着我们长大，就会变成同一类型的学习者，我们在学校的经验会把独特个性的棱角磨平，高中"一个号码适合所有人"的教学与个性化教学同样有效。但是有研究表明，至少我们的某些智能偏好和学习风格在大脑中是固定的，会伴随我们终生。像年龄小的学生一样，高中学习者也需要多样的、以学生为中心的方法去学习。

这个问题可能有这样的含义，即高中的学习经验与小学和初中有极大的差异，可能不适合个性化教学。虽然，毫无疑问，高中的学习涉及更复杂的概念和更丰富的内容，但是我们需要清醒，不要落入错误的二分法中，认为完成内容与教授概念的理解相对立。IB学习课程会有一个规定的教学大纲，需要教师全部教完，这是不容商量的。学生也必须为考试做准备。但是完成内容本身并不能为考试做充分的准备。当完成内容成为重中之重，教授概念的理解成为附属品，结果导致教学成为比学习更重要的东西。我们要问，不是从字面意义上提问，是否有些东西教了但实际上并没有被学到。五十多年前，拉尔夫·泰勒（Ralph Tyler，1949）批驳"我教了，只是他们没学会"是一句蠢话，就像是说，"我卖给他们了，只是他们没有买"。

IB考试回报那些表现出对他们所学的概念有深层理解的学生。而这些是通过展示高水平的思考技能,比如分析、比较、评估、预测,以及通过在新情境或环境中运用概念完成的。除了完成教学内容,教师还要教授概念的理解。这绝非不是/就是的选择。完成这个任务最有效的方式之一就是运用与学生长处、智能偏好、学习风格和兴趣相适应的多样的教学方法。

3."我连完成IB教学大纲的时间都不够,哪有时间搞个性化教学?"涉及个性化教学时,有两个与时间相关的问题。一个是课堂时间,另一个是备课和准备时间。让我们分别来看看这两个问题。

通常教师无法控制课堂时间。什么时候上课、上多长时间通常是课表决定的。因此,教师在增加教学时间上没有灵活性。但是,课堂时间如何使用的确可以控制。换句话说,优化课堂时间使之产生最重要的学习结果是教师的责任。

那种认为个性化教学比"一个号码适合所有人"的教学方式花费更多课堂时间的观点是一种误解,这种观点认为个性化教学是新加的东西——就像课外活动或者可选择的实地考察。但个性化教学实际上是做同样事情的不同方式——但是,从学习者的角度来看,更有效也更实用。

而且教师也的确能够控制一定的备课时间。毫无疑问,至少在刚开始的时候,个性化教学需要花费更多的准备时间。这就是为什么我们建议刚踏上个性化教学旅程的老师要"保持简单和互动"。教师需要计划备课时间,既能充分备课又能享受自己工作之外的生活。

虽然个性化教学开始时需要更多的备课时间,但随着时间推移,教师会建构一个成功的个性化教学策略和教学活动经验库。一旦这个经验库建立起来,备课时间就会减少。吉隆坡国际学校的一位法国老师玛丽-佛朗斯·贝莱写信告诉我们这些年个性化教学是如何改变她的教学的,"虽然个性化教学曾经是一个庞大的工作,要在我的计划中'包括'个性化,但是现在它已经成为了一种思考/备课/教学方式"。

4."IB课程的选择和录取标准形成了比较同质的班级,真的还需要个性化教学吗?"认为IB学生代表一组同质或单一的高成绩学生是一种谬误。如同不需要考试录取的班级一样,他们也有独特的学习方式,也会认为某些学科更难或者更容易。很多学生会经历自我怀疑的阶段,不知道他们当初的选择是否正确。中国天津国际学校校长尼克·保利强调,真正出色的学校的标志之一就是处在边缘的学生也能获得 IB 文凭。

我们已经说过,课程的选择虽然提供了不同程度的个性化,也就是说,学生会选择他们感兴趣并且适合他们准备状态的课程(标准课程与高水平课程),但是课程选择没有考虑个体学生怎样能最有效地学习。

如果教学方法的多样性比单一风格(比如,讲课、提问和答案讨论)更能体现有效的学习环境,为什么 IB 学生不需要呢?

5."个性化教学不会给孩子带来不好的影响吗?"小学或中学甚至需要考试的项目如 IB 都可能提出这个问题。我们怀疑提问者可能混淆了"按能力分组"(streaming 或者 tracking)与个性化教学。从我们的经验来看,有技巧的个性化教学不会给孩子带来不好的影响,而且结果恰恰相反。

在任何课堂(个性化的或者非个性化的),只需要几天时间,学生就会了解哪个同学学得最快,哪个学得慢。有些善意的教师假设如果他们忽视这种准备状态和成绩的差异,学生也不会注意到。但我们知道情况并非如此。即使不在课堂上明确指出学生差异,学生之间也经常会产生地位的不同。这种对低地位和高地位感知的等级(Cohen,1998)也会对学习造成深刻的影响。科恩观察到地位低的孩子参与课堂活动和讨论较少,因而获益也少。被同学认为地位低实际上阻碍了学习。

如果向学生直接说明学习差异,他们会理解智能不是单一的——虽然伊姆兰可能学数学有困难,但他打鼓打得非常好;虽然莎拉写东西很好,但是她却不敢在台上表演。此外,当教师清晰地说明学习差异的时候,也给学生提供了一个尊重多样性的机会。学生因此了解有很多学习的方式,而且每个人都会把不同的才能、优势和个人特点带入课堂。正因为如此,个性化教学课堂的不利影响反而更少。

我以前的同事奥斯卡·尼尔森现任印度尼西亚万隆国际学校校长。他给所有 IB 文凭项目的学生发邓恩的学习风格量表(Dunn & Dunn Learning Style Inventory),让他们了解自己的学习风格并且意识到他们需要何种条件使自己的学习最大化。

国际文凭项目中的个性化教学

2000年,我们在《IB世界》(*IB World*)发表了一篇文章[原名《承受压力者的教育学》(*The Pedagogy of the Pressured*),编辑没有看过保罗·弗莱雷(Paulo Friere)的著作,所以改成了《压力教学法》(*The Pedagogy of Pressure*)]。这篇文章主要批评国际文凭组织不重视教学法(在IB项目中)以及我们在各类学校——有些是极负盛名的学校——看到的"一个号码适合所有人"的教学方法。

这篇文章集中于IB项目中学生所遭遇的压力和紧张,我们认为紧张的一个主要来源很可能是很多IB教师以及国际文凭组织对教学技艺(Pedagogical craftsmanship)缺乏重视。

> 聪明、高动机的学生与需要"完成"的庞大内容的组合对于教学的真实技艺来说经常被证明是致命的组合。从我们的经验来看,大部分IB教学法是众所周知的"板书加讲解"、讲座和小组讨论。科学课程在IB项目需要的时候会包括动手的活动和项目,虽然有时也很快乐,但从最近大脑研究对教学的意义、学习风格、认知心理学、多元智能理论和建构主义理论来看,大部分的教学仍使用传统策略,缺乏想象力并且难以引起注意。由于缺乏对教学实践的直接关注,大部分教师都是他们怎么被教的,现在也怎么教别人。
>
> (Powell & Kusuma-Powell,IB世界,2000年秋)

然而,时代正在改变。

2006年,国际文凭组织发表了一份题为《国际文凭学习者培养目标手册》(*The IB Learner Profile Booklet*)的至关重要的文件。学习者资料在IB不是一个新的概念,起初作为小学项目(PYP)的一部分被称为"小学项目学生资料"。具有重要意义的是,现在国际文凭组织将这个资料扩大到所有三个项目,包括文凭项目。"国际文凭组织将学习者资料引入所有三个项目使之成为IB国际学校的共同基础,包含了这三个项目的本质"(国际文凭组织,2006,1页)。资料描述了一系列IB学生和教师应该努力所达到的特征,包括探究、评判性和创造性思维,思想开放、合作、有效沟通、同情心及反思。这份文件十分全面而且令人印象深刻,更可喜的是它也适用于文凭项目。

自20世纪60年代开始建立,IB文凭项目就开始开发国际学校中学最后两年的学习课程,目的是为了得到世界各地知名大学的承认及入学资格。这是当时的迫切需要,可以理解,主要的开发集中在文凭的可信度。虽然加入了一些重要的革新,比如创造、活动和服务课(CAS)及知识理论课,但是早期对教学法或者说对如何最实用最有效地促进学习缺乏重视。2000年,我们曾写道:"多少次我们听到IB教师说,'建构主义'无法用于IB项目,或者说,IB教师根本没有时间去探索基于大脑研究的教学……如果高质量的教师将完成教学任务作为神坛因而献身于此,那么遭受痛苦的最大群体将是学生。这里没有言明的假设是,IB项目对完成内容的要求如此之高,因此没有时间检视或者反思有效教学方法。这种观点不仅不正确,而且破坏了学术标准,一方面可能降低内容水平,另一方面则可能固守教学大纲,给教师和学生造成不必要的紧张和焦虑。"(Powell & Kusuma-Powell,2000)

多少年以来,IB一直强调学生"学习如何学习"的重要性,国际文凭学习者培养目标的出版是坚持这个方向的一个重要的里程碑。从我们的观点来看,它更强调教学法,包括个性化教学。"课程可以根据学什么(写作课)、怎么学(所教的课程)以及如何评估(学到的课程)来定义。这给予内容、教学、方法和评估同等的重视。"(国际文凭学习者培养目标,2006,2页)

国际文凭学习者培养目标鼓励教师,IB各部门协调员和学校管理层提出下面的问题:

- 是否有可能在课堂上创造更多的学习经验和机会使学生成为真正的探究者?
- 我们需要用多少精力关注学生在小组活动中彼此之间的互动?我们是否应该花更多的时间帮助他们作为团队的一员更有成效地工作?
- 我们是否应该创造更多的机会讨论我们所教的主题中出现的伦理道德问题?
- 我们怎样在课堂上和学校营造良好的共情、同情和彼此尊重的气氛?

国际文凭组织,2006,第3页

这类问题是让学校和教师认识到文凭项目中个性化教学重要性的问题。同时,IB组织也承认学习者资料提出的挑战:

> 国际文凭组织承认,引入国际文凭学习者培养目标可能为学校带来挑战。它要求学校批判性地评估他们的学习环境以及资料中所提到的促使所有学生和教师发展的价值观的改变所需要的条件。这种改变可能会导致真正的合作学习环境,在教师队伍中加强专业化以及学校承诺对专业发展的投入。对于大多数学校来说,这可能意味着新的开始,但也意味着重新调整重点,意味着创造性的思维和资源。对于某些学校来说,学习者资料的引入是必要的方向上的重大转变。
>
> 国际文凭学习者培养目标手册,2006

从2006年开始,学校要求小学项目和文凭项目的重点放在监控学生的发展(根据学习者培养目标),"促使学生投入和教师反思,自我评估及会议……国际文凭学习者培养目标的实施重在这些方面的实践,学校强调这些实践,并在项目评估中作为自我学习的一部分"(国际文凭组织,2006,3页)。

如果对个性化教学在IB文凭项目中的地位仍有疑问,《IB评估手册》(*The IB Assessment Handbook*)做出了更直接的回答。多年以来,国际文凭组织认识到某些评估程序对学习障碍学生存在歧视。《IB评估手册》下面这段话描述了特殊教育评估中政策上的偏见。

> 另一方面可能存在于评估任务中的偏见是对阅读障碍、注意力缺陷障碍和视力损害等有特殊需要者的歧视。评估任务所需的条件应该考虑对这类学生的适当性,能让他们和其他学生同等地展示出教育成就的水平。
>
> IB评估手册,2004,11页

可以这样认为,如果IB能够在评估方面为学习障碍学生提供可能性,那么在个性化教学方面也应该如此。

IB 个性化教学运用的几个例子

IB 英语 A

几年以前,吉隆坡国际学校高中英语教师珍妮特·谭和琳·科尔曼为了让学生学习约瑟夫·康拉德(Joseph Conrad)《黑暗的心》设计了一个极为有效的个性化教学的学习活动。珍妮特和琳让 IB 学生设计并在教室前面走廊的墙上画画,这些画要描述小说的情节、人物和重要主题。这部小说是流浪体裁的故事,随着叙事者的旅程上溯到刚果河,由此呈现出视觉上的美。老师指导学生找到小说中的关键场景,包括重要特征、主题以及小说的段落。

墙上的第一个画面描述抛锚在泰晤士河的船里,马洛"像佛一样"坐在昏暗的桌旁。马洛旁边有一段话:"我们像做梦一样生活——孤独地。"我们看到背景是伦敦的城市风光,写着"这也是地球上一个黑暗的地方"。

泰晤士河几乎是超现实主义地出现在展现着刚果河的西非地图上。在这张地图上,我们看到非洲人被锁链锁在树上(可能是橡胶树)。下面几个画面描述沿着刚果河逆流而上的旅程,引用了书中有重要意义的部分。最后一个画面描述库尔茨跪在地上,面色苍白。下面写着:"恐怖,恐怖。"

IB 英语考试之后,比尔问学生考得怎么样。无一例外,所有和他交谈过的学生都说当他们写到《黑暗的心》时,他们能在脑海中"看见"那面墙,并且在上面画画。毫无疑问,让学生选择重要形象、确定有重要意义的引用段落并用视觉方式呈现出来的过程,对这些学生来说是最有力的学习策略。

IB 历史和经济

吉隆坡国际学校社会研究部主席迈克尔·欧丽瑞也在 IB 经济课上使用了墙。他说:"除了传统的纸笔任务,我特别喜欢用墙。我让学生从所学的单元中选择 10 到 15 个概念在墙上创作,给观众说明这些概念是怎样结合在一起的,为什么这些概念有重要的意义……写作的部分与墙上的创作帮助观看的人了解所看的内容……这种视觉方法能让学生给我显示他们了解了什么……我认为这是非常有效而且好玩儿的理解方式。"

迈克尔和他的同事在选择阅读材料时也注意个性化。除了文本的标准,他们还尝试从以没有经济学背景为目标读者的主流书籍中寻找补充阅读材料(比如,从《扶手椅经济学家》、《世界是平的》以及《卧底经济学家》找的材料)。

社会科学有很多激发兴趣的话题,迈克尔和他的同事曾精心安排两次世界大战对战争罪犯的审判。在 IB 经济课上,他们也组织了一个大规模的竞争市场,使学生能够看到价格体系是如何运作的。

从更加个人化的观点来看,如果迈克尔了解学生会有某些类型的问题,他经常会给一些提示。比如,他会在学生考试卷子上包括部分例子。迈克尔认识到这是一个"敏感"问题,因为如果学生要参加 IB 考试,他们就得在没有这种支持的情况下学习。但是,他把这种课堂支持看做培养学生信心的方法,这样学生能更加放松,从而更好地记忆。对迈克尔来说,公平不是平等,公平是得到你需要的。

IB 生物

这个例子中,在达累斯萨拉姆的坦噶尼喀国际学校,IB 生物课的学生似乎直觉地了解参与身体运动的活动能够支持他们的学习。在考试之前的 6 个星期中,教师给学生小组分配任务,有的负责复习他们所学生物课的整个课程的重要方面。还有 3 人小组负责说明人类视力是如何工作的,并在白板上画图,标出眼睛和大脑的重要部分,包括视神经、视神经交叉以及大脑的视觉皮质。

然后,他们给全班发不同颜色的丝带,让学生们形成一个人搭成的画面,说明视觉形象是怎样从左边的眼睛传到右边的视觉皮质的。然后班里的每个学生都有机会站在桌子上,"鸟瞰"视觉形象从左眼和右眼达到大脑视觉皮质的过程。这个活动简单、概括,但是非常有效。

IB 心理学

IB 心理学教师伊莱恩·思科金斯为人类态度与行为的关系这一单元的学习创造了一系列活动和报告的选择（表 12-1）。学生可以选择学习风格和偏好的产品形式。

表 12-1

IB 心理学	
目标：评估态度与行为相关的程度	
活动选择	报告选择
选择 1：和至少 3 个学生一起，计划一个辩论，反思关于态度和行为关系的各种理论发现。要整合日常生活的例子支持或者挑战这些发现。	选择 1：安排并参与 10 到 15 分钟的辩论。让班里不参加辩论的同学按照你和其他 3 位同学制定的标准来评判辩论。
选择 2：写一个新闻故事，反映近期关于态度和行为的信息。设计至少 5 个问题，突出在新闻故事中反映出来的态度—行为关系的方面。	选择 2：邀请 4 到 5 位同学阅读你的新闻故事并回答问题，由你来评判问题的对错。
选择 3：创造一系列小品（至少有 3 个场景的短剧），反映社会心理学家认为的态度和行为之间存在的各种关系，以及你对日常生活中表现出的这些关系的理解。每个场景结束后要提出至少两个讨论问题。	选择 3：为 4 个或 5 个同学表演小品。在每个场景之间协助讨论这个场景说明什么。
选择 4：设计一个视觉作品，（比如海报、拼贴画）反映你对态度和行为之间关系的理解，以及你认为这种关系在社会中是如何反映的。准备一个工作清单，提出与你的作品反映出的信息有关的问题。	选择 4：为至少 4 位同学对你的视觉作品做 5 分钟的解释。让同学完成工作清单并返回给你进行评改。

IB 地理

我们的朋友和同事尼克·博力曾经在几个国际学校教授地理。尼克在坦噶尼喀国际学校开发了需要身体运动参与的一个活动,后来在叙利亚和中国的国际学校都使用过。这个学习活动是一个大平面游戏,两块巨大的浴帘组成这个大平面。

用尼克的话说:"这个游戏是用动觉活动复习(或前测)人口政策、计划生育或者经济发展。这个大平面铺在地面上,上面有问题也有机会,玩游戏的人在平面上投掷一个大骰子,赢的一队首先到'家',在这个游戏中家里有爸爸、妈妈以及两个肚子圆鼓鼓的孩子……我去年给11年级的学生使用了这个游戏,他们非常喜欢。这个游戏的规模以及所需的身体运动对于参与的学生甚至路过的人(因为我们必须在大厅里进行)都有很大的吸引力。"

IB 物理

奥斯卡·尼尔森是物理教师,也是万隆国际学校的校长。他在学习合同的基础上开发了"天文"这一单元的个性化教学,要求每个学生都阅读"合同包"(contract package),然后决定如何完成他们的各种职责。下面是"合同包"的一些例子。

目标1:回忆恒星变化的阶段(表12-2)。

至少选择两个。

表 12-2

活动选择	报告选择
制作一张地图或者图表,呈现你所收集的信息。	展示地图或图表,回答有关的问题。
将这个主题的信息制作成 PPT。	为同学们展示。
想象你是一个环球旅行的导游,要带游客参观银河系。准备一份音频/视频的说明在通向宇宙不同的冷热地点时,在宇宙飞船上播放。	给同学们放音频/视频说明。
在网络上收集更多关于此话题的信息,制成小册子。	和同学们分享小册子。

目标2:描述年轻的恒星、红巨星、白矮星、超新星、中子星和黑洞的主要信息(表12-3)。

选择两个活动。

表 12-3

活动选择	报告选择
使用有关主题的概念开发一个游戏。	与其他几个航天物理爱好者玩这个游戏。
将有关主题的信息制成幻灯片或者海报说明你的要点。	给同学们演讲。
制作星球模型在教室中展示。	展示模型并回答同学们的问题。
在网络上收集更多关于此话题的信息,制成小册子。	和同学们分享小册子。

目标 3:使用赫罗图表(Hertzsprung Russell diagram)(图 12-1)给恒星分类(表 12-4)。

选择两个活动。

表 12-4

活动选择	报告选择
根据这个主题创作一个短剧。	给同学们表演。
制作不同类型的图表给恒星分类。	给同学们讲解这个图表。
写一首有关这个主题的诗。	和一两个同学分享你的诗。
在网络上收集更多关于此话题的信息,制成小册子。	和同学们分享小册子。

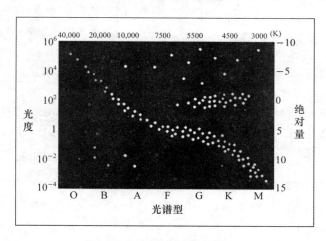

图 12-1 赫罗示意图表

目标 4：将天文观测作为证据说明中子星和黑洞的存在（表 12-5）。选择两个活动。

表 12-5

活动选择	报告选择
根据这个主题设计一个填字游戏。	让其他同学完成，你修改后返回给他们。
根据这个主题创作一个（侦探的？）表演剧	给同学们表演。
制作二维流程图展示过程。	给同学们展示图表并回答他们的问题。
在网络上收集更多关于此话题的信息，制成小册子。	和同学们分享小册子。

IB 数学

科莱特·贝尔奇是布鲁塞尔国际学校的 IB 数学教师。她开发了简短的（5—10 分钟）的互动复习活动，对于细节繁多的复杂概念非常有效。

复习活动：给同学们做介绍

"请拿出一张纸，写上名字。

第一步：

一些同学写出你记得的对数内容。

写完后放下铅笔。

（所有学生都写完后……）

把你的纸传给另一位同学。

第二步：

写出你记得的但这张纸上没有提到的对数问题。

写完后放下铅笔。

把你的纸传给另一个同学（如果你已经在这张纸上写过，你就不能接同学的纸）

第三步：

写出你记得的但这张纸上没有提到的对数问题。

写完后放下铅笔。

把你的纸传给另一个同学

……继续……"

这样继续几轮。不是重复纸上已有的概念。

最后一轮,让学生将纸传给第一个学生。

他们可以重写计算公式$\left(比如,\log\frac{a}{b}=\log a-\log b\right)$,只要这张纸上没有就可以。

这是一个非常成功的复习方式,科莱特说:

> 让学生传几轮纸取决于我们在课上复习的元素。我用这种方法复习对数图表和公式、指数图表和指数公式、各种渐近线和有理函数……我也用这个方法复习矢量词汇。

这是一个非常成功的方法,特别是学校放假或者长周末之后开始下一个单元之前复习以前的课程,因为即使学生只记得前面学过的1—2课中的一个内容,通过看其他同学写的内容也能回忆起来。他们也能够通过看别人写的内容意识到自己以前写的内容有错误,或者其他人写的有错误(他们会重新写出正确的内容)。

其他的方法:有时科莱特会增加一个步骤,让学生看返回的内容中漏掉了什么。她也会让学生拿出书和笔记对照检查,然后让学生说出漏掉的内容。如果她注意到关键因素被忽视了,她会按照需要补充和复习。

现代语言:法语

尽管吉隆坡国际学校中学法语教师玛丽-佛朗斯·布莱目前在教 IB 文凭项目,但是她开发的很多个性化教学策略都适用于 IB 的其他课堂。她按照听、说、读、写来分类。

说

大多数学生能够很容易掌握关键短语并记住目标语对话中的段落。但是促进自然的对话对我来说一直是个挑战。今年,我已经设计了在记住的对话和未准备的发言之间建立桥梁的任务。

在马来西亚周(一周的体验学习项目)之后,学生要在 A3 纸上重新写出他们在马来西亚周的行动路线,在地图上用名词标出项目。然后用不定式动词/非一致性形容词/连接词和副词来写作。有了这些分主题的词汇和地图,学生就能够和全班同学或小组分享马来西亚周的经验,在描述环境和活动时建构他们自己的句子。虽然短语的复杂程度各异,但是每个学生都能沟通信息。有些学生会把词语收起来,这样能够不看词语谈论马来西亚周的经验。

有些学生会进一步挑战自己,交换地图,描述他人的马来西亚周经验,这样会用到不同的代词和所属名词。

听/理解

我相信大部分语言学生用目标语理解的通常比表达的要多。过去我曾经让学生用英语回答我朗读的法语故事中的问题。这个练习能够让我评估学生是否真正理解了这个故事。如果我让他们用法语回答,我可能会不明智地评估他们用目标语回答的能力,而不是理解目标语的能力。去年我了解了通过阅读和讲故事教语言能力的方法。虽然我不能全部接受这个方法的信条,但是它的提问方式是课堂上非常有价值的工具。它使我能够区分问题的复杂程度并把问题个性化。

我用法语阅读故事,然后学生可以用目标语回答。支架性的问题给学生选择的机会(参看下面的水平一和水平二),但他们还可能说不出来。水平三的理解问题让他们形成自己的假设,即使错了也没关系,他们仍需使用目标语。水平四的问题看起来更难,但是学生却出乎意料地做得很好。

下面是故事描述和可能的"支架"问题:

西蒙·伦布朗告诉他的妻子5月1号他会为她30岁生日烤一个蛋糕。伦布朗先生是一位十分忙碌的律师,因此忘了他的承诺。在妻子生日这一天,他去城市的另一边买了一个十分美味的蛋糕。他的妻子非常喜欢,问他是怎么做的。第二天,西蒙赶忙跑到蛋糕店向师傅讨要配方。师傅看到伦布朗先生这么着急,神色紧张,就认为伦布朗先生对蛋糕不满意,所以藏在店里柜台的后面。

水平一:"不是/就是"问题

※学生可以用完整的句子回答,也可以做简短的回答。
1) 伦布朗先生结婚了还是单身?
2) 他妻子喜欢不喜欢那个蛋糕?
3) 你更喜欢巧克力蛋糕还是香草蛋糕?
4) 伦布朗先生很忙还是很懒?

5）面包师是个勇敢的人还是懦弱的人？

水平二："是/不是"问题

※学生可以用是或者不是回答，也可以用完整的句子回答。

1）伦布朗先生是面包师吗？
2）你爸爸/妈妈的职业是什么？
3）伦布朗先生妻子的生日是5月5号吗？
4）你的生日是什么时候？
5）面包师藏在什么地方？

水平三：理解问题

1）面包师为什么藏起来？
2）为什么伦布朗先生不他家附近买蛋糕？
3）为什么伦布朗先生要买蛋糕？
4）为什么伦布朗先生看起来很紧张？
5）你怎么知道伦布朗太太喜欢蛋糕？

水平四：详细阐述

※这部分没有正确答案。如果学生对一个特别的问题感兴趣，可以随时辩论。

1）你认为伦布朗先生的妻子被丈夫骗了吗？为什么？
2）你用什么方法记住重要的日子？
3）举例说说什么时候你或者你认识的人感到压力或紧张？
4）如果伦勃朗先生告诉太太真相会怎样？
5）"绝对诚实"是否比"善意的谎言"更好？解释原因。
6）列出你寻找的朋友的3个品质。
7）从伦布朗太太和面包师的角度重新讲述这个故事。
8）故事中你最认同哪个人物？为什么？

写

学生从一开始学习基础法语，到中级，最后到高级都有一个写作的小本子。这个本子显示了学生的进步，无论进步大小都成为学生自豪的资本。一个月两次（至少），学生在这个本子上写故事或者对话。写作的主题各种各样，但学生要使用他们学过的法语结构和词汇。

对于那些"写作阻滞"的学生，我提供非语言的故事/明信片/广告画让他们选择，一旦有了主意，这些学生就能文思泉涌。

对于有创造性的学生但又对使用新学的语法结构感到犹豫,我就提供语法结构的"必用"清单,写作时必须使用。写作时这个单子放在旁边,用过的可以打钩。

比如:10个用"avoir"和3个用"être"的复合过去式;3个指示代词;3个时间副词;2个部分冠词……

对于面对白纸发呆的学生,我提供一个写有各类提示/名词/动词/形容词的清单,学生可以将这些词汇组合起来创造一个故事。

比如:(提示)第一天/然后他重重地摔了下来/以我谦卑的观点来看
(名词)除草机/一些零钱/多种颜色的假发
(形容词)多皱的/固执的/干的

有些学生对于"用法语思考"感到非常困难,坚持"先写英语",因此他们的写作是直接从英语翻译成法语。我教他们如何修改英语文本,使之更像法语文本。

有些学生会选择一个很著名的法国作家,模仿他们的写作风格来挑战自己。这非常困难,但有些孩子做得非常成功。

读

因为了解了通过阅读和讲故事教学(TPRS)的方法,我一个星期在班里加入了15分钟个人自由阅读时间。学生可以选择书架上不同种类和不同主题的书籍,选择舒服的地方/枕头/角落阅读!阅读时不回答问题,这样他们可以放松。他们可以用字典查不认识的字。我也为热衷于技术的学生找到了一些受欢迎的在线故事阅读。

另一种阅读形式是"伙伴阅读"。每两周,我选择一篇学生写的文章,打印并发给全班。读者们不仅享受这些故事而且热切地希望了解作者。而作者也享受着荣誉的愉悦!这个练习也让学生找到了衡量自己写作水平的标准,因为它提供了一类标杆作文(要求的结果的榜样)。

我记得我自己上学时很喜欢课上口头阅读……所以我的班级也会让学生轮流大声朗读(大部分是学生自愿,有时我点名)。我总是在故事关键时刻停下来,很享受地听学生嚷嚷着要再读一页!

课上通常要使用文本(各种类型和主题,可以是原文也可以是为目标语学习者编写的)。每一个文本我都为学生提供可选择的词汇表。

我发现总结是一个非常有效的方式,能够直截了当地看到学生是否理解了开始认为对他们非常困难的文本。我经常让学生分成小组,每个人为小组提供一个内容。有时这会转变为一个游戏,因为最后一个说话的人因为小组其他人都说完了要挖空心思。

结论

无论教小学、中学或者高中,虽然在学校不同部分看起来不同,但用不同的形式或者个性化教学的方式无外乎这些。高级学习者项目,比如IB更有挑战,更严格,在某种程度上给学生和老师带来的压力更大。我们和世界各地很多同事的经验都说明,IB的个性化教学能够使挑战和严格对所有学生都变得更易管理,特别是对多样学习者。个性化教学也能减轻通常伴随着挑战性项目的压力和焦虑。

正如玛丽-佛朗斯·布莱所指出的,个性化教学"就像攀墙的脚手架。有些学生在其他人下面开始,有些人已经爬过墙顶。每个学生的速度和精力都不同,选择的路线也不同,但是所有学生都要比开始时爬得更高"。

第十三章

个性化教学课堂的评估和评分

我们了解并憎恨的评估

上10年级的时候,比尔面临美国历史课的一次大考。老师强调了考试的重要性并且说明这种类型在大学会遇到。比尔花了很长时间准备考试,因为考试分数占很大比重。考试那天走进教室时,他感到十分自信。他复习了教科书中的所有章节和笔记,认为自己准备得很充分。但是,开始读题时,他意识到考试都集中在他根本没学的内容上。就像参加从未上过课的考试一样,恐惧和怀疑向他袭来。

比尔的考试成绩非常差,老师写道:你必须学会更努力学习。这个考试不代表你的能力。

30年之后,比尔反思了这次考试给他学校生活的教训,它与美国历史课毫无关系。首先,尽管父母和老师都信奉这样的陈词滥调,但努力和成绩之间并无必然的联系。勤奋工作并不一定会有回报。在某些课堂仍然如此。比尔相信他即使不学习也能得到那点分数。只有评估被合理预测的时候,努力和成就才有关系。

当教师不经意地将学生的努力和成就割裂开,就会给学习者带来伤害。玛德琳·汉特(Madeline Hunter)关于学校中归因理论的经典著作(Barker,1985)说明,有些方面的因果关系是可控的(比如,努力),有些方面则不可控(比如,能力、任务难度和运气)。当因果关系可控的方面与成就联系起来被感知,个体的能力和效能感就可以加强并且有可能增加将来的成功。反之亦然。

比尔从学校经验学到的是,某些老师不值得信任。那个考试无法代表对大萧条和罗斯福时期重要观点和概念的公平的评估。相反,那个考试是把不同问题凑在一起,有些和主题无关,有些只是琐碎的细节。因此那只是"抓到你"的考试。在这样的考试中,教师要知道,而且通常会成功地知道,学生不会什么,而不是实际上学到了什么。

比尔从这个经验中学到的是,学校的成功并非与学习或成绩那么相关,而是能够猜透老师,因此了解考试会出什么题目。他学会了玩"猜猜我在想什么的游戏"。

这不仅是拙劣的评估,而且是不当的行为。

幸运的是,由于有标准为基础的课程和共同的评估,如今这样的情况已经很少见了。

本章中,我们要涉及三个问题。首先,我们要回顾国际学校使用的评估学生学习的一些原则。其次,我们要检视评估中一个相对较新的范式(为学习而评估),这个范式是个性化教学很好的补充。最后,我们要看看关于给学生作业评分的棘手问题。对于评分和评估,教师们往往会感到有些困惑。我们会将它们看做分离的两件事,并且有不同的功能。评估与分析学生学习以及形成有用的反馈有关;而评分则要与学生成绩和进步打交道从而对利益主体(学生、家长、学校管理者等)进行评价。我们要检视为什么如此多的教师对评分感到如此冲突,并且为个性化教学课堂提供用于学生评分的一些原则。

对学习的评估

教育评估领域经历了结构上的转换,也可以说动摇了教育机构脚下的基础。我们不仅仅在回顾评估和课堂策略,我们也在反思并重新检视评估的真正目的。

学校中评估的传统目的是给学生分类和排行。20世纪课堂中的等级和劳动市场的等级成了为生产雇佣筛选年轻人必需的手段。20世纪50年代,当比尔在英国长大的时候,正在实行"11＋考试"(the Eleven Plus Examination)。孩子们在11岁参加这个考试,结果会决定一个孩子继续上中学还是离开中学接受职业培训。老的英国"O"水平考试(O Level Examination)会在学生16岁时进一步分类和排名。靠前的10%的学生根据实际考试成绩得到A,下面的20%得到B,以此类推。这些所谓的常规考试将参加同一个考试的学生作比较。

在美国,学术能力评估测试(SAT)也为大学录取行使同样的分类功能。对学生的分级和分类在世界各地高度竞争的教育系统中(比如,印度、韩国等)继续成为教育评估的主要目的。

在常规考试系统中成长起来的教师经常很难想象在一个相对较小的课堂中不把学生作比较的评估系统。但这种比较对所有学生都会带来伤害。教师对排名底层学生的低期望会产生低成绩。即使那些足够"幸运"、排名靠前的学生也会因为不是跟自己的能力比较而缺乏挑战。他们都成为善意忽视的牺牲品,因为"不管怎么样他们都能学到"。

教育评估另一个传统的目的是实施惩罚和奖励。学得好的学生得到赞扬,名字写上光荣榜,也可以获得奖品和奖状。学得不好的学生也要被公布,受到蔑视和嘲笑。我们可以看到斯金纳主义者之手在操纵条件。从对评估的传统认识来看,恐惧被视为学生成绩有力的激励因素。因此教师使用的策略之一就是让学生建立起对评估焦虑的紧迫感。斯蒂金斯(Stiggins,2002)说:"我们都成长在这样的课堂中,老师相信将学习最大化的方式就是将焦虑最大化,而评估总是最大的威胁者。"(第761页)当你给学生分配任务,学生的第一个问题是"评分吗?算分吗?"的时候,仍然可以看到评估和焦虑之间遗留下来的联系。

大约三十年以前,一些教育系统开始关注所谓的效标参照的考试(criterion-referenced)。这代表了对学校评估目的思考的革新。而常模参照考试(norm-referenced)的排名和分类依然保持着过时的课堂结构和特权,全然不顾在英国和美国开始实施的义务教育和全民教育运动中体现的民主化的本质。

在效标参照的考试中,不是用一个学生的成绩与其他学生作比较,而是用预定的成绩标准评估学生的工作。比如,这个孩子使用各种句法结构了吗?这个孩子的段落组织怎么样?有没有主题句?拼写正确吗?标点符号使用适当吗?这种考试的目的是通过评估技能和知识描绘学生的成长。钟形图表被废弃,而且理论上来说,所有能够达到预设标准的学生都能成功地得到 A。效标参照考试的出现标志着教育历程中平衡优秀和平等的一个里程碑。

效标参照考试的另一个突出的优点是允许教师个体和学校通过评估过程收集资料为学生个体和小组准备最适合的学习经验。因此,评估结果也为将来的教学提供信息。教师可以分析资料,从评估结果中学习。

汤姆·古斯齐(Tom Guskey,2002)提供了一个分析评估结果的非常有效的方式。

> **分析评估结果**
>
> 要想从为改进教学的考试和评估中获得证据,一个简单有效的方式是对每个考试项目和考卷标准以及学生表现或展示的情况进行分析。这只需计算多少学生在一个项目中没有达到标准,对一半以上学生没有达到标准的项目应该引起注意,这些就是问题的重点。
>
> 这种情况下首先要考虑的是项目或标准本身的质量。换句话说,教师必须判断考试或评估本身是否有问题。也许问题太模糊,也许标准不清楚,也许学生误解了教师的意思。无论哪种情况,教师都必须小心审视这些项目和标准,确定它们能够充分地说明知识和理解所要测试的技能。
>
> 如果项目和标准没有明显的问题,那么教师要转向教学。如果班里一半以上的学生不知道已经教授过的简明扼要的问题应该怎样回答,那么很明显,这个概念的教授不成功。无论使用什么策略、什么例子,用了什么方法解释,结果是没有奏效。如果班里半数以上的学生回答问题不准确或者没有达到标准,那一定不是学生学习的问题,而是教学的问题。

对学习的效标参照考试在发展以标准为基础的课程中起着中心作用。换句话说,我们决定要让学生学习——我们要他们知道什么,了解什么以及能够做什么(学校范围的标准)。我们设定年级水平质量的基准,然后设计确定学生达到这些标准水平的评估方法。世界各地的国际学校都在这个过程中角力,正在开发的评估原则要既能达到学校范围的学习标准又能为学生提供多种方式展示他们的学习成果。

下面的例子说明一个学校(吉隆坡国际学校)如何通过合作达到对评估基本一致的看法。

关于评估的基本协议的一个例子

序言

以达到课程标准为目的的学生的进步可以通过各种方式来评估。课堂工作、普通评估任务以及单元项目的结合是常规监测学习的方式。教师利用学生工作的结果调整教学节奏,进行个性化的学习活动并调整教学方法以促进学生取得更大的成就。评估的一个重要目的是支持学生在他们的学习旅程上趋向现实的和健康的内在(自我)评估。我们以下列研究基础上的原则为指导:

1. 评估必须与课程标准和基准一致,并且反映出学术评估和非学术评估的分离。

2. 评估工具(考试、档案袋等)和标准(比如评估指标)要与学习任务相匹配并且教师和学生都能用于改进学习。

3. 主要评估工具应该在单元学习开始之前决定并且按照"通过设计培养学生的理解力(UbD)"的过程来实施。

4. 各项评估应保持平衡:普通评估、情景表演评估、掌握/水平、基线、学生自我评估和教师观察等。

5. 学生应该在单元学习开始时了解评估标准和工作模式以改进学习表现并保证评估透明。

6. 应该定期收集和分析评估信息,作为教学、改善课程和对学生成绩预期的参考。

7. 评估结果应该及时让学生了解。

——关于评估的基本协议
吉隆坡国际学校,2005 年 10 月修改

在以标准为基础的课程框架中的评估让人误以为很简单——至少对于那些从来没有试过的人如此。而且,这个过程包括要决定在学校范围标准下学生学习什么,设定年级水平质量的基线,确定学生达到这些标准的程度的评估方法。这个过程看起来很直接,但实际上是一个非常艰巨而又复杂的任务。

这里有一个致命要害。

一些最重要的标准难以甚至不可能客观地评估。比如,我们相信对于学校来说一个重要的学习标准是儿童在学习过程中产生的热情和愉

悦。在所谓客观评估中这是不可能测量的。因此我们面对一个选择。我们可以干脆不测量,在这种情况下,可以将其归入满意度一栏,作为一个标准,可以自发地选择;但是在大多数课堂,这都不在计划的课程之中。正如古老的格言所说的,考试的内容就是教授的内容。

另一种选择是,教师和管理者接受挑战,有些评估必须包括一定程度的主观性。一般来说,这是国际学校的教师准备迎接的挑战。虽然主观性通常会与缺乏可靠性联系起来,而缺乏可靠性通常是偏见或者任意的结果,但是,并不一定如此。当教师使用非正式评估时,当收集材料和证据、观察学生时,这种主观性可以转化为坚实的专业判断。我们要说,这种专业判断是评估中关键的和不可或缺的组成部分。没有这种专业判断,一些最有意义的学习标准就会丧失,结果是对学生成绩肤浅和单一维度的评估。

防教师(teacher-proof)的评估剥夺了课程中最重要并且是最有意义的目标。

我们已经说过,学生成就的很多方面可以通过有意义的标准化评估来达到。当然,任何这类评估中一个最具挑战的方面都是建构表现的评估细则。这些评估细则包括被评估的关键条件以及对学生各种不同水平的描述。从某些程序性知识来说,评估细则可以非常直接。比如,对作文的评估就有某些非常好的细则。但是,当我们进入陈述性知识和批判性/创造性思维的领域,评估细则就成问题了。比如,评估细则中对质量的描述需要让学生清楚地了解,并且要非常容易衡量。为此,教师要经常将定性的描述量化,而不是简单描述合格的标准。比如,社会研究课程最好的成绩标准可能需要学生在文章中写出中国"文化大革命"的三个原因,但是评价标准可能没有提及原因的适当性或意义。而且,如果我们只测量容易测量的,这就会成为一种趋向。

我们的同事罗恩·理查特是哈佛大学研究者,他非常怀疑评价标准的使用。他认为这些肤浅的标准被学生作为达到课堂"成功"的"填数字"的方法。这种评价标准实际上限制了学生的批判性和创造性思想。评价标准的价值永远取决于在多大程度上能促进学生在学习中的成长。

看待评估的另一种方法:为学习而评估

在个性化教学课堂看评估时,我们需要不同的透镜。我们需要从提出几个最基本的问题开始,包括我们在教室里做什么和为什么。如果个性化教学的目的是将所有学生的学习最大化——提供高质量的课程并让学习者最大限度地获得,那么我们要建议任何个性化教学课堂中的评估都需要与这个目标保持一致。为了达到这个目标,我们在个性化教学课堂中的评估要达到两个重要目的:

1. 分析学生的进步并确定学习的状态;
2. 作为学习过程的重要组成部分,促进和加强今后的学习。

我们可以通过"对学习的评估"和"为学习而评估"来区分这些功能。但重要的是理解"对学习的评估"和"为学习而评估"不是相互排斥的,不需要二选一。

我们说,虽然"对学习的评估"在可以预见的将来一定是教育景观的特征,但是为学习而评估的原则和实践将非常显著地与个性化教学的价值观和实践相一致。个性化教学和"为学习而评估"都是将努力使学生获得学习的成功作为中心目的。这两者都努力为了学习者的利益将教学和评估严密地整合起来。个性化教学和"为学习而评估"主要关注学生如何学习最有效,这反映出对情感、自信与认知不可分离的认识。这种动机在促进学习者成功方面起着关键作用。也许最引人注目的共性是强调个性化教学和"为学习而评估"都认识到学生的优势,并且在此基础上进一步发展学习者的自我指导和自我管理。

英国的评估改革小组(the Assessment Reform Group)(ARG)[①]和美国在俄勒冈州波特兰的评估培训协会(the Assessment Training Institute)是"为学习而评估"的先锋。"为学习而评估"与教师们所说的形成性评价有很多共同之处。形成性评价的策略不是指学生成绩,而是作为教师检查学生进步和在需要的情况下调整教学的手段。但是我们通常认为的形成性评价与"为学习而评估"还有一个关键的不同。

"为学习而评估"寻求促进和加强学习,不仅仅是检查学习或将学习者置于评估过程的中心地位。其目的是加强和促进学习,因此评估不是学习者被动接受的事情而是主动参与的事情。正是评估过程中学生的角色使"为学习而评估"如此突出,并使之与个性化教学如此兼容。

英国的评估改革小组在将"为学习而评估"带入教育界的过程中起到了关键作用,其中布莱克(Black)和威廉姆(William,1998)的《黑匣子之

---

① http://www.assessment-reforme-group.org/ http://www.assessmentinst.com/。

内》(Inside the Black Box)和后续研究著作《为学习而评估：超越黑匣子》(Assessment for Learning：Beyond the Black Box，1999)中有关"为学习而评估"的证据引起了教育界的关注。他们在研究的基础上确定了如下10个指导课堂实践的为学习而评估(AFL)的原则。

原则1：AFL是有效教学计划的一部分。评估不是事后看看所教内容掌握了多少。正如《通过设计培养学生理解力》(Wiggins & McTighe，1998)中描述的一样，为学习而评估不是仅在单元或者学期结束时才进行的，它整合在学习的整个过程中。教学计划要包括一些策略以保证学生理解他们要达到的学习目标以及用于评估学习的标准。教学计划应该为学生和教师双方都提供机会去获得并利用趋向学习目标的进步情况的信息。

原则2：AFL集中于学生如何学习(而不只是学了"什么")。教师备课时必须考虑学习的过程。持续的评估需要给学生提供机会反思他们的学习过程。这是学习者实际上对他们的思考过程进行思考的元认知部分。教师需要计划课堂策略以帮助学生更好地了解作为学习者的自己。

原则3：AFL是课堂实践的中心。我们需要将评估作为课堂上日常发生的事情来思考，而不是在每章、每单元或每学期结束时才考虑。我们需要知道每当教师问问题或者布置需要学生呈现他们的知识、技能和理解的任务时，评估就在发生。评估可以是正式的也可以是非正式的，评估过程包括教师和学习者的反思、对话以及做出的决定。评估和教学应该是一个紧密连接的过程，其中教师和学习者收集并利用趋向学习目标的进步状况的信息。来自评估培训协会的斯蒂芬·查普斯(Stephen Chappuis，2004)认为"当你让学生深度参与的时候，评估就像教课一样"。换句话说，学生需要在评估的过程之内。查普斯和其他人确定了7个能够使学习者投入评估的课堂策略(参见下文)。

原则4：AFL是专业技能的关键。评估是复杂和要求很高的工作。教师需要为评估、观察学习、分析和解读学习证据、提供反馈以及支持学习者自我评估做出计划，还需要像设计师和评审员那样思考。相应地，教师也需要专业发展的支持以发展这些技能。

原则5：AFL是敏感的和建设性的。任何评估形式都会对学习者产生情感上的影响，因此需要非常敏感并富有建设性地去对待。教师需要了解分数对学习者自信和热情的影响并且尽可能提供建设性的反馈。反馈的评估必须以评估情况分析——而不是这个人——为基础。斯蒂金斯

(Stiggins,2002)建议给自己提出两个关于给学生提供反馈的问题,涉及情感影响和学习者动机和信心:"我们怎样利用评估帮助所有学生愿意学习?我们怎样帮助他们感觉有能力学习?"(第758页)

原则6:AFL激发学习动机。评估需要鼓励学习者。鼓励不仅仅指表扬,鼓励要通过对个人进步和成就的认可来达到。因此评估的重点需要放在学习者获得了什么,而不是还没有获得的方面。关注学生学习的缺陷不可能激发学生的动机。通过强调个人的成绩和进步,当学习者看到自己的成功时,能够发展出更大的自信。学习者实际上会慢慢理解为自己的学习负责意味着什么。"保护学习者自主权,提供选择、建设性反馈以及创造自我指导的机会等评估方法可以保持和加强动机。"(ARG,2002,第2页)

原则7:AFL促进对目标和标准的理解。为了使所有学生的成就最大化(是个性化教学和为学习而评估的共同目标),学生需要理解并能表达他们要努力达到什么目标,同样重要的是,他们需要有意愿达到这个目标。为了加强学生对学习目标的认可,教师可以在班里讨论评估,为学生提供详细的例子说明怎样是达到标准,并且让学生进行伙伴评估和自我评估。

原则8:AFL帮助学习者了解如何改进。评估的首要目的是支持学习者改善他们的学习表现——无论是写作文、分析诗歌、解决复杂的数学问题还是写实验报告。学生需要得到指导以了解下一步如何做才能改进。教师反馈需要确认学习者的优势并为发展优势提出建议。教师需要明确学生工作中的缺点或弱点并清楚用何种方式指出,要为学习者提供机会改进他们的工作。这种建设性反馈的使用能够帮助学生发展出强大的生存技能。

原则9:AFL发展自我评估的能力。教师对学生自我评估可能有不同的反应和感知。一些非常传统的教师对此明显持怀疑态度,视之为巨大的利益冲突——好像让狐狸管理鸡舍。幸运的是,这种观点越来越少。但是,很多教师仍然将自我评估视为虽好但是附加的选择,就像标准模式里不包括的附加物,如果时间允许才可以加上。我们的观点则极为不同。我们要强调,只有评估背后重要的持续的目的才能帮助学生内化健康、正确及合理性的自我评估。自我评估支持学生成为反思学习的自我管理者。这些技巧和思维习惯至关重要,是学生今后生活中不可或缺的。自我评估是能够真正经受20年考验的学习目标。布莱克和威廉姆(1998)

说:"学生的自我评估绝不是奢侈品,事实上它是正式评估的重要组成部分。"(143页)

原则10:AFL承认所有的教育成就。学科教师对学科的感知是经过过滤的,他们会通过自己的理解看待学生。如果这种感知是积极的就能促进学习,但如果这种感知是消极的就会损害学习。比如,当我们认为萨布里娜没有能力学习数学、外语,或者高水平的科学课程,我们可以用上百种语言或者非语言方式向萨布里娜传达这个信息。很多在学校里不及格的学生都会认为自己没有能力,因为他们从老师那里得知他们某门课学得不好。这些学生并非学习能力残缺,他们被教师残缺了。为学习而评估应该扩大学习者在所有教育活动中学习的机会。"应该使所有学习者取得他们的最好成绩并且让他们的努力得到承认。"(ARG,2002,第2页)

在一篇名为《帮助学生理解评估》(*Helping Students to Understand Assessment*)的精彩的文章中,简·查普斯(Jan Chappuis,2005)说,学生需要能够回答关于他们学习的三个基本问题:

- 我要去哪里?(特殊的学习目标是什么?)
- 我现在在哪里?(我能做什么,不能做什么?)
- 怎样缩短其间的差距?

在这篇文章中,她还总结了7个相对简单的策略,教师可以用来系统地使学生参与到形成性评价的过程中:

使学生参与评估过程的7个策略

- 策略一:提供清楚和可以理解的学习结果远景。通过让学生集中于更大的学习目标并与学习的质量目标相联系,持续定义并不断地重新定义对学生的学习的预期来提供学习的连贯性。
- 策略二:使用学生较强和较弱的学习成果的例子要匿名。让学生评估这些例子并讨论他们评估所使用的标准,让他们使用评价标准或评分指导。类似的活动能够帮助学生理解高质量的工作是什么样的并且支持他们的自我评估。

- 策略三：为学生提供常规的描述性反馈以加强他们的学习，但是我们应该将其与包括分数和用字母评级的评价性反馈区分开来。这类评价性反馈经常给学生一个信号，即与一个工作相关的学习完成了。描述性反馈则提供关于目前优势（成功）和如何在下次做得更好（修正行动）的建议。我们也知道，反馈中的质量比数量重要得多。
- 策略四：教学生做自我评估并设定目标。强调学生参与评估活动，教授自我评估的技巧，帮助他们定时收集自己进步的证据。
- 策略五：设计的课程每次集中在质量的一个方面。这个策略能够为学生将学习分成容易控制的部分。我们很多人都收到过老师返回的满篇红的作业本，这让人难以招架。每次集中在质量的一个方面能够促进和加强学习。
- 策略六：教学生注意修改。检查学生修改的作业。教他们在修改过程中使用反馈信息，集中在质量的一个方面，不要贪多。给学生分析匿名的质量不好的作业是一个很有用的活动。
- 策略七：让学生参与自我评估，让他们记录并分享他们的学习情况。在课堂上使用日常策略要求学生说出每天学到了什么以及有什么进步。使用多种策略让学生交流对所学内容的理解，建立目标，缩短目前情况与所要达到的学习目标的差距。

个性化教学和为学习而评估都要使学生为了加强学习而参与评估过程。通过进入评估过程，学生能更好地了解作为学习者的自己。要让学生而不是教师成为评估信息的最终使用者。

个性化课堂的评分：与自己对抗的过程

表13-1显示了评分背后通常包含的35个目的，我们列出35个目的，一页纸已经写满。虽然没有穷尽，但我们认为已经说明了我们的观点——评分背后有很多目的，有些目的互相矛盾。比如，有的老师想把评分作为鼓励学习困难的学生的手段，她认为好的分数可能支持学生的自信，促进学习动机。但是这个分数会留在高中成绩单

上作为大学选择录取的依据。

表 13-1　一些常见的评分目的

和家长沟通学生成绩状态	确定参与天才项目的学生	惩罚缺乏努力的学生	确定平均成绩（GPA）	为学生改进提供特别的证据
记录学生的进步以评估课程	以此为依据告诉父母如何支持孩子的学习	确定特殊奖学金获得者	在班里排名	将各班的成绩放在学校范围内比较
为学生学习提供奖励	将评分与标准化考试的结果作比较	保持高学术水准	确定优秀学生	为学生的消极学习态度寻找证据
与学生沟通他们的成就和进步	将学生成绩与年级水平标准作比较	为学生自我评估提供信息	为竞争性教育项目选拔学生	将学校水平与其他学校作比较
将评分作为将来授课的信息	为大学提供成绩	为教育项目的有效性收集材料	表扬和认可优秀学生	确定谁来做毕业演说
决定这个学生是否能进入IB项目	为教育资助和政府贷款选拔学生	让学生转学	决定年度学业奖获得者	奖励刻苦学习的学生
鼓励和奖励学生	描述不当行为	为获得高中文凭	对家长不支持孩子学习提出批评	向管理层展示课程的困难程度

事实上,我们使用评分有如此多的目的,有些相互排斥,这也说明了为什么那么多教师对评分这个主题感到冲突。但是,这里还有另一个原因。

汤姆林森和麦泰克(2006)认为评分过程经常使"以学生为中心的教育者感到不舒服或者感到有妥协的意味……他们的课堂实践尊崇并且努力关注学生各种各样的准备状态、兴趣和学习资料。在他们的课堂上,学生的多样性不被视为问题,而是人工作时自然的和积极的方面。与此形成对照,成绩单及围绕成绩单的神话时常提醒我们,在一天结束时,学生必须通过标准化和量化的程序被描述,而这似乎毫不关注人的差异"(第128页)。

有些小学根本不使用评分的方法,更喜欢用成就的连续描述:从"还没出现"到"一贯使用"。这种方法在初中和高中很少用。由于各种各样的原因,在初中,评分似乎是一个总要到来的过程。因此我们强调要将评分的危害结果最小化,并且使之尽可能与个性化教学的过程兼容。我们要引用梅尔·莱文(Mel Levine,2003)关于考试的主张,即使用"无害"评分。

评分背后传统和习惯性的目的是在一个特定的时间提供一个字母或数字的评分来说明学生的成绩并且向学生和家长汇报。在个性化教学的课堂,我们相信评分和汇报成绩的主要目的是与重要听众(学生和家长)沟通,提供能够支持和加强学习过程并鼓励学习者成功的高质量的反馈。

我们也相信,评分和汇报成绩总要(也应该)有某种程度上的主观性。主观性只有在任意和反复无常的情况下才应该背负恶名。当教师通过观察学生收集非正式评估资料时,主观性看起来更像专业判断。

在东亚海外学校委员会(EARCOS)2003年管理者大会上,汤姆·斯基的主题发言一开始就指出评分不是学习过程的重要部分。教师检查学生作业时只是把分数写在上面,与学习过程毫无关系。教师所要做的一个重要决定是学生的哪些工作需要评分,哪些不需要。有时,一个不给分的作业能够提供更深刻和更有意义的学习经验。

从汤姆林森和麦泰克(2006)、斯基和贝利(2001)以及欧康纳(O'Connor,2002)的研究中,我们总结了能够使评分与个性化教学课堂更兼容的6个原则。

原则一:评分应基于明确界定的学习目标和事先决定的成绩标准(performance standard)。给学生提供清晰透明的学习目标是高质量和有意义的评分的基础。表现的标准让我们提出这些问题:"多好算好?""A包括什么样的质量标准?"只有高质量的评估标准才能描述每个水平的表现的标准,因此才能描述每个成绩水平(比如,A、B、C等)有意义的评分的尺度。

原则二:教师用于评分的各种证据和材料要有效。我们说,有效性意味着材料要反映我们所要测量的衡量尺度。换句话说,我们需要能够尽可能去掉缺乏、掩盖或者模糊有效性的因素。比如,我们要衡量学生运用数学概念比如百分数和比率的能力,就不能同时评估学生的英语水平或者阅读指导说明的能力,这样会使评估过程不清晰。如果我们要寻找学生是否能够组织五个段落的证据,但是因为学生忘了写名字或者没有留出3/4英寸的页边控边而扣分,就会使评估结果不清楚。

原则三：评分应该在事先决定的、有意义的标准上进行，而不是使用任意规则。本章前面我们已经说过，规则基础上的评估和评分存在三个问题：无法给学生提供关于优势和缺点的有用信息；无法给学生提供如何改进的主意或建议；鼓励不健康的竞争，破坏合作学习——学生和学生之间合作以及发展有建设性的课堂共同体——的努力。因此，我们不鼓励教师"在图表上"评分。和学生沟通评分将使用的评估标准，能够使学生参与讨论，同时要使用与其年龄适当和对学生友好的语言并且给出使用标准的例子。

原则四：不是什么都需要或者应该评分。我们在前面说过，评估和评分不是一回事。评估是持续地收集学生学习的材料，可以用于为教学提供信息。而评分是在一个特殊时间段结束时对学生成就的总结性判断。有些评估不应该包括在评分过程中，比如诊断性评估、预评估和大部分形成性评价。后者给学生提供机会从错误中练习和学习。学生不怕犯错误，教师就是在帮助学生经历学术冒险。一般来说，评分应该是各种各样仔细设计的总结性评估，要考虑到学生的学习风格和智能偏好，允许学生通过相关的特殊成果展示他们的成就。

原则五：避免在平均的基础上评分。我们同意汤姆林森和麦泰克（2002）所说的，"我们要和其他评分专家联合起来，挑战目前广泛使用的在整个评分阶段以平均分数的方法达到以数字为基础的最终成绩"（132页）。平均分数的方法所导致的问题是误导结果。我们再次强调，个性化教学和评估的目的是将学习最大化，评分应该反映这个结果。如果学习的目标是让学生在评分之前五六个星期的阶段掌握所要达成的结果，为什么我们要因为他们没有在第二或第三个星期掌握这些内容而惩罚他们？学习不是冲向终点的比赛。当我们在评分阶段平均所有分数，我们就会将课堂上学习的过程转变为比赛，谁学得快谁赢。肯·欧康纳（2002）支持教师在评分工作中使用专业判断。他认为，评分应该从各种资源而非严格计算手段得出的数字来决定。他还认为，如果学校政策需要平均分数，把它作为中值的（median）或者一个模式而不是作为评分的基础手段更有意义。

至于平均分数之外的选择，我们建议老师们优先考虑以下因素。

- 最近的证据
- 综合性的证据
- 与最重要的学习目标或标准相联系的证据

原则六：评分应该反映学生的成就。其他因素应该分开报告。教师有一种倾向，希望将所有东西都包括在评分的过程中。我们看到学生成绩中包含的因素有努力、按时完成作业、课堂参与、态度、出勤、行为等。如果我们在成绩中包含这类因素，就会出现很多解读成绩的问题，这些解读都是自证的（self-evident）。相应地，我们还建议老师们不要给没做功课的学生0分，因为这使材料缺乏正确的方向，使得与学生成就有意义的沟通变得几乎不可能。对于没有完成作业的情况还有其他一些回应方式。一个是作为"没完成"的作业处理，与学生和家长沟通，告诉他们现在无法给学生成绩因为"没有充分证据"。

这并不是说教师要报告学生的学习习惯，实际上我们认为这是老师需要和学生及其家长沟通的最重要的信息之一，因为这些学习习惯很可能是这些年轻人将来在现实生活中工作的准确的指标，而不仅仅是学业成绩。

我们极力推荐学校的成绩单要把学生在学校的工作分成三个部分：

- 评分应该准确地反映学生在学习目标上的成绩。
- 在趋向这些学习目标过程中的进步（个人的成绩）。一个学生可能还没有达到年级要求的阅读水平，但正在趋向这个目标并且取得了巨大进步。这需要记录并且鼓励。
- 学习习惯（包括努力、坚持、使用反馈、修改等）。

结论

当评估的目的是为了所有学生的学习最大化，这类评估的原则和实践就会与个性化教学的课堂相一致。这些原则包含努力为个人化和个性化的学习而评估，利用学生的长处，使用描写性反馈促进学生学习，以及最终使学生在评估过程成为伙伴。个性化教学与为学习而评估的结合给教师提供了一个有力的手段去平衡课堂中的优秀和平等，并使所有学生的学习最大化。

第十四章

个性化教学的技术和媒体支持

很多教师并不认为学校图书馆是一个能够为个性化教学提供支持的地方。学校图书馆或媒体中心在教师开发课程、准备单元计划以及进行表现评估或者一般性地寻求个性化教学方法时并没有得到重视。但是,学校图书馆的确是一个最有可能开始的地方。

有些人可能会问:"当然,图书馆里的书比教室里的书多,但是这与个性化教学有什么关系呢?"回答是,个性化教学是多维度、多层次的,图书馆媒体中心能够提供各种资源,包括印刷品、视频、在线资料以及在那里工作的教学和合作专家等专业工作者。这些专业工作者有很多名称:图书管理员、媒体专家、教师图书馆员,等等。不论他们有什么名称,这些人都能够为开始踏上个性化教学旅程的教师提供无价的支持。

不幸的是,关于图书馆和图书馆人员在学生学习中所起的作用有很多错误概念和误解。

学校图书馆人员到底做什么?大部分人对这个问题的第一反应可能是图书分类。然后,他们会表情疑惑地努力思考图书馆人员还能干什么。让学生保持安静?检查图书?阅读?有些人可能会认为这是图书馆人员的主要任务。有些人对于图书馆人员还有更糟糕的刻板形象——冲人发出"嘘"声,带着牛角框的眼镜,他们的任务就是保证学生不破坏所读的书。

有些困惑是可以理解的,教师和学校管理者不清楚图书管理人员每天做什么也不是那么让人吃惊。首先,很多教师和管理者(包括图书馆人员自己)从自己儿童时代都没有得到正面的记忆,甚至什么记忆都没有。由于很少或者没有先前的经验,因此难以想象好的图书馆员或者好的图书馆项目是什么样(Linday, 2005)。

教师培养项目也很少提及使用图书馆的潜力或者与图书馆员合作开发学习单元的想法(Linday, 2005)。由于缺乏清晰的期望和模式,难怪只有很少的教师考虑使用图书馆资源或者与学校图书馆员一起工作。更加令人疑惑的是学校图书馆媒体培训项目强调图书馆员要与教师密切合作,鼓励他们与同事发展合作关系。但这种责任使图书馆员处于不利的并且奇怪的境地,因为虽然他们需要寻求与教师的合作关系,但是教师一般来说不期望这种关系,而且也不了解他们的价值。有些教师一定认为图书馆员坚持提供与他们一起工作的机会是很奇怪的事情,但我们的培训总是不断强调这一点。

最后,图书馆员的身份是独一无二的,通常一个学校只有一个位置。这个职位孤独的性质也会给他人造成距离感,使教师们难以理解图书馆员的工作并且与之建立联系。所有这些因素共同构成了教师对图书馆员角色的不完全和不正确的理解,特别是对他们如何能够支持个性化教学不理解。

那么,图书馆员到底做什么?如果图书馆能够支持个性化教学,是怎么做到的?

我们把下面对图书馆课堂的建议作为回答这个问题的开始。也许很令人吃惊,这些建议是美国任命的第二位图书馆员玛丽·霍尔(Mary E. Hall)在 1915 年提出的。虽然霍尔女士的视听设备非常过时,但她提出的将图书馆作为有吸引力、敞开大门的"学习之家"的远见不仅在当时即使是现在也有非常重要的意义。

> 图书馆课堂连接图书馆阅览室,应该与一般课堂的气氛尽量不同。阅览室要尽量吸引人,在墙上挂有趣的画,还要有植物和放置图书的家具。有小桌板的扶手椅便于学生记笔记,几个桌子围成的小课堂可以让学生和老师一起看图画书,传看画片和明信片,应该保证有这种课堂的特点……应该有放置印刷品的大盒子能够放置地图、图表、幻灯片,大量的画片和剪报。教师不仅可以用投影机或者幻灯机来放幻灯而且能放明信片、书报上的图画,等等……对于教英语、法语和德语的老师来说,维克多牌唱机要能让学生听英语和其他语言的著名歌曲,帮助他们了解抒情诗……这个地方要由图书管理员使用,为所有课堂上的学生查找参考书和图书馆工具,为历史、拉丁语、德语和法语老师提供持久的服务,为物理和商业地理部门提供实际服务(Hall, Woolls 引用, 1999, 第 13 页)。

这段话不仅挑战了我自己过去对图书馆员的刻板印象,而且表现出至少一些学校的图书馆员总是满怀热情与教师和学生一起工作,总是寻找方法帮助学生以有意义的方式将学科内容联系起来。霍尔女士使用投影机、幻灯机和唱机帮助教师为学生提供人物、地点和诗歌的多层面的帮助。本质上,她就在提倡个性化教学。

霍尔女士的描述与朱迪斯·安妮·赛克斯(Judith Anne Sykes)在2006年所著的《善用大脑的图书馆》(Brain Friendly Libraries)中的描述极为相似:

> 想象这个"学习实验室"是一个温暖、有魅力、款待人的地方,有能够进行富有激励性的工作的区域,也有反思的地方。那里不是严格、肃静的环境,在轻柔的音乐中,你能够听到笑声,投影仪正在工作,学生们在静静地阅读,或者互相阅读、对话。看着学生认知的多重展现,比如诗歌、艺术、雕刻以及每4到6周更换网页,就是大脑在接受新鲜事物中成长。工作、阅读、学习和合作的环境舒适而且功能齐备。在温暖、关怀、有资质的图书馆人员的协助下,学生感到既有支持又有挑战,而且受到信任。(第39页)

这两段描述,相距百年,但学校图书馆都不是静止的、充斥着文本的地方,不是只欢迎阅读能力强、具有学术才能(传统意义上的)的读者的地方。那里应该设计成欢迎、激励以及启发所有人,为具有各种优势、兴趣和需要的学生提供广泛的资源和鼓励的地方。

学校图书馆员的目标不仅仅是管理资料,借进借出,保持严肃的气氛。美国媒体专家琼·克洛斯和苏珊·秦思(June Cross & Susan Kientz,1999)在一篇关于媒体专家与教师合作的文章中明确地指出:"学生学习是学校图书馆存在的原因。"图书管理员努力创造空间、收集资料并与学生和教师一起工作,主要目的是帮助学生成长和学习,并且要尽其所能帮助教师在这方面努力。有很多方式可以达到这个目的,可以为教师和学生提供有用的资源,也可以为单元学习开发提供支持。

学校图书馆不必成为充盈着满是尘土的书籍的陈旧场所,图书馆员也不必充当旧式的管理图书者。图书馆在很多学校可以是活跃的和动态的资源中心,在那里,教师和图书馆员携手设计、提供和评估有效的、以学生为中心的、以资源和探究为基础的学习经验。

听起来很不错,但是这些与个性化教学有什么关系?图书馆怎样能够帮助教师进行个性化教学?我们已经知道,有三个可以个性化的主要领域:内容、过程和产品,而且这些涉及学生的准备状态、学习偏好和兴趣。可以利用图书馆关于一个主题的广泛的资源来为需要较容易资料的学生或者需要更具挑战性资料的学生提供帮助，同时获得同样主题或概念的不同资料，有什么能比这样在内容个性化上做得更好？图书馆员可能了解很好的资源选择，因此可以节省教师自己查资料的时间和工作量。说到过程，为什么不考虑与媒体专家就新的单元进行头脑风暴？他们可能为备课提供新的视角或者新的资源，媒体专家可能也了解适应不同学生优势的新产品。

本章特别集中论述在图书馆员（或者媒体技术专家）如何能够支持个性化教学。

学校图书馆和媒体专家如何帮助教师：
● 为课程单元从图书馆的收藏中收集资源（印刷品、视听、网络）。
● 与技术专家合作帮助教师持续获得教育方面新的技术和新的信息资源。
● 创造各种各样的"探路器"、研究指南以及网络探究（webquests）以满足学生和教师的需要。
● 通过预选单元学习的资源帮助教师和学生在大量信息中找到可用的资源。
● 通过研究过程为班级提供指导。
● 给学生和班级讲授如何评估资源。
● 给学生和班级讲授什么是网络上的可靠资源，如何选择报纸杂志。
● 帮助学生和教师集中使用各种重要和比较重要的资源。
● 提供专业资源以满足教师的要求和需要。
● 与个别需要了解如何查找和使用信息的学生和教师一起工作。
● 教授引用方式以及如何避免抄袭。
● 为班级教授有关使用图书馆资源（印刷品和网上资料）或进行研究的"微型课程"。
● 教授有关研究过程方面的更深入的课程。
● 与教师一起进行团队教学。
● 与教师一起备课、实施和评估课程或单元。

我们能提供哪些帮助：内容个性化

图书馆显然是更能够通过媒体和技术支持个性化教学的地方。的确，图书馆的一般理念是支持个性化教学的基本概念。图书馆是友好、开放和服务全体的地方。各种优势、需要和学习风格（包括教师！）都受欢迎，而且能够找到满足个体需求的资料和支持。在国际学校的环境中，这意味着媒体专家要保证资料（印刷、视听和网上资料）满足所有课程领域和专业需要。资料必须是高质量的并且能够适合所有学生的各种需要。这些资源也要代表多重文化、国家和学校中不同团体的视角。换句话说，图书馆资料要能满足所有学生的各种准备状态、兴趣和学习偏好的需要。如果缺乏与学生和教师经常和开放的沟通，就无法达到这个目的。媒体专家要密切注意学校里在教什么、什么水平，以保证图书馆资料能够支持这些主题，提供基础和高水平学生需要的资料。

我们也需要密切注意学生的兴趣，倾听学生的问题，注意学生在学校参加的活动，从而努力得到一个总的概念，了解学生是谁，什么对他们重要。这能够更好地帮助我们了解他们的个人兴趣，因此能够更好地满足他们的需要。学生的兴趣和需要不涉及价值观的判断——只要学生有需要，一个科目和另一个科目同样重要。一个学生对如何照顾他新的宠物乌龟感兴趣与另一个学生想学习自然界的分形图案（fractal patterns）应该得到同样的关注。学生如果感到受欢迎和被接纳，就更可能在需要的时候毫无顾虑地寻求帮助。

图书馆资源也可以支持学生学习风格的多样性，可以提供内容的多重切入点。一个学生想学习自然界的分形图案但是又苦于读不懂文本，因为还在学习英语，我们就可以帮助他寻找语言较容易的文本资源。一个喜欢口头学习的学生可以被引导使用与所学科目相关的视听资料或者播客（在线音频节目）。阅读有困难的学生可以从有声读物获益，在阅读一本书的同时还可以听。正在学习历史的视觉学习者可以获得关于一个主题的视频资料，通过视觉切入点理解材料。百科全书、印刷资料或者网上资料对于"整体"学习者来说都是很好的资源，如果他们能先理解整体情况就会学得更好。查阅百科全书能够帮助他们了解整体从而在头脑中组织更详细的信息。这可以作为一个模式帮助学生为他们所学的内容创造自己的记忆分类模式。下面的表格(表 14-1)建议学校图书馆和技术部门为学生特殊的学习需要和风格提供支持,包括为特殊学生准备状态、学习偏好和兴趣提供与各种学科相关的资源。

当然,所有这些资源可以为全体学生使用,鼓励他们发展和探索自己多方面的智能。

表 14-1　为学习偏好个性化提供支持

个性化的方面	图书馆或技术资源
准备状态 学习偏好/多元智能	图书馆可以提供一系列资源——关于不同文化主题——从基础的到高水平的,包括: ● 印刷材料,比如非小说类书籍或者各种水平的百科全书。 ● 网上资源,比如先进的数据库或者网上百科全书。 教师或者媒体专家可以为某个学生预先选择并确定资料。较容易和高水平的资料可以放在一起,学生能够浏览并选择最适合自己需要的资料。
口头的—语言的	图书馆可以提供一系列资源——关于课程主题——从基础的到高水平的,包括: ● 印刷材料,比如非小说类书籍或者各种水平的百科全书。 ● 网上资源,比如先进的数据库或者网上百科全书。 教师或者媒体专家可以为某个学生预先选择并确定资料。较容易和高水平的资料可以放在一起,学生能够浏览并选择最适合自己的资料。
逻辑—数学	● 可以提供各个学科统计的或数字的印刷资料和网上资料信息。学生可以利用这些资料作为很多话题的切入点。 ● 大事年表和年代表 例子: ● 小学:学生可以在开始生命循环单元的学习时,比较某些生命循环所需的数字的异同。 ● 中学:学生学习古代文明可以绘制所有文明大事件的年表。 ● 高中:在战争单元,逻辑或数学理解能力强的学生可以研究和分析一个战争冲突对经济的影响。

续表

个性化的方面	图书馆或技术资源
音乐—韵律	● 收集音乐：有些图书馆为学习艺术的学生收集音乐。 ● 老师可能要求学生选择音乐表现小说、诗歌或者其他科目一个特殊的主题或概念。 ● 一些网上数据库可以提供历史上音乐的剪辑，可以为喜欢音乐的学生学习历史提供切入点。 例子： ● 小学：学生可以为包含各种声音的故事创造背景声音、音乐或者配合故事的歌曲，学生要解释他们的选择。 ● 中学：学生可以听一个特殊时期的音乐，比较这个时期前后音乐的异同。 ● 高中：学生可以研究哈林文艺复兴时期音乐的发展，以加强对这个时期音乐的深入理解。
视觉—空间	● 视频和光盘 ● 在线视频资源比如Youtube.com（免费）或者探索发现频道/联合转播（订购）。 ● 不同主题的海报可以呈现视觉信息。图书馆通常收藏海报。 ● 寻找图书馆有视觉帮助的图书。很多图书——特别是中小学水平的图书——都有与主题和学科相关的图片和插图。 ● 很多网络数据库都有图像收集，可以为学生提供准确可靠的视觉信息。 ● 网络上的免费在线视频和图像资源每天都在增长，在使用前要查验准确性和适当性。
身体—动觉	● 故事和小说中能够表演出来的重要感觉 ● 技术支持：可以找到一些对学生有帮助的网上资料
人际间的/内心的	● 各门学科领域的个人叙事以及小说和非小说类作品能够帮助学生作为学科的切入点。 ● 口头史或访谈 例子： ● 小说：有很多学科都有历史小说资料，有不同文化视角，也包括从小学到高中的不同水平。这对于那些通过个人经验能够理解得更好的学生是一个很好的起点，而且也能够实现文学和社会研究、数学、科学和艺术等之学科间的跨学科探索。 ● 非小说：大部分学科和年级水平都能得到个人叙事、日记、口头历史和回忆等资料。像小说一样，它们能够创造兴趣，理解真实的人物和关系。

续表

个性化的方面	图书馆或技术资源
整体到部分（全球）学习者	● 百科全书切入点（印刷或者网上资料）对于那些通过了解整体情况学得更好的学生是非常好的资源。百科全书有很多形式，有总体的，也有分科目的。 ● 目录表：鼓励学生看一本书的目录，给他们提供总体概览。
部分到整体（顺序）学习者	● 包含所要测验的主题细节的资源对这些学生特别有帮助。这些资源有不同水平，细节和语言复杂程度都不同。
兴趣	● "分支"材料——与课程科目相关的一系列话题材料。做研究项目时，学生能够通过这些材料选择感兴趣的并且与单元学习相关的话题。 ● 一般学生比较感兴趣的材料，可以进行个人探索，鼓励好奇心。 ● 关于学生的不同国家和文化的材料，某些学生更喜欢自己国家的作者。

如何找到这些资料：与媒体技术专家一起工作

在任何学校，最重要的资产都是教师。学校图书馆也不例外。一个强有力的媒体技术专家能够为学生的学习作出不可估量的贡献。上述列表中的潜在的资料意在鼓励教师，但是看起来多得难以招架，特别是我们需要为各种各样的学习者确定合适的资料的时候。这时就特别需要媒体技术专家的大力支持，帮助教师确定这些资源的种类。

学校所教授科目的信息自从教科书作为主要资源并且主要作为学生和教师的工具被开发以来有了极大的发展（Linday,2005）。现在无须担心教师和学生难以找到与所教课程相关的资料。但是找到学生能够接受的高质量的可靠信息仍然是一个挑战。根据各类学生准备状态、学习偏好和兴趣需要来确定特殊资源也十分具有挑战性。网络上不断扩大的资源，比如网上杂志和报纸以及网上版本的百科全书和各种书籍（或电子书），很多都包含多媒体特征，对于学生不断增加的网络使用（长时间、低质量资源）来说是一个巨大的"解毒剂"。学习哪些资源可以使用、何时及如何使用已经很费时，更不要说学习如何有效地寻找资源的详细知识了。媒体和技术专家就是在这里帮助和支持教师定位相关资料，并且教会学生和教师如何有效地使用资源。

怎样提供帮助：过程和产品

　　这个部分与学习过程的个性化相关。提供满足各种不同学习者的广泛资料是图书馆媒体中心帮助教师进行个性化教学首先要做的事情。另一个有效方式是使用这些资料，围绕内容、过程和产品，教师和图书馆媒体技术专家合作来为单元课程做计划。吉斯·卡里·兰斯(Keith Curry Lance,2001;2002)进行的研究调查了影响学生成绩的因素，发现除了学校图书馆媒体中心的作用之外，学生的成就也与教师和媒体专家共同备课有关。

　　当两个或更多的专业人员一起工作时，可以开发出一系列的资源和想法。莎琳·里德豪斯(Charlene Leaderhouse,2005)根据自己的经验描述了媒体专家与教师合作所获得的益处。她发现，媒体专家提供的新视角、资源和想法补充了教师过去有用的(和没用的)知识，同时也深化了教师关于学生的知识。媒体技术专家能够提供反弹出各种主意的共鸣板，从而设计既有效又有创造性的学习活动。媒体技术专家也能够给备课过程带来符合特殊准备状态以及特殊学习和兴趣所需的新资源的知识。当教师和媒体技术专家一起备课的时候，他们更可能设计基于学生需求的调整过的课程和单元。比如，一个研究项目可能允许一部分学生使用更复杂的资源，另一部分学生使用包含基本信息的资源。还有另一种设计课程或单元的方法，让学生轮流寻找有关主题的资源，因此能够以学生的优势和需要为基础来选择，体现各种学习风格。媒体技术专家可以帮助学生确定这些资源，也可以和学生一起工作，根据每个资源的不同，起到指导和教师的作用。分担备课和评估的任务也能够使每位教师为团队带来特殊优势和专家技能(Hylen,2004)。学生也能从共同授课中获益。这不仅能够为个体的注意力创造更多的机会，而且能够给学生展示不同的学习风格，因此能够轮流帮助学习风格不同的学生(Hylen,2004)。很多文章和著作都描述了这种类型的合作。你如果要探索教师和媒体专家之间的合作，从维奥拉·原田和琼·吉名(Violet Harada & Joan Yoshina,2004;2005)[①]的著作中能够得到很好的资源。

---

　　① Harada, V. & Youshina, J. (2004)《图书馆员和教师合作探究学习》(*Inquiry learning through librarian-teacher partnerships*)，Worthington,OH:Linworth Publishing；(2005)《作为合作伙伴的图书馆员和教师》(*Librarians and teachers as partners*)，Westport, CT:Libraries Unlimited.

媒体技术专家支持个性化教学的另一个方式是提供不同的学习环境——特别是为那些有不同学习风格的学生。我们知道学生有特殊的学习偏好，当满足他们如何学习和在什么地方学习的条件时，他们能更有成效、更有效率地学习。图书馆可以为小组或个人提供课堂以外的空间，虽然很多学校图书馆已经不再是以前那种肃静的场所，但他们还是能够提供安静的个体工作场所。在线资料库可以在家获得，也可以在图书馆或教室供研究使用。同样，技术资源也不再局限于电脑实验室里。可以提供笔记本电脑和无线网络的学校也使学生有更多的灵活性，选择对他们最好的工作环境。

当需要教学生如何创造各种技术产品时，媒体技术专家可以提供特别支持。近年来，使用诸如绘画软件、制作超媒体节目的平台（hyperstudio）和PPT设计电子呈现方式即使在小学也变得十分普遍。使用这些工具可以将文本、图像以及声音等信息合成。新技术工具使学生能够制作网页、探索网站、播客、桌面出版系统文件、电子数据表，可以用图表呈现视觉信息，也能够呈现简单和复杂的数据。

教师和媒体技术专家合作备课强调了一个事实，即信息搜集和技术技能是学生需要的重要的跨学科技能。这些技能（定位并得到信息，对信息进行分析、总结、释义、综合、呈现，评估研究过程和产品）需要在以内容为基础的单元学习中教授。因此，有理由相信，教师和媒体技术专家之间的合作会非常强大。学生需要得到如何使用某些资源并进行相关的有意义的练习的指导。媒体技术专家和教师的合作能够在一个学校单元中将教授信息与技术技能整合起来。

这并非意味着教师与媒体技术专家合作要在每件事情上都做改变，那是不可能的，不实际也没有必要。

有时候需要的只是媒体技术专家就特殊类型的资源、软件或者特殊类型的文献介绍等开设简短精当的课程。当教师和媒体技术专家在实施特殊计划之前对于项目总体明确沟通时，这些小型课程最有效。即使学生就一个新资源接受指导的时间也会影响使用的有效性。如果使用报纸杂志资料库的过程在学生开始选择话题之前教授，他们就不会带着真实需要练习收集资料。同样，如果在开始实际研究之前教授技能，他们也很少能记住。

媒体专家支持下的个性化教学的例子

小学：三年级、艺术和图书馆媒体之间的合作

作为社会研究课程的一个部分，三年级正在学习来自不同文化的童话故事。因为了解这是常规课程的一部分，所以图书馆会收藏大量世界各地的童话故事。教师和图书馆员见面为今年的探索做计划，目的是帮助学生了解不同文化故事中的异同之处。这个班由来自10个国家的儿童组成。几个学生刚来到学校，一些学生第一次学习英语。在讨论中，教师注意到今年班里的几个学生喜欢艺术。开始头脑风暴时，教师和图书馆员开发了一系列活动，这些设计是为了学生阅读和理解几个童话故事，并进行对比，了解这些童话故事所在的国家和文化。

个性化教学的元素包括：

- 图书馆为学生提供一系列从易到难的不同阅读水平的童话故事。刚开始学英语的学生或者阅读有困难的学生能够阅读简单的英语写成的故事，而能够阅读更复杂文本的学生可以选择词汇和语言更有挑战性的故事。
- 有些童话故事提供录音，可以边听边读。
- 学生可以选择任何国家的童话故事，包括自己国家的。这可以帮助新学生寻找与祖国联系的方式。
- 单元的另一个部分是就故事来源的国家进行基本的研究。学生可以以小组为单位搜集信息。
- 考虑到有几个学生喜欢艺术，教师和图书馆员决定请教同样教这些学生的艺术教师，是否能够将这个单元某些方面的工作与艺术课程整合起来。艺术教师对这个想法感到很高兴，经过讨论他们决定做一个项目，让学生为他们的故事创造抽象的"景观"。他们要利用了解到的有关这个国家的信息说明他们的景观会是什么样的。
- 最后的活动是在图书馆展览故事、学生创造的景观、他们关于

这个国家的研究以及他们通过比较所发现的异同。学生要装扮成故事里的人物并向"展览"的观众说明他们的故事。

初中：社会研究和图书馆媒体

6年级研究人类的起源以回答这个问题："你是从哪里来的？"有一年，有很多英语作为第二语言的初级水平学生进入6年级。教师担心他们前些年使用的材料对英语作为第二语言的学生不合适。他们认为学生应该理解概念，但是需要不同类型的资料。他们请图书馆员帮助。图书馆员了解了整个单元的计划以及教师确定的重要学习结果。有了这些了解，她就能够找到学生可以使用的其他资源。她将这些资料拿给教师，然后一起开发针对正在学习英语的学生的活动。个性化的元素包括：

- 描述早期人类大脑和身体大小的图像，帮助学生从视觉上了解经过多少年以后身体上的变化。
- 学生要完成一个早期人类进步的大事年表，帮助学生加强逻辑/数学技能。
- 搜集解释史前人类其他方面——比如工具的发展和饮食的变化等——的印刷和网络资源。学生将这些资料写入大事年表，并说明早期人类身体变化与生活方式变化之间的联系。
- 最终产品要完成大事年表，每一栏有一个题目。学生可以用纸或者电脑来做。正在学习英语的学生可能有很好的电脑技能，这能给他们提供机会展示他们的优势。

高中：10年级社会研究和图书馆

最终研究报告要求学生探索与本学年课程中学过的任何一个话题相关的问题。通过一年的学习，学生参与了集中在研究过程某一方面的"微型"研究项目。图书馆员参与班上的每一个微型项目，教学生使用新资源，也教他们新技术——比如先进的搜寻技术，评估资源或者正确引用资源。这种持续的工作最大的好处是图书馆员逐渐了解学生，更好地了解学生个体的需求、偏好和兴趣。当最后的项目开始时，图书馆员与教师合作能够参与对最终项目的指导。教师让学生选择他们自己的话题，鼓励学生选择他们感兴趣的东西,这也能够使学生回顾他们学习的所有主题并对某一个主题进行深入探索。

- 图书馆员精心收集与世界研究所教授的主题相关的内容广泛的材料,学生因此可以根据有关主题选择高质量的不同水平的材料。
- 学生必须开发出核心的研究问题,不同学习偏好的学生可以根据自己的强项探索他们主题的一个方面。比如,一个音乐智能高的学生可以选择研究不同环境中受压迫者的歌曲。这样他们就能集中在自己的优势领域和兴趣领域,同时探索重要的课程主题。
- 图书馆员可以为有需要的学生提供咨询。图书馆员并非为学生找资料,而是利用对这一年课程的了解,为学生进行研究提供指导。

学校图书馆和图书馆媒体技术专家是教师开发课程、撰写单元计划、进行表现评估以及寻找个性化教学方法时非常有价值的资源。媒体专家寻求开发各种资源,服务于团体的多样性,满足各种学习者需求,帮助学生以成长和学习的方式与所学的科目相联系。这意味着提供一系列代表学生准备状态、学习偏好和兴趣的印刷、视频和高质量网上资源。媒体专家要支持教师探索个性化教学的各种选择。我们可以通过确定一系列满足课堂各种需求的资源来提供支持,也可以通过与教师更深入的合作提供支持,总之目的是帮助改善所有学生的学习。

(本文作者:Pasty Richardson)

第十五章

学校管理者如何支持个性化教学

很多东亚和非洲的教师及管理者都对个性化教学的一个基本问题感到困扰：个性化教学是否意味着准备23份不同的教案？教师哪里去找时间？怎样能公平地对学生进行评估？个性化教学的课堂实际上是什么样的？(Kusuma-Powell,2003)

为了回答这个问题，为学前到高中学生提供服务的马来西亚吉隆坡国际学校(ISKL)对个性化教学投入了很多专业力量。正如世界上的其他国际学校一样，ISKL在过去20年中见证了学生构成的巨大变化。因为东亚经济格局的改变，很多来自非英语国家的学生——特别是日本和韩国的学生——来到我们的学校。还有很多带有美国学习经验的学生期望我们的学校也能够为有学习障碍的个体提供个性化的支持，这在他们的国家是得到法律支持的。

结果是，我们相信我们的学校需要更多地支持个性化教学，而不是派教师去参加会议或者引入其他有帮助的资源。作为学校管理层中的两个关键人物，我们开发了观课策略，我们称之为"观课协议"(protocol for the rounds)。这个策略通过给教师个性化教学的建设性反馈以及为教师建立合作而鼓励和支持个性化教学。这个策略一开始就得到教师的积极回应。

这个策略确定了ISKL课堂教师的一个教学规则是必须在计划单元课程时考虑学生的不同需求。尽管教师和学习专家会一同为有学习障碍的学生备课及安排教学，但这个协议认为教师对其他所教的学生负有同样的责任。

这个策略也强调使用有效教学策略并主动将实践与学习理论联系起来。通常，专家教师在课堂上的有效行为基于直觉知识。这个策略强调注重没有意识到的行为，并且将这些策略与近期的研究联系起来，帮助教师确证他们的实践。

这个策略的另一个益处是在教学同事中激励学术挑战的专业对话——这是学习发展的重要指标（Barth，1990）。我们对这个策略的计划和实施得益于曼谷国际学校管理层的工作以及课程管理服务大纲（2001）。

个性化教学的四个关键

我们首先从研究文献出发确认个性化教学的基础（Kusuma-Powell & Powell，2004；Tomlinson，2001）。我们的调查确定了个性化教学的四个关键，这同时成为我们策略的目标的基准。这四个关键是：

- 作为学习者的学生的深层知识
- 课程内容的深层知识
- 有效教学策略的大经验库
- 参与合作计划、评估和反思的意愿

观 察 策 略

我们为从理论到实践的行动编辑了各种个性化教学的指标，希望在观课时能够看到和听到，比如灵活分组、学生选择、使用等待时间以及其他促进平等的课程学习的课堂环境特点。在学校里，我们把这些教师和学生行为作为个性化教学开始的测量对象。然后我们安排在小学每个年级进行定时定点观察（大约5分钟）。我们希望每学期对每个小学课程观察两次。我们的目的是集中观察并获得学校个性化教学状态的基本印象。

我们事先通知最初的定时定点观察，说明什么时候会观察哪个年级，在小学教师会上解释观察的目的。尽管我们努力澄清定时定点观察不是对某个教师的评估，但有些教师仍然害怕观察包含评估的成分。

为了避免引起教师的焦虑，我们决定给大家看我们编辑的个性化教学指标的单子。我们不想让教师认为每个策略都必须在每堂课上呈现，或者更不好的结果是认为个性化教学就是简单的教学偏方——如果"正确"的活动展示出来，个性化教学就会发生。

提 供 反 馈

每次定时定点观察之后，我们都坐下来用10分钟的时间一起根据个性化教学的指标分析我们所观察到的情况。我们这个策略的优势之一是共同参与课堂观察的力量。我们两个人不仅关注课堂的不同特点，而且实际上还看到不同的东西。我们对观察的个人诠释激发了学术谈话、探索问题，有时还有很强的洞察力。

在几个幼儿园班上，我们观察到有技巧地运用学生选择的策略（Classer,1988），让学生在某种程度的指导下计划他们自己一天的活动。学生可能的选择——比如集中在数学、艺术、游戏、写作或者班内图书馆——有不同的颜色编码，教师保证学生不会一直处在一个颜色的活动中。最重要的是，教师帮助学生为接下来个人活动的主要计划负责。当一个孩子偏离了他的选择，我们听到老师问："你要改变计划吗？"这个策略能够使学生对责任的关注内化（Deci & Ryan,1985）。

对每个年级定时定点观察并分析材料之后，我们会起草一份对整个年级教师的简单邮件反馈，说明我们观察到了什么。我们在当天提供反馈，因为研究显示，及时是反馈有效最重要的条件（McCauley,Moxley,& Van Velsor,1998）。反馈仅仅描述我们所观察到的有效个性化教学策略，没有批评、建议和推荐。尽管我们讨论的是在一个特殊课堂观察到的教师和学生行为，但是我们坚持对集体反馈，而且不涉及具体的教师。我们将这个反馈作为一个重要策略以达到在学校将个性化教学常规化的目标。反馈有三个重要目的：认可大多数教师有技巧的工作；加强有效教学策略的使用；在学校范围内为个性化教学建立教学常规。

正如我们所期望的，我们的反馈帮助教师将他们直觉使用的策略与能够扩大这个策略使用的研究及理论联系起来。比如，在一个年级，我们观察到教师对学生回答的问题使用了很有技巧的释义。在我们的反馈中，我们讨论了三类释义及其对学生思维的调节作用（Lipton & Wellman,1988）。教师们事实上在直觉地使用释义策略，他们很高兴有坚实的研究基础作为支持。

提出反思问题

除了提供积极反馈,我们也对每个年级的教师提出一个与我们观察到的情境相关的具体的反思问题。我们要求教师在下一次会议上讨论这个问题。我们两个人也积极参与会上的讨论。

根据科斯塔和加姆斯顿(2002)以及本·希尔(Ben Hur,2002)关于引人深思的问题的研究,我们提出的问题具有下列特点:

- 从积极假设开始。比如:"你在课堂上使用什么包括学生选择的策略?"这个问题的假设是教师使用这种策略并且在他的班上包括学生选择的元素。
- 使用复数形式。在前面的例子中,教师被要求确认多种策略而不是一种。
- 问题是开放的,不是是非问题。
- 提倡学术努力。在很多情况下,这些问题对我们也是挑战。

我们对各个年级提出的反思问题包括:

- 学前/幼儿园:当学生投入自我指导的游戏时,你们会寻找哪些东西作为学生处在他的最近发展区的证据?
- 1年级:当为一个学生提供等待时间的时候,你们使用什么策略保持所有学生的认知投入?
- 2年级:当为学生开发高水平问题的时候,你怎样考虑不同学习者的需求?
- 4年级:什么策略能帮助学生抓住课程目标,理解目标是怎样与建构持续的理解相联系的?

教师们对反思问题一开始的反应各种各样,有的热心参与,有的怀疑疏离。起初,一些教师有误解,认为他们在面对某种类型的口头考试或者要求他们开会前研究这个问题然后作报告。一个教师甚至在开会时带来一摞参考书。但是,当团队变得习惯参与专业对话以后,教师们慢慢意识到,这不是考试,也没有规定的结果,而是鼓励对教和学的讨论。

我们希望教师们意识到个性化教学是一个共同的事业，不必独自去做(Kusuma-Powell & Powell,2004；Showers & Joyce,1996)。幸运的是，这些专业讨论促进了学习的伙伴关系和共担责任的气氛，因此减轻了个人的压力。

对反思问题的讨论带给教师和管理者很多好奇的、未曾预料的但是专业发展的回报。一个团队要求在课上展示不同水平的释义如何用于调节学生的思考。他们决定给这个课程录像然后评论这个录像，这个勇敢的举动带来了关于教学策略的丰富讨论。另外一个团队中，教师开始合作进行个性化教学，分析专业文章和书籍并且计划后续活动以改善个人和团队的课堂教学。

一些教师合作使用认知教练策略(Costa & Garmston,2002)对个性化教学进行计划和反思。

将熟悉的策略汇集起来

吉隆坡国际学校目前在第二轮实施这个策略，计划也在中学进行。教师们积极地迎接这个过程。几位教师表示想参与定时定点观察及之后的材料分析。我们调查了教师们对这几位教师观察的感觉以及随后的反思问题，他们的反馈比我们预测得还好。一位教师写道："管理团队观察我们的课堂，确认了我们正在做什么。"

管理层和教师团队目前正在开发个性化教学开始的策略[①]，在研究的基础上汇集了通过定时定点观察及其后的讨论得出的与学习理论紧密相关的课堂教学技术。这些教学策略特别有力量，因为它们来自教师自己的实践，因此教师感到他们拥有所有权。这些策略和它们背后的研究基础成为我们所有教师的共同知识基础。

观察策略在吉隆坡国际学校仍在进行，而且开始显示出作为学校发展工具的强大力量。

(本文作者：William Powell，Susan Napoliello)

---

① 参见第八章。

参考文献

Altschuler, E., Pineda, J., & Ramachandran, V. S. (2000). Abstracts of the Annual Meeting of the Society for Neuroscience.

Amabile, T. (1983). The social psychology of creativity. New York: Sringer-Verlag.

Aristotle. (2000). Nichomachean ethics, Book II, translated by W. D. Ross, Internet Classic Archives Web Site. Retrieved August 15, 2004.

Aronson, E. (1999). The social animal, 8th Edition. New York: Worth Publishers.

Assessment Reform Group. (2002). Assessment for learning: Research-based principles to guide classroom practice. Retrieved April 27, 2007, from: http://k1.ioe.ac.uk/tlrp/arg/index.html

Bailey, J. M. & Guskey, T. R. (2001). Implementing student-led conferences. Thousand Oaks, CA: Corwin.

Baksh, I. J., & Martin, W. B. W. (1984). Teacher expectation and the student perspective. The Clearing House, 57, 341—343.

Barth, R. (1990). Improving schools from within. San Francisco: Jossey-Bass.

Barth, R. (March, 2006). Improving relationships within the schoolhouse, Educational Leadership, 63(6), 8—13.

Birdwhistell, R. (1970). Kinesics in Context. Philadelphia, Pa.: University of Pennsylvania Press.

Black, P. & William, D. (1998). Inside the black box: Raising standards through classroom assessment. Phi Delta Kappan, 80(2), 139—148.

Bloom, B. S. & Krathwohl, D. R. (1956). Taxonomy of Educational Objectives: The Classification of Educational Goals. Handbook I: Cognitive Domain. New York: Longmans.

Blum, D. (1997) Sex on the Brain: The Biological differences between men and women. Viking: New York.

Boydston, J. A., Ed. (1991) The Collected Works of John Dewey. Carbondale: Southern Illinois University Press, 1967—1991. Online Resource.

Brooks, J. G. & Brooks, M. G. (1993) In search of understanding: The case for constructivist classroom. Alexandria, VA.: Association for Supervision and

Curriculum Development.

Brooks, R. & Goldstein, S. (2001). Raising resilient children. New York: McGraw Hill.

Brophy, J., & Good, T. (1986). Teacher behavior and student achievement. In M. Wittrock (Ed.) Handbook of research on teaching (pp. 328—375). New York: MacMillan.

Brophy, J. E. (1983). Research on the self-fulfilling prophecy and teacher expectations. Journal of Educational Psychology, 75, 631—661.

Brown, T. E. (February, 2007). A new approach to attention deficit disorder. Educational Leadership(64)5, 22—27.

Brunner, J. (1996). The culture of education. Cambridge, MA.: Harvard University Press.

Bryk, M. & Schneider, B. (2002). Trust in Schools: A Core Resource for Improvement. New York: The Russell Sage Foundation.

Caine, R. & Caine, G. (1991). Making connections: Teaching and the human brain. Alexandria, VA.: Association for Supervision and Curriculum Development.

Caine, R. & Caine, G. (1997). Education on the edge of possibility. Alexandria, VA.: Association for Supervision and Curriculum Development.

Campbell, A. (2000). Sex-Typed Preferences in Three Domains: Do Two Year Olds Need Cognitive Variables. British Journal of Psychology,18, 479—98.

Campbell, L. & Campbell, B. (1999). Multiple intelligences and student achievement: Success stories from six schools. Alexandria, VA.: Association for Supervision and Curriculum Development.

Chappuis, J. & Chappuis, S. (2002). Understanding school assessment: A parent and community guide to helping students learn. Portland, OR: Assessment Training Institute.

Chappuis, J. (November, 2005). Helping students understand assessment. Educational Leadership, 63(3), 39—43.

Chappuis, S. (2004). Leading assessment for learning: Using classroom assessment in school improvement [Electronic Version]. Texas Association of School Administrators Professional Journal-INSIGHT. Winter 18(3), 18—22.

Chappuis, S., Stiggins, R., Arter, J. & Chappuis, J. (2003). Assessment for learning: An action guide for school leaders. Portland, OR: Assessment Training Institute.

Clarke, A. C. (1986). July 20th, 2019: Life in the 21st Century. London: MacMillan Publishers.

Cohen, E. (March, 1998). Making Cooperative Learning Equitable. Educational Leadership,56(1), 18—21.

Cohen, E. G., Lotan, R., Scarloss, B., Schultz, S. E. & Abram, P. (2002). Can Groups Learn. [Electronic Version]. Teachers College Record, (104) 6, 1045—1068.

Coleman, J. S., Campbell, E., Hobson, C., McPartland, J. Mood, A, Weinfeld, F & York, R. (1966). Equality of educational opportunity. Washington, DC: US Government Printing Office.

Collins, M. & Amabile, T. (1999). Motivation and creativity. In R. J. Sternberg (Ed.). handbook of creativity (pp. 297—312). New York: Cambridge University Press.

Conlin, M. (2003). The New Gender Gap. Business Week Magazine, May 26, 2003.

Cooper,H. M., & Tom, D. Y. H. (1984). Teacher expectation research: A review with implications for classroom instruction. The Elementary School Journal 85, 77—89

Costa, A. & Garmston, R. (2002). Cognitive coaching: A foundation for renaissance schools, 2nd Edition. Norwood, Mass.: Christopher-Gordon Publishers.

Costa, A. & Kallick, B. (2000). Discovering and exploring habits of mind. Alexandria, VA.: Association for Supervision and Curriculum Development.

Costa, A. L., (Ed.). (2001). A new taxonomy of educational objectives. Developing minds: A resource book for teaching thinking. Alexandria, VA.: Association for Supervision and Curriculum Development.

Covey, S. (1989). The 7 habits of highly effective people. New York: Fireside Edition, Simon & Schuster.

Covington, M.(1989). Self-Esteem and Failure in School. The Social Importance of Self-Esteem. Berkeley, CA.: U.C. Press.

Csikszentmihalyi, M. (1991). Flow: The psychology of optimal experience. New York: Harper & Row.

Csikszentmihalyi, M., Rathunde, K. R., & Whalen, S. (1993). Talented teenagers: The roots of success and failure. New York: Cambridge University Press.

Curriculum Management Service. (2001). Conducting walk throughs with reflective feedback to maximize student achievement. Huxley, I. A.: author.

Damasio, A. (1994). Descartes' error: Emotion, reason, and the human brain. London: Pengiun Books.

Darwin, C. (1965). The expression of emotions in man and animals. Chicago, Il.:

University of Chicago Press.

Deci, E. L. & Ryan, R. M. (1985). Intrinsic motivation and self-determination in human behavior. New York: Putnam.

Department for Education and Skills. (2006). 2020 Vision: The report of the teaching and learning in 2020 Review Group. Nottingham, U. K.: DfES.

Dodge, J. (2005). Differentiation in action. New York: Scholastic.

Dubb A, Gur R, Avants B, Gee J. (September 2003). Characterization of sexual dimorphism in the human corpus callosum. Neuroimage, 20(1). 512—9.

Dunn, R. S. & Dunn, K. (1993). Teaching secondary students through their individual learning styles: Practical approaches for grades 7—12. Needham Heights, MA.: Allyn & Bacon.

Eide, B., & Eide, F. (2006). The mislabeled child: How understanding your child's unique learning style can open the door to success. New York: Hyperion.

Eisner, E. (1998). The kind of schools we need: Personal essays. Portsmouth, N. H. Heinemann.

Ekman, P. & Friesen, W. V. (1975). Unmasking the face: A guide to recognizing emotions from facial clues. New Jersey: Prentice Hall.

Elliot, C. (1971). Noise Tolerance and Extraversion in Children. British Journal of Psychology, 62(3), 375—80.

Feuerstein, R., Rand, Y., Hoffman, M., and Miller, R. (1980). Instrumental Enrichment. Baltimore, MD: University Park Press.

Fisher, C., Berliner, D., Filby, N., Marliave, R., Cahen, L., & Dishaw, M. (1980). Teaching behaviors, academic learning time, and student achievement: An overview. In C. Denham & A Lieberman (Eds.), Time to learn (pp. 7—32). Washington, DC.: National Institutes of Education.

Fiske, S. T., & Taylor, S. E. (1984). Social cognition (1st Ed.). Reading, MA: Addison-Wesley.

Friend, M. & Cook, L. (1992). Interactions: Collaboration skills for school professionals. White Plains, N. Y.: Longmans.

Fullan, M. (2000). Address at Summer Seminar for the Academy of International School Heads (AISH).

Gardner, H. (1993). Multiple intelligences: The theory into practice. New York: Basic Books.

Garmston, R. & Wellman, B. (1999). The adaptive school: A sourcebook for developing collaborative groups. Norwood, MA.: Christopher-Gordon Publishers, Inc.

Garmston, R. (2005). The presenter's fieldbook: A practical guide, 2nd Edition.

Norwood, MA.: Christopher-Gordon Publisher.

Gladwell, M. (2005). Blink: The power of thinking without thinking. Boston: Back Bay Books.

Glasser, W. (1988). Choice theory in the classroom, (Rev. Ed.). New York: Harper Perennial.

Goleman, D. (1995). Emotional intelligence: Why it can matter more than IQ., New York: Bantam Books.

Goleman, D., Boyatzis, R. E., & McKee, A. (2002). Primal leadership: Learning to lead with emotional intelligence. Cambridge MA.: Harvard Business School Publishing.

Good, T. L. (1987). Two decades of research on teacher expectations: Findings and future directions. Journal of Teacher Education, 38, 32—47.

Grandin, T. (2007). Autism from the Inside. Educational Leadership, 64 (5), 29—32.

Grinder, M. (1991). Righting the educational conveyor belt. Portland, OR.: Metamorphous Press.

Grinder, M. (1997). The science of non-verbal communication. Battle Ground, Wa.: Michael Grinder & Associates.

Gross, J. & Kientz, S. (1999). Collaborating for authentic learning. Teacher Librarian, 27 (1), 21—26. Retrieved March 15, 2007, from EBSCO database.

Gurian, M. & Henley, P, (2001). Boys and girls learn differently. San Francisco: Jossey-Bass.

Gurian, M. & Stevens. K, (2005). The minds of boys: Saving our sons from falling behind in school and life. San Francisco: Jossey-Bass.

Guskey, T. R. (, 2000). Twenty questions. Twenty tools for better teaching. Principal Leadership, 1(3), 5—7.

Guskey, T. R. (March, 1994). What you assess may not be what you get. Educational Leadership, 51(6), 51—54.

Guskey, T. R. & Bailey, J. M. (2001). Developing grading and reporting systems for student learning. Thousand Oaks, CA.: Corwin Press, Inc.

Hall, J. (1985). Nonverbal Sex Difference. Baltimore: Johns Hopkins Press.

Hallowell, E. M. & Ratey, J. J. (1994). Driven to distraction: Recognizing and coping with attention deficit disorder from childhood to adulthood. New York: Simon & Schuster.

Hammond, L. D., & Ball, D. L. (1997). Teaching for high standards: What policymakers need to know and be able to do. Prepared for the National Educational

Goals Panel, June, 1997.

Harada, V. & Yoshina, J. (2004). Inquiry learning through librarian-teacher partnerships. Worthington, OH: Linworth Publishing.

Harada, V. & Yoshina, J. (2005). Assessing learning: Librarians and teachers as partners. Westport, CT: Libraries Unlimited.

Hargreaves, A. Ed. (1997). Rethinking educational change with heart and mind: ASCD Yearbook. Alexandria, VA.: Association for Supervision and Curriculum Development.

Hatfield, E., Cacioppo, J., & Rapson, R. L. (1994). Emotional Contagion. New York: Cambridge University Press.

Hunt, D. E. (1971). Matching models in education. (Monograph No. 10). Ontario, Canada: Institute for Studies in Education.

Hunter, M. & Barker, G. (October, 1987). 'If at first . . .": Attribution theory in the classroom. Educational Leadership, 45(2).

Hylen, J. (2004). The top ten reasons a library media specialist is a teacher's best friend. Library Media Specialist, 77 (5), 219—221. Retrieved March 15, 2007, from EBSCO database.

International Baccalaureate Organization (2004). IB Assessment Handbook. Geneva: IBO.

International Baccalaureate Organization (2006). IB Learner Profile Booklet. Geneva, IBO.

Jencks, C., Smith, M. S., Ackland, H., Bane, J. J., Cohen, D., Grintlis, H., Heynes, B., & Michelson, S. (1972). Inequality: A reassessment of the effects of family and schools in America. New York: Basic Books.

Jensen, A. (1998). The g factor and the design of education. In R. S. Sternberg & W. M. Williams (Eds.) Intelligence, instruction, and assessment: Theory into practice (pp. 111—132). Mahwah, NJ: Lawrence Erlbaum.

Jensen, E. (1998). Teaching with the brain in mind. Alexandria, VA.: Association for Supervision and Curriculum Development.

John, P. (2006). Lesson planning and the student-teacher: Re-thinking the dominant model. Journal of Curriculum Studies, 38(4), 483—498.

Jones, A. & Moreland, J. (2005). The importance of pedagogical content knowledge in assessment for learning practices: A case study of a whole school approach. The Curriculum Journal (16), 193—206.

Joyce, B. & Showers, B. (1980). Improving inservice training: The messages of research. Educational Leadership, 37(5), 379—385.

Kaplan, S., Kaplan, J., Madsen, S., & Gould, B. (1980). Change for children: Ideas and activities for individualizing learning. Glenview, IL: Scott Foresman.

Kawecki, I. (1994). Gender Differences in Young Children's Artwork. British Educational Research Journal, 20, 485—90.

Kelley, H. H. (1967). Attribution theory in social psychology. Pp. 192—238 in D. Levine (Ed.) Nebraska Symposium on Motivation. Lincoln, University of Nebraska Press.

Keogh, B. K. (1998). Classrooms as well as schools deserve study. Remedial and special education, 19, 313—314, 349.

King, K. & Gurian, M. (September, 2006). With Boys and Girls in Mind: Teaching to the Minds of Boys. Educational Leadership, 64(1), 56—61.

Kohn, A. (1999). Punished by rewards: The trouble with gold stars, incentive plans, A's, praise and other bribes. New York: Houghton Mifflin.

Kohn, Alfie (2004). What Does it Mean to be Well Educated. Boston, MA: Beacon Press.

Krashen, Stephen D. (1988). Second Language Acquisition and Second Language Learning. Indianapolis: Prentice-Hall International.

Kusuma-Powell, O. & Powell, W. (2000). Count me in! Developing inclusive international schools. Washington, DC: Overseas Schools Advisory Council, US Department of State.

Kusuma-Powell, O. & Powell, W. (2004, Jan 17—18). Differentiation: Operationalizing inclusion. Paper presented at EARCOS Weekend Workshop, International School of Kuala Lumpur, Kuala Lumpur, Malaysia.

Kusuma-Powell, O. (2003). Report on the status of differentiated instruction in American overseas and international schools in Africa and East Asia. Washington, DC: Overseas Schools Advisory Council, US Department of State.

Kusuma-Powell, O., Al-Daqqa, E., & Drummond, O. (April, 2004). Developing partnerships for differentiation. International Schools Journal, XXIII(2), 28—35.

Kusuma-Powell, O. (November, 2002). A voice from the trenches: The importance of administrator attitudes on special-needs children and programme effectiveness. International Schools Journal, XXII(1), 9—16.

Lance, K. C. (2001). Proof of the power: Quality library media programs affect academic achievement. MulitMedia Schools, 8 (4), 14—19. Retrieved March 10, 2007, from EBSCO database.

Lance, K. C. (2002). Impact of school library media programs on academic achievement. Teacher Librarian, 29 (3), 29—35. Retrieved March 10, 2007, from

EBSCO database.

Langer, G. M. & Colton, A. B. (2005). Collaborative analysis of student learning drives improvement of instructional practice. Educational Leadership, 62(5), 22—26.

Lavoie, R. & Rosen, P. (1989). The F. A. T. city workshop: How difficult can this be. United States: PBS Video.

Leaderhouse, C. (2005). Collaborative teaching and multiple intelligences: A rational fit. School Libraries in Canada, 25 (2), 47—50. Retrieved March 15, 2007, from EBSCO database.

LeDoux, J. (1996). The emotional brain: The mysterious underpinnings of emotional life. New York: Simon & Schuster.

Levine, M. (2002). A Mind at a time. New York: Simon & Schuster.

Levine, M. (april, 2007). The essential cognitive backpack. Educational Leadership, 64(7), 16—22.

Levine, M. (October, 2003). Celebrating Diverse Minds. Educational Leadership, 61(2), 12—18.

Lindsay, K. (2005). Teacher/teacher librarian collaboration-A review of the literature. School Libraries in Canada, 25 (2), 3—17. Retrieved March 15, 2007, from EBSCO database.

Lipton, L. E. & Wellman, B. (1998). Pathways to understanding: Patterns and practices in learning focused classrooms (3rd ed.). Sherman, CT. MiraVia.

Lipton, L. E. & Wellman, B. (2004). Data-Driven Dialogue: A Facilitator's Guide to Collaborative Inquiry. Sherman, CT: Mira Via, LLC

Lord, B. B. (1981). Spring moon. New York: HarperTorch Book.

Louis, K. S. , Marks, H. M. , & Kruse, S. (1996). Teachers' professional community in restructuring schools. American educational research journal, 33 (4), 757—798.

Lytton, H. & Romney, D. (1991). Parents' Differential Socialization of Boys and Girls: A Meta-Analysis. Psychology Bulletin, 109, 267—96.

MacLean, P. , (1978). A mind of three brains: Educating the triune brain. The 77th Yearbook of the National Society for the Study of Education, 308—342. Chicago, Il. : University of Chicago Press.

Marzano, R. J. , Pickering, D. J. & Pollock, J. E. (2001). Classroom instruction that works: Research-based strategies for increasing student achievement. Alexandria, Va. : Association for Supervision and Curriculum Development.

McCauley, C. Moxley, R. S. & Van Velsor, E. (Eds.). (1998). The center for creative leadership handbook of leadership development. San Francisco: Jossey-Bass.

McClelland, D. C. (1961). The achieving society. Princeton: Van Nostrand.

McClelland, D. C. (1975). Power: the inner experience. New York: Halstead.

McClure, E. (2000). A Meta-Analytic Review of Sex Differences in Facial Expression Processing and their Development in Infants, Children and Adolescents. Psychology Bulletin, 126, 424—53.

McTighe, J. & Wiggins, G. (2004). Understanding by design: Professional Development Workbook, Alexandria, VA.: Association for Supervision and Curriculum Development.

Mehrabian, A. (1971). Silent messages. Belmont, Ca.: Wadsworth.

Millet, C. T., Johnson, S. J., Cooper, C. L., Donald, I. J., Cartwright, S. & Taylor, P. J. (2005). Britain's most stressful occupations and the role of emotional labour. Conference Paper: BPS Occupation Psychology Conference, Warwick, January, 2005.

National Education Association. (2006). The puzzle of autism. Washington DC: National Education Association. Available online from http://www.nea.org/specialed/images/autismpuzzle.pdf

National Institute of Mental Health. (2006). Attention deficit hyperactivity disorder. Bethesda, Md.: National Institute of Mental Health, National Institutes of Health, US Department of Health and Human Services; updated 10.26/2006. (NIH Publication Number 3572). 49 pages. Available from http://www.nimh.nih.gov/publicat/adhd.cfm#symptoms

Neill, A. S. (1992). Summerhill school: A new view of childhood. New York: St. Martin's Press.

Newkirk, T. (2003). The Quiet Crisis in Boys' Literacy. Education Week, September 10, 2003.

Nisbett, R. (2003). The Geography of thought: How Asians and westerners think differently and why. London: Nicholas Brealey Publishing.

Nordemeyer, J. (in preparation). Balancing Language and Content: Teaching English Language Learners in the 21st Century.

O'Connor, K. (2002). How to grade for learning. Thousand Oaks, CA: Corwin.

Perkins, D. (Fall, 1993). Teaching for Understanding. American Educator: The Professional Journal of the American Federation of Teachers, 17(3), 8, 28—35.

Pert, C. (1997). Molecules of emotion: Why you feel the way you feel. London: Simon & Schuster.

参考文献

Powell, W. (April, 2001). Conversations that matter: The use and abuse of communication in our school. International Schools Journal

Powell, W. & Kusuma-Powell, O. (2007) Coaching students to new heights in writing. Educational Leadership, on-line article, Summer 2007.

Powell, W. & Kusuma-Powell, O. (April, 2000). Pedagogy and the pressured. IB World, 23, 32—33.

Powell, W. & Kusuma-Powell, O. (May, 2007). Differentiating for Girls and Boys, International Schools Journal, XX(2).

Powell, W. & Kusuma-Powell, O. (November, 2005). Seeing ourselves: The student perspective, International School Journal, XX(X).

Powell, W. & Napoliello, S. (February, 2005). Using observation to improve instruction. Educational Leadership, 62(5), 52—55.

Ramachandran, V. S. & Blakeslee, S. (1998). Phantoms in the brain: Probing the mysteries of the human mind. New York: William Morrow.

Renzulli, J. (1997). The interest-a-lyzer. Mansfield Center, Conn. : Creative Learning Press.

Renzulli, J. (1998). The Three-Ring Conception of Giftedness. In Baum, S. M., Reis, S. M., & Maxfield, L. R. (Eds.). (1998). Nurturing the gifts and talents of primary grade students. Mansfield Center, CT: Creative Learning Press.

Ritchart, R. (2002). Intellectual character: Why it is, why it matters, and how to get it. San Francisco: Jossey-Bass.

Robinson & RobinsonRobinson, N. M., & Robinson, H. B. (1982). The optimal match: Devising the best compromises for the highly gifted student. In D. Feldman (Ed.), New directions for child development: Developmental approaches to giftedness and creativity. San Francisco: Jossey-Bass.

Rosenthal, R. & Jacobson, L. (1968). Pygmalion in the classroom. New York: Holt, Rinehart & Winston.

Rowe, M. B. (1986). Wait time: Slowing down may be a way of speeding up! Journal of Teacher Education, 37, 43—50.

Rudduck, J., Day, J. & Wallace, G. (1996). The significance for school improvement of pupils' experiences of within-school transitions. Curriculum,17(3), 144—153.

Sadker, M. & Sadker, D. (1994). Failing at fairness: How are schools cheat girls. New York: Simon & Schuster.

Sandford, C. (1995). Myths of organizational effectiveness at work. Battle Ground, MA. : Springhill.

Sapolsky, R. (1999). Why zebras don't get ulcers: An updated guide to stress, stress-related diseases, and coping. New York: W. H. Freeman & Co.

Sax, L., (2005). Why gender matters: What parents and teachers need to know about the emerging science of sex differences. New York: Doubleday.

Scarcella, R. (1990). Teaching language minority students in the multicultural classroom. Englewood Cliffs, NJ: Prentice-Hall.

Seidel, T., Rimmele, R. & Prenzel, M. (2005). Clarity and coherence of lesson goals as a scaffold for student learning. Learning and Instruction, (15), 539—556.

Shaywitz, S. (2003). Overcoming dyslexia: A new and complete science-based program for reading problems at any level. New York: Vintage Books.

Shin YW, Kim DJ, Ha TH, Park HJ, Moon WJ, Chung EC, Lee JM, Kim IY, Kim SI, Kwon JS. (May 31, 3005). Sex differences in the human corpus callosum: Diffusion tensor imaging study. Neuroreport, 16(8), 795—8.

Shoda, Y., Mischel, W., & Peake, P. K. (1990). Predicting adolescent cognitive and social competence from preschool delay of gratification: Identifying diagnostic conditions. Developmental Psychology, 26, 978—986.

Showers, B. & Joyce, B. (1996). The evolution of peer coaching. Educational Leadership, 53(6), 12—16.

Showers, B. (1985). Teachers coaching teachers. Educational Leadership, 42(7), 42—48.

Skinner, B. F. (1976). Walden Two. New York: MacMillan.

Sommers, C. (2000). The War against boys. New York: Simon & Schuster.

Sousa, D. A. (2001). How the Brain Learns. Thousand Oaks, CA: Corwin Press.

Sternberg, R. (1985). Beyond IQ: A triarchic theory of human intelligence. New York. Cambridge University Press.

Stevens, S. H. (1997). Classroom success for the LD and ADHD child. Winston-Salem, NC.: John Blair Publisher.

Stiggins, R. J. (December, 2005). From formative assessment to assessment for learning: A path to success in standards-based schools. [Electronic Version]. Phi Delta Kappan 87(4), 324—328.

Stiggins, R. J. (June, 2002). Assessment crisis: The absence of assessment for learning [Electronic Version]. Phi Delta Kappan 83(10), 758—765.

Stiggins, R. J. (September, 2004). New assessment beliefs for a new school mission. [Electronic Version]. Phi Delta Kappan 86(1), 22—27.

Stiggins, R. J., Arter, J., Chappuis, S. & Chappuis, J. (2004) classroom assessment for student learning: Doing it right-using it well. Portland, OR:

Assessment Training Institute.

Sykes, J. (2006). Brain friendly school libraries. Westport, CT: Libraries Unlimited.

Tannen, D. (2005) Sex, Lies, and Conversation: Why is it so hard for men and women to talk to each other. Literature Across Cultures. Upper Saddle River, NJ: Pearson Educational Inc.

Taylor, S. (2002). The tending instinct: How nurturing is essential to who we are and how we live. New York: Henry Holt & Co.

Tishman, S., & Perkins, D. (1997). The language of thinking. Kappan, 78(5), 368—374.

Tishman, S., Perkins, D. & Jay, E. (1995). The Thinking Classroom. Boston, Ma.: Allyn & Bacon.

Tomlinson, C. A. & Allan, S. D. (2000). Leadership for differentiating schools & classrooms. Alexandria, VA.: Association for Supervision and Curriculum Development.

Tomlinson, C. A. (2001). How to differentiate instruction in mixed-ability classrooms (2nd ed.) Alexandria, VA.: Association for Supervision and Curriculum Development.

Tomlinson, C. A. & Eidson, C. C. (2003). Differentiation in practice: A resource guide for differentiating curriculum, grades 5—9. Alexandria, VA.: Association for Supervision and Curriculum Development.

Tomlinson, C. A. & McTighe, J. (2006). Integrating differentiated instruction and understanding by design. Alexandria, VA.: Association for Supervision and Curriculum Development.

Tomlinson, C. A. (1999). The differentiated classroom: Responding to the needs of all learners. Alexandria, VA.: Association for Supervision and Curriculum Development.

Tomlinson, C. A. (October, 2003). Deciding to teach them all. Educational Leadership. 61(2), 6—11.

Torrance, E. (1995). Insights about creativity: Questioned, rejected, ridiculed, ignored. Educational Psychology Review, 7, 313—322.

Truss, L. (2003). Eats, shoots and leaves: The zero tolerance approach to punctuation. New York: Gotham Books.

Tyler, R. (1949). Basic principles of curriculum and instruction. Chicago: University of Chicago Press.

U. S. Department of Education. (2001). National Center for Educational Statistics, Projection of Educational Statistics to 2011. Washington DC: U. S. Government

Printing Office.

U. S. Department of Education. (2006). Children with Disabilities (IDEA) School Age XML Specifications. Washington, D. C.: Office of Planning, Evaluation and Policy Development, Strategic Accountability Service, X002.

Vygotsky, L. (1978). Mind in society: The development of higher mental processes. M. Cole, V. John-Steiner, S. Scribner, & E, Souberman, (Eds.) Cambridge, MA: Harvard University.

Vygotsky, L. (1986). Thought and language, Revised, A. Kozulin, Ed. Cambridge MA.: The MIT Press.

Wiggins, G. & McTighe, J. (1998). Understanding by design. Alexandria, Va.: Association for Supervision and Curriculum Development.

Wiggins, G. (1993). Assessing student performances: Exploring the purpose and limits of testing. San Francisco: Jossey-Bass.

Winebrenner, S. (1996). Teaching kids with learning difficulties in the regular classroom. Minneapolis: Free Spirit Press.

Wolfe, P. (2001). Brain matters. Alexandria, VA.: Association for Supervision and Curriculum Development.

Woolls, B. (1999). The school library media manager, 2nd ed. Englewood, CO: Libraries Unlimited.

北京乐成教育研究院 (YERI)
乐成教育国际化发展中心 (YEIC)

北京乐成教育研究院(Yuecheng Education Research Institute)/乐成教育国际化发展中心(Yuecheng Education Innovation Center)隶属于乐成教育管理有限公司,立志成为具有国际视野的基础教育国际化探索先锋。

"乐成教育"作为乐成集团的核心业务板块之一,深受国家"2010—2020中长期教育改革和发展规划纲要"的鼓舞,坚持在国际教育领域做长足发展,继2005年成功举办北京乐成国际学校之后,又坚定地向中国基础教育国际化领域迈进。

北京乐成教育研究院(YERI)主要业务:

YERI & YEIC 组织结构图(互动运营)

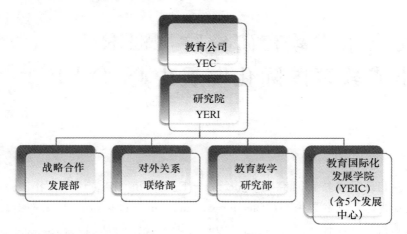